◆◆◆◆◆◆ 市民カレッジ ◆◆◆◆◆◆

知っておきたい
市民社会における
紛争解決と法

宗田親彦 編

不磨書房

編者 宗田　親彦（そうだ　ちかひこ）

執筆者　　　　　　　　　　　　　（執筆分担）

宗田　親彦（弁護士）　　　　　　　第1編Ⅰ1～3
越山　和広（和歌山大学助教授）　　第1編Ⅱ1
山田　恒久（獨協大学教授）　　　　第1編Ⅱ2
小池　順一（西南女子学院短期大学助教授）　第1編Ⅲ1～5, 第2編Ⅱ§5
辰巳　和正（弁護士）　　　　　　　第1編Ⅳ1～4
山田美枝子（大妻女子大学助教授）　第2編Ⅰ§1
金子美代子（家事調停員）　　　　　第2編Ⅰ§2
大濱しのぶ（市立大月短期大学助教授）　第2編Ⅰ§3
山口由紀子（日本学術振興会特別研究員）　第2編Ⅱ§1
紙子　達子（弁護士）　　　　　　　第2編Ⅱ§2
伊藤　恵子（弁護士）　　　　　　　第2編Ⅱ§3
櫻本　正樹（高岡法科大学助教授）　第2編Ⅱ§4, §12, Ⅲ§4
佐貫　葉子（弁護士）　　　　　　　第2編Ⅱ§6
加々美光子（弁護士）　　　　　　　第2編Ⅱ§7
宗像　雄（弁護士）　　　　　　　　第2編Ⅱ§8
板澤　幸雄（弁護士）　　　　　　　第2編Ⅱ§9
上田　太郎（弁護士）　　　　　　　第2編Ⅱ§10
秋山　知文（弁護士）　　　　　　　第2編Ⅱ§11
早坂　英雄（弁護士）　　　　　　　第2編Ⅱ§13, Ⅲ§6
三角　元子（弁護士）　　　　　　　第2編Ⅲ§1, §3
六車　明（慶應義塾大学助教授）　　第2編Ⅲ§2
鹿内　徳行（弁護士）　　　　　　　第2編Ⅲ§5
塩澤　一洋（成蹊大学専任講師）　　第2編Ⅲ§7
宗田　貴行（慶應義塾大学博士課程）第2編Ⅲ§8

〔執筆順〕

はしがき

1．人と人との間には，相互の判断が相違することによって引き起こされる紛争が絶えることがありません。もちろん，判断が相違しても紛争にならないこともありますが，紛争に発展することもあります。なぜでしょうか。それは，人は，自己が正しいと考えるところが，それぞれ異なり，その人自身だけではなく，必ず相手方というものがあるからです。ある人が不惑（40歳）を迎えて判断が自由自在になったように思えても，さらに古稀（70歳）に達して矩を踰えないようになったようにみえても，相手方との間のこの紛争は絶えません。

　そうであれば，紛争をどのように解決するかを考えなければなりません。しかし解決の基準は何であり，解決されたということはどういうことを意味するのでしょうか。制度やシステムが開始してそれが終了すれば，それで解決といえるでしょうか。そうとばかりは言えないとすると，人が紛争解決のためにこれらを用いるのは何故でしょうか。紛争に直面した人々は，究極のところ納得をしたいのではないでしょうか。広くゆるやかにせよ同様の価値をもちあう一つの社会では，そのために法的紛争解決制度を利用するということができるでしょう。

　それでは，紛争の解決の基準に法を用い，法によって解決をするということは一体どういうことなのでしょうか。そのためには，法とは何かを考えるとともに，なぜ法による紛争解決制度があるのか，そして法を用いた解決の方法や，その後どうなるのか等々を考えてみたいと思います。

2．そこで，実際には，どのような法的紛争解決制度があるかを知った上で，紛争の様々なパターンにおける法的解決方法を考えてみることにしました。このように，事例に即して具体的な解決策を考えることによって，紛争と

はしがき

法の関係を考える手がかりが得られるでしょう。

　本書では，紛争と法についてと法的紛争解決についての制度やシステムを述べる部分（第1編）と，各種の紛争のパターンに応じた解決方法を述べる部分（第2編）とに分けてあります。そして，これらについて，それぞれの分野で，実際に社会の第一線で活躍している弁護士や大学の先生方や研究者の方々に執筆を担当していただき，こうして本書は，紛争の法的解決について最新かつ最先端のものを示すことができたと思います。

　　　　　　　　　　　　　平成13年（2001年）8月　富士山麓にて
　　　　　　　　　　　　　　　　　　宗　田　親　彦

目　次

はしがき

第1編　紛争解決と法

Ⅰ　紛争解決と法……………………………………………………………4
　　1　紛争と法の関係　4
　　2　法による紛争解決　6
　　3　紛争解決の方法と法　10
Ⅱ　裁判所による紛争解決……………………………………………………12
　　1　民事訴訟手続の概要　12
　　2　訴訟，審判，調停，倒産手続，起訴前の和解，支払督促，執行　19
Ⅲ　裁判所以外の機関による紛争解決方法…………………………………33
　　1　公　証　人　33
　　2　行政委員会　34
　　3　仲　裁　機　関　36
　　4　消費者センター・PLセンター　38
　　5　国　際　機　関　39
Ⅳ　裁判所や裁判所以外の機関を利用しない紛争の解決方法……………41
　　1　交　　渉　41
　　2　当事者──交渉における交渉担当者別の各種の類型──　42
　　3　基準──紛争解決に使用される法的な基準には何があるのか──　47
　　4　解決──当事者間交渉の結果としての書面化──　53

目　次

第2編　紛争解決の実際

Ⅰ　家　　庭 …………………………………………………………………56
　§1　家庭と紛争解決 ………………………………………………………56
　　　1　ドメスティック・バイオレンス　56
　　　2　児童虐待　61
　§2　離婚と紛争解決 ………………………………………………………65
　　　1　結婚と離婚　65
　　　2　若い世代の結婚・離婚　67
　　　3　熟年世代の離婚　70
　　　4　老年の離婚　71
　§3　相続と紛争解決 ………………………………………………………72
　　　1　相続放棄　72
　　　2　遺産分割　74
　　　3　遺　言　77

Ⅱ　生　　活 …………………………………………………………………80
　§1　消費者と紛争解決 ……………………………………………………80
　　　1　日常生活と消費者取引　80
　　　2　取引をめぐるトラブル　81
　　　3　取引上の不満・被害の解消　83
　　　4　取引社会のルール形成　84
　§2　福祉と紛争解決 ………………………………………………………89
　　　1　生活保護をめぐる紛争　90
　　　2　遺族年金の請求権と重婚的内縁関係　93
　§3　学校と紛争解決 ………………………………………………………96
　　　1　不登校の現状と解決の問題点　96
　　　2　子供の状況の把握　97
　　　3　担任教師との交渉　97

　　　　4　学校長との折衝　98
　　　　5　いじめっ子の親との対応　99
　　　　6　教育委員会への要請　100
　　　　7　弁護士会への相談　100
　　　　8　その他の相談機関　101
　　　　9　裁判や調停などの法的請求　101
　　　　10　不登校の卒業資格　102
　§ 4　少年犯罪と紛争解決……………………………………………103
　　　　1　少年犯罪の動向と特質　104
　　　　2　非行少年の処遇　104
　　　　3　少年法の改正　108
　§ 5　近隣と紛争解決………………………………………………111
　　　　1　悪　　　臭　111
　　　　2　日　　　照　112
　　　　3　騒　　　音　115
　§ 6　高齢者と紛争解決……………………………………………118
　　　　1　急速に進む高齢化社会　118
　　　　2　成年後見制度　118
　　　　3　法定後見制度　119
　　　　4　任意後見制度　123
　　　　5　法定後見と任意後見の調整　123
　　　　6　後見登記制度　124
　§ 7　医療と紛争解決………………………………………………125
　　　　1　医師会の医事紛争処理機構と医師賠償責任保険について　125
　　　　2　診療録の意義と証拠保全　129
　　　　3　鑑　　　定　131
　§ 8　交通事故と紛争解決…………………………………………134
　　　　1　交通事故に伴って発生する法律問題　134

目　　次

  2　損害賠償責任の内容　136
  3　示談交渉その他紛争の解決方法　141
§ 9　不動産取引と紛争解決 ……………………………………………143
  1　契約の締結まで　144
  2　契約の締結(1)——「申込証拠金」とは何か　145
  3　契約の締結(2)——売買契約の成否　145
  4　契約の締結(3)——手付の意味　146
  5　売買契約の締結——売り主，買い主の義務　147
  6　契約成立後の紛争　148
§10　建築と紛争解決 ……………………………………………………150
  1　建築請負の法的意義　150
  2　建築紛争の解決方法　154
  3　紛争解決の実際（その1）　155
  4　紛争解決の実際（その2）　157
§11　インターネットと紛争解決 ………………………………………158
  1　ドメインについて　158
  2　ハッカー（クラッカー）　161
  3　詐欺事件　162
  4　ダイヤルQ^2国際電話のトラブルの実体　163
  5　その他の紛争（名誉毀損，プライバシー，著作権侵害等）　164
§12　セクシュアルハラスメント・ストーカーと紛争解決 …………166
  1　セクシュアルハラスメントと紛争解決　166
  2　ストーカーと紛争解決　169
§13　借地，借家と紛争解決 ……………………………………………172
  1　契約解除と話合いによる解決　172
  2　紛争解決機関の利用——調停　173
  3　紛争解決機関の利用——裁判　174
  4　賃料の増減の請求　175

目　次

   5　更新の拒絶——事前告知と正当事由　177
   6　定期借家権　178
Ⅲ　社　　会 ……………………………………………………………179
 §1　情報と紛争解決 ………………………………………………179
   1　報道が名誉毀損行為となるおそれのある場合　179
   2　報道側に名誉毀損による損害賠償責任等を負担させるための要件　180
   3　真実性の証明または真実であると信ずる相当な理由について　185
 §2　環境と紛争解決 ………………………………………………189
   1　環境問題と紛争　189
   2　公害の定義と公害・環境紛争　191
   3　環境紛争解決の機関　191
 §3　労働と紛争解決 ………………………………………………198
   1　会社側の採りうる手段の種類　198
   2　不利益処分の相当性を判断するに際し考慮された事情　199
 §4　倒産と紛争解決 ………………………………………………205
   1　倒産手続の種類　205
   2　民事再生法による解決　206
   3　特定債務等の調整の促進のための特定調停に関する法律　208
   4　破産手続による解決　210
 §5　国際紛争の解決方法 …………………………………………212
   1　国際取引紛争解決は困難　212
   2　解決に向けて検討すべきポイント　212
   3　各ポイントへの解決方法　213
   4　サイバー法上のトラブル　221
   5　国際倒産処理に関する対応　223
   6　モデルケースに対する回答　225

目 次

§6 犯罪と紛争解決 ……………………………………………227
1 民事事件と刑事事件　227
2 不法行為責任　228
3 請求権の実現——示談，調停，裁判，執行　229
4 犯罪被害者等給付金支給法　231
5 真の被害者救済を目指して——犯罪被害者救援プログラム　232

§7 知的財産権と紛争解決 …………………………………234
1 知的財産権とは？——所有権との違い　234
2 2種類の知的財産権　235
3 知的財産権紛争の発生原因　237
4 紛争の分析と解決　239

§8 競争法と紛争解決 ………………………………………242
1 行 政 規 制　244
2 民事的救済制度　249

事 項 索 引………………………………………………………253

◇市民カレッジ◇

知っておきたい
市民社会における紛争解決と法

第 1 編

紛争解決と法

I　紛争解決と法

1　紛争と法の関係
(1)　紛　争　と　は
　人は1人では生きられません。必ず相手が必要です。たとえば，AとBがいて，さらにこれが100人とか1万人，1億人となって社会を作ります。個人Aがあるのは，他者Bがあるからそういえるのであり，個人Aは社会を通じてはじめて考えられるわけです。それと同時に，社会はA以外の他の個人（Bなど）を包含していて，Aの自由に対しては，A以外の個人（Bなど）の自由もありますから，AとBなどを含む社会は，Aの自由に制限を加え強制をすることにもなります。つまり，個人Aの自由を認めることは，必ず社会による個人Aの自由の抑制ということが存在することになるのです。このことは，BからAや社会を考えたときも同一です。
　そしてAとBが対立したときに紛争が生じます。たとえば，ある物（デジタルカメラ）を売買するときに，契約の自由があるから，誰から，どの商品を，いくらで買うかということはA（消費者・買主）とB（メーカーまたは販売業者・売主）の自由な交渉と選択の結果であるはずです。自由というのは上の売買のファクターのどれもが自由ですから現実の社会では，そのうちの1つまたは全部につきBが圧倒的優位な立場にあると（たとえばメーカーが数少なく，新種製品で，売れ行きがよい等），実は自由といってもBの自由はあってもAにはないという状況が生じます。つまり自由を対等に認めると交渉力や経済力の強者が弱者を圧倒し，たとえばBが価格を非常に高く設定してもAはそれに強制され，選択の自由は大きく減少するか，もしくは失われるわけです。このときAの保護を考えることによって平等な解決が図られることになります。

さて，AがBからデジタルカメラを当の品質のものしかないということで買ったときに，CからBよりも大幅に安い価格でより高性能のものが販売されていたとしましょう。そこで，AがBにクレームをつけ，その売買の無効や取消を主張して代金の返還を求めたときに，逆にBはAに対してAは自由意思でそのカメラを買ったのだと主張したとすると，AとBとの間で紛争が起きることになります。

(2) 紛争解決とは何か

このときAは，Bとの紛争をそのままにしておくと，Aの支払った代金は返還されませんから紛争はそのまま継続するわけです。そこで，これを終わらせるためには，Aはクレームを取り下げてしまうか，なおBとの間で何らかの決着をつけるかですが，この前者の場合は，Aは自分の心の中で理由を考えてそれに自分なりに納得をするか，納得はできないけれども費用，時間，心理的負担，人間関係，世間体，その他を考えて，やむをえず行動をとらないで済ませる場合です。いわゆる泣き寝入りです。わが国の市民にはこのパターンが大変多く，クレームを立てることや裁判をすることなどは「言上げする」といって，自ら平穏を乱すとして忌み嫌われるか，賢く敬遠するというのが従来の市民における一般的な処理の方法でした。しかし，これでは当のAやBにとっても，これらの属する社会にとっても，個人が社会を作っているということを放棄することになるのです。

個人が集合している社会では，意見の対立，紛争は絶えることはありません。AもBもお互いが個人の尊厳を尊重しあえば紛争はなくなるはずですし，そうあるべきですが，現実はそのようにはいかないのです。自分の頭で物を考え，自分の責任で行動する個人にとって他者との判断が相違することを原因として紛争に出会うことは当然のことです。ですから，問題は，紛争を解決処理をしようとしたときに，どのような処理方法があるかです。多くは親，兄弟姉妹，親戚，親友など友人，先輩，上司，知人等に相談することから始まるでしょう。この人たちも紛争について話を聴いてはくれるでしょうし，励ましたり勇気づけてもくれるでしょう。しかし，解決するのはA個人です

から，AがBとの間で行動を起こさなければなりません。そのときに親，友人等を自分の代理として交渉してもらうことや，Bとの共通の知人を通してBを説得してもらうとか，Bが会社等の組織であれば知人を介してその役員に頼むとか，B会社等の得意先の知人に動いてもらうとか，AとBが共通の組織に属していれば，Bに影響のある立場の人に働き掛けるとかして話してもらい，たとえばAとBの両者の主張の中間をとって足して2で割るという2分の1だけの満足で済ませるなどということなども従来は多かったわけです。

これも紛争の「解決」ですが，これではどういう理由で，そういう解決になったかということは明らかにされません。現代人は共通にどのような基準に基づいて解決されるのかという予測を持ち，合理的説明を受けて納得したいという意識がありますから，そこからその基準としての法による紛争解決に進むことになります。もちろん道徳による解決もありますが，法による解決は道徳と異なり，国による強制を伴うことを含む解決ということになるわけです。

2　法による紛争解決

(1)　社会の基準として存在する法によって，ある事柄の当否の判断をすることを法的判断といいます。そして上記のA・B間のデジタルカメラの紛争についても，それについて法的判断をするときは，常に価値判断をした上で行うわけです。つまり実質的価値や社会の目標を考慮に入れて法的判断は行われます。

法による解決といっても，法が事実とかけ離れたところにあるのではなく，ありのままの事実について法的に評価をしたことの結果が1つの法的判断となるのです。しかしありのままの事実といっても，それは何らかの形での言語的表現によって示されるのですから，その事実が置かれた文脈（コンテキスト）によって決定され，それを判断する者は，その者の認識や評価の枠組（パラダイム）の中で判断せざるをえないのです。そしてまずこの判断は

各個人が一人ひとり行うわけです。たとえばAの考えとBの考えが一致しないときは，Aの持つ証拠とBの持つ証拠を示します。それで両者の認識が一致すればよいのですが，それらが異なったときは，AとBだけでは結果が相違し結論が出ませんから，おのおのが各自の主張をして，それについて第三者の判断を求めることになります。

　この第三者を裁判所にして，訴訟手続という方法によるものがAとBの例では民事訴訟です。裁判所の判断の結果は判決ということになります。そして，判決に示された事柄は国家が営む強制執行という方法で競売などして実現することもできます。このように法による裁判所による解決には強制を伴います。

　この第三者を仲裁人という人とすれば仲裁手続ということになります。また当事者双方が互いに譲歩することを前提にした話合いの場として裁判所を利用するのを調停といいます。裁判所や裁判所以外の機関が法的判断をする準司法機関等を利用しなくても，前述の知人，上司，業界の経験者などに法的判断を受ける方法もあります。法制度によらない一種の仲裁手続です。

　訴訟というのは，訴えを提起する人を原告，相手方を被告といいますが，原告は自ら吟味し選択をして裁判所に訴訟を申し立てるのですから，この点では納得ずくですが，被告は不意に訴訟が提起され，嫌々ながら法廷に出頭する（第1回目の裁判期日に出頭しないと被告が負けることになっています）ので，その上で被告に訴訟に協力せよといっても，どうしても充分な協力が得られにくいのです。これと比較して両当事者が納得の上で，たとえば業界の特定の経験者や知人等を双方で選んで法的判断を依頼するという仲裁のほうが，訴訟より人間の精神的営みとしては望ましい姿であるといえる面もあるのではないでしょうか。

　このように紛争の法的解決というものは，裁判所によるものだけに限られるものではありませんし，裁判所に頼まなくてもよいわけです。裁判所以外の解決も解決の基準を法においていれば，法的解決になるのです。当事者間だけで全く第三者を介入させなくてもこのことは同じです。そして，公証人

役場へ両当事者で出向いて公正証書を作っておくと，執行文といって公正証書の内容に違反した相手方に対して金銭支払いのための強制執行をすることができる方法もあります。

また，法的紛争解決は，裁判所に裁判を申し立てる前でも可能ですし，裁判が終わった後でも判決文や調停の調書等にもとづいて，直ちに強制執行をするのではなく，当事者間で協議をして和解等を成立させて解決することも法による解決です。

(2) 法は国家による強制を伴うものですが，それでは，法と道徳は切り離せるのか，法は評価だとすると政治的な判断も織り込むのか，法は，立法者が作ったものが唯一のものであるのか，法は人の認識を超えたところに存在するのか等についてさまざまな考え方がありますが，多くの場合は法律として制定されている法規のもつ意味と，AやBが納得している法とは一致するのですが，なにより個人が認識する法は一人ひとりの胸奥に存在するものですから，これが一致しないこともあります。これは，法律の条文がある場合でも，ない場合でも同じです。また条文があっても，条文が明治時代に作られたもので現代にはマッチしない場合や法文が全くないときなどは「条理」という物の道理によって解釈するのですが，Aのもつ道理とBのそれとが異なる場合もあります。

「悪法も法である」といって毒杯を仰いだのはソクラテスですが，はたして悪法も法といえるのでしょうか。法律は立法者（国会）によって制定されますが，立法府の議会が多数決で悪法と認識して作っても法律は法であるのか，議会が良法と信じて作っても悪法であったときはどうか，また時の経過により良法が悪法と化したときはどうか，逆に悪法が良法と化したときはどうか等の問題を生じます。

立法府で作られた法律の大部分は良法であり，時の経過によってもそれは変わらないのですが，そうでないものもあります。そのときは各自が認識する法を主張して相手に納得してもらうか，それができないときは，第三者の判断を得ることになりますが，この最終的な第三者の判断が国の運営する裁

判所による判断ということになります。そうすると，裁判所の判断に対しても不服を感じ，裁判の結果，法による強制を受けると，不当に支配されていると感じることがあるかもしれません。これは，個人と社会の問題の根源に関わる点ですが，個人は他人を利用するのではなく，個人と他人とで社会を作り，その社会の共通の価値を個人個人が作り出しており，個人の尊厳と他との連帯とによって社会は成り立っていますから，各人がそれぞれ認識する法を主張するといっても，それは共通の価値として作られた裁判というシステムによって解決するという約束の上にたっているといえるのです。

(3) 法は，ある社会の共通した認識を基礎とするのですが，価値基準が多様化している現代では，はたして共通の認識の形成ができるのか否かが問題となっています。法は経済システムや政治システム等々他の社会システムと同様に社会のシステムの一部ですが，現在の瞬間ごとに新たな状況が作られているのですから，法秩序はこれに対処するために不断の修正を可能とする構造でなければならないのです。急速に進歩する社会において発生する危機や紛争について，ミスを経験してから，あるいは紛争が生じてから基準を作るのでは遅いのです。直ちに対応して，処理をして被害の拡大を防止できることが必要です。たとえば，製造会社に対して，許された範囲内の事前の規制によって用意した基準では対応しきれないほど現代の企業では急速な新製品や新システムの開発がなされていますから，法はこれにフレキシブルに対応することのできるような奉仕のシステムとしてあるべきです。このために法はある事象が発生して相当期間を経た後の判断という事後処理ではなく，事象が発生した時の現場の処理に役立つものでなければなりません。それでは，その処理の基準は何かですが，それは，その当時の平均的レベルの者の最善の判断を基準として法的に解決することになります。また処理の対象が業務として行われているときは，その業務の当時の一般的水準を基準とすることになります。そして，実際にはさまざまな基準や水準，そして先例等の情報をどのように入手してどのように利用するかが重要になります。

3 紛争解決の方法と法

(1) 紛争解決の基準として法を用いるときは，法的解決方法として本書で示されるようにさまざまなものがありますが，AとBの法的認識の相違を第三者としての裁判官に判断を委ねる裁判システムを利用しても，裁判官の判断は裁判官の価値基準や政治的立場の影響を受けざるをえないのです。このような状況はこれを正面から認めざるをえませんが，そうすると判断を受けるAやBにとっては，裁判官や担当者の判断が，その者の個人の価値や政治状況により変わることになり不安定なものとなります。これではAやBが納得できるはずがありません。そこで適正な手続がなされたところに納得の基礎を求めることになるのです。すなわち適正な手続が保障されることで，判断の結果を納得しようとするのです。現代における手続の適正として共通に認識されるのは，情報の公開（透明性），合理性，整合性と，迅速な判断です。

手続には，当事者（AとB）が平等に関わり，判断過程の手続に上記の適正手続の保障があって当事者とは異なった第三者の判断がなされるというところに正しさの担保があると考えられるのです。

しかし，当事者としては，プロセスとしての手続さえ正しければ結果はどうであっても納得できるでしょうか。手続が適正であり結果が納得できるものであれば問題ありませんが，手続が適正であっても結果が納得できないときが問題です。手続の目的には結果を出すことと，手続そのものが公正になされることの両者があります。このプロセスとしての手続と結果の両方が紛争解決の目的であるといってよいのです。もちろん，手続さえ正しければ人殺しや盗みが許されるということにはなりませんが，その社会のもつ実質的な価値や目標が妥当なものであり，結果がその範囲内のものであれば，その判断の結果について納得するわけです。この場合に当事者は，手続が適正になされれば，仮に結果が自己の認識と一致しない場合でも適正に手続がなされたという点で納得するのです。そこから紛争解決の手続は，納得のためのプロセスであるということができるのです。

(2) 社会における紛争解決という観点からは，紛争は法的な解決がなされれば解消するわけではなく，経済的な解決，政治的な解決，社会的な解決や心理的な解決などがなされなければ紛争そのものは解決しないのです。すなわち，ここから明らかなように法的な解決は相対的なものなのです。

  また，紛争が法的に解決されても，それは解決にあたった手続が終了した時点で，その手続によって処理をした紛争がその手続として解決したにすぎないという点でも相対的なのです。事態は刻々と進行しますから，ある手続が紛争を解決した途端に，昨日の解決は過去の時点での解決であり，今日の解決にはならないこともあるわけです。昨日の処理でその紛争は解決されたのだから，その紛争はそれで解消し，今日の紛争は新たな紛争なのだという説明も可能でしょうが，その紛争処理手続からはそう見えても，当事者にとっては紛争は一向に解決しないということがあるのも事実です。人は常に変化していく状況に対処して進んでいかなければなりません。

  法的には，一度ある手続で解決されたものは，それで紛争は解決したはずで，そうでないときは一定の限られた方法でのみ解決を求めることができることになります。たとえば調停や公正証書の作成，準司法機関における解決等は，不満のある当事者は訴訟をすることが可能ですが，裁判所の確定判決であるときは，再審という方法でしか再び手続をすることはできないとされています。ただし手続が完了した状況とは全く別の新たな事態というものが生じているときは，それにもとづいて別に新たな法的手続をとることはできます。

(宗田親彦)

Ⅱ　裁判所による紛争解決

1　民事訴訟手続の概要

　民事上の紛争が起こったとき，当事者の間で話合いをして納得のいく合意ができれば，それがベストの解決であることはいうまでもありません。しかし，そのような合意が成立しない場合や，およそ話合いをすること自体が不可能であるような場合には，裁判所に訴えを起こして，公権的，強制的な解決を求めることになります。これが民事訴訟・民事裁判です。ここで，公権的な解決とは，国家機関である裁判所が事件を解決するという意味であり，強制的な解決とは，裁判の最終的な結果にはもはや文句はいえないということを意味します。すなわち，民事訴訟・民事裁判は，紛争解決のための究極の手段ということができます。

　では，一般的な民事訴訟の手続の経過について概観してみましょう。

(1)　訴えの提起

　訴えを起こすには，訴状とよばれる文書を作成して，裁判所に提出しなければなりません（民事訴訟法133条。以下，とくに断わりがなければ条文は民事訴訟法を意味する）。ただし，簡易裁判所における訴えの提起は口頭で行うこともできます（271条）。訴状には，当事者と法定代理人，請求の趣旨および原因を記載します（133条2項）。つまり，訴訟の主体である当事者（訴える人を原告，訴えられる人を被告と呼びます）と，訴訟のテーマである請求の内容を明らかにしなければなりません。なお，原告は，請求額にスライドした手数料を収入印紙により支払わなければなりません。

　次のような例を使って訴状に記載する内容を考えてみましょう。

　　XはYに200万円を貸し付けたが，返済期限がきてもYは200万円を支払わ

ない。そこでXはYを相手にしてこの貸金の支払いを求める訴えを起こしたいと思っている。

　この例では，当事者として原告Xと被告Yの住所・氏名を表示します。
　請求の趣旨の欄には，「被告は原告に対し金200万円を支払え，との判決を求める」というように，裁判所から被告に対して命じてほしいと原告が考えている判決の内容を先どりしたものを簡潔に記載します。
　請求の原因の欄には，原告が被告に対してこのような訴えを起こして金銭の支払いを要求できる根拠を記載します。たとえばこの例では，Yに200万円の支払いを求めていますが，Xは，これを法的に請求できる理由として，XがYとこのような内容の貸金契約をして，200万円をYに交付したことなどの主張を記載します。では，こうやって作成した訴状は，どこの，何という名前の裁判所に提出するのでしょうか。
　わが国には5種類の裁判所がありますが，最初に訴えを起こせる裁判所は，簡易裁判所か地方裁判所かのどちらかとなります（なお，家庭関係の事件を扱う裁判所として，家庭裁判所がありますが，ここでは省略します）。訴訟で主張する請求の金額が90万円を超える場合には，地方裁判所が事件を担当しますが，それ以下の事件は，簡易裁判所が担当します。では，日本全国にたくさんあるうちのどこの地方・簡易裁判所が，実際に事件を担当するのでしょうか。これは，被告の住所地を管轄する裁判所が担当するのが原則です（4条1項・2項）。ただし，被告の住所地以外の事件と密接なつながりがある土地を管轄する裁判所に訴えを起こせる場合もあります（5条を参照）。
　なお，わが国では，訴訟は弁護士に依頼しなくても自分だけで行うことができますが，弁護士に事件処理を依頼した場合には，弁護士に支払う費用は原則として自己負担となります。このことは気軽に裁判所を利用して法的紛争を解決したいと思う場合に，大きな障害となっています。費用を支払えない人には，法律扶助という制度がありますが，その充実が緊急の課題となっていました。そこで，2000年に民事法律扶助法という法律が制定され，同年

10月1日から施行され，制度の本格的な改革が行われようとしています。

(2) 訴訟の開始

訴状の提出により訴えが提起されると，担当裁判官に訴状が送られ，訴状の記載に漏れがなければ，裁判所書記官は，その写しを郵便を利用して被告に送達します（138条1項・98条・99条）。その際，同時に第1回口頭弁論期日（第1回期日）が指定されて，期日への呼出しが行われます（139条）。この第1回口頭弁論期日とは，初めて当事者が裁判所で事件について自分たちの言い分を述べ合う日のことで，訴状が提出されてから1カ月以内の日が指定されます。

さて，この第1回期日までの間，何もしないで待っているわけではありません。突然訴状を受け取った被告に対して，反論の準備や弁護士に相談するなどのために時間の余裕を与える必要があるからです。被告は定められた期限内に，答弁書とよばれる文書を作成して，裁判所に提出し，原告にはこれを直接送らなければなりません（民事訴訟規則79条・80条・83条）。答弁書とは，原告から受け取った訴状に記載されている原告側の言い分に対して，被告側の言い分を記載した文書のことをいいます。

(1)であげた例では，たとえば，契約自体Yの息子が勝手にYの実印等を持ち出してしたことで，自分には責任がないなどというような反論があるかもしれません。そのように原告側の主張をくつがえすような事情を答弁書に記載します。

こうして第1回口頭弁論期日を迎えると，手続はいよいよ実際に進行し始めます。この期日では，原告は訴状記載の内容を述べ，被告は答弁書記載の内容を口頭で述べることになります（これを「口頭弁論」といいます）。もっとも実際の法廷では，これらの文書を朗読するようなことはなく，原告は，「訴状記載のとおりです」と，また被告は「答弁書記載のとおりです」と口頭で述べるのが慣例となっています。訴状や答弁書は事前に交換済みだから，わざわざ朗読するのは無駄だということなのでしょう。しかし，刑事裁判では起訴状などは朗読されますから，これと比べてみると，民事裁判を

傍聴しようとする一般市民にとっては，かなりわかりにくい慣習といえるでしょう。

(3) 争点の整理と確定

　事件によっては，第1回期日に被告が答弁書も提出しないまま欠席することがありますが，そのような場合は，原則として原告勝訴の判決が言い渡されます。また，早くも第1回期日かその直後に裁判所のすすめで和解が成立することもあるでしょう。このような場合は，事件は一応の解決に達したわけですが，たとえば病院の医療ミスが争われるような複雑な事件では，お互いの言い分をさらに提出してもらい，事件の全体像をはっきりさせる必要があります。

　しかし，いきなり複雑な事実関係や法律問題が法廷に持ち出されると，議論が混乱する危険があることは明らかです。また，当事者双方に言いたいことを一方的かつ思いつくままに言わせるだけでは，「なにがこの二人のトラブルの中心なのか」がいっこうに明らかになりません。訴訟を早く終わらせるには，お互いの言い分のうちで法的に重要なものを比べ合わせて，二人の間で認識が明らかに食い違っているためにトラブルの中心となっている事情を早めにかつ的確にえぐり出さなければなりません。このようなトラブルの中心となっている事情（これを争点といいます）を確定し，それについて証拠を調べて裁判をすれば，おのずと事件の正しい法的な解決がなされることになるはずです。

　さて，争点を明らかにするには，きちんとした準備が必要です。この準備は，お互いの言い分を書面の形で作成してあらかじめ交換しあい，それを比べ合わせるという方法で行うのが原則とされています（161条以下）。すなわち，まず原告は訴状，被告は答弁書を提出して第1回期日に臨みますが，さらに言い分があれば，原告の反論を記載した文書，そして被告の再反論を記載した文書などを交換しあいながら，それ以降の口頭弁論期日を迎えることになります。

　しかし，このようなやり方だけでは，訴訟全体にかかる時間を短くするこ

とにはならない可能性がありますし，複数回開かれる口頭弁論期日は，お互いが作成した文書の交換の場にすぎないということになってしまいます。訴訟にかかる時間を短くし，また当事者に裁判へ参加することへの充実感をもってもらうには，やはり当事者に実際に裁判所に出向いてもらって，直接いいたいことを述べてもらうほうがベターでしょう。そこで，裁判所の建物の中でもあまり格式張らない法廷以外の部屋に集まってもらって，お互いの言い分を直接交換しあい，事件の本当の争点は何かについて，当事者と裁判官の間に共通理解をつくる方法がよく利用されています。これを弁論準備手続といいます（168条以下）。なお，同じ目的のために，準備的口頭弁論（164条以下）と，書面による準備手続（175条以下）というメニューも用意されていますが，これらはあまり利用されていないようです。

(4) 証拠調べ

争点が明らかになると，それについて証拠を利用してどちらの言い分が正しいのかを判定します。この段階では主に証人尋問が行われます。証人が複数いる場合は，できる限り1日で（それが無理なら短期集中で）全部の証人を尋問します。これを集中証拠調べといいます（182条）。以前の民事裁判では，証人が複数いるときは，1回1人ずつ約2カ月間隔で尋問していたようですが，このようなやり方と集中証拠調べを比べてみれば，どちらが真実を明らかにするために有効な方法であるかはおのずと明らかでしょう。なお，証人尋問は，その証人を申請した側がまず行い，相手方が反対尋問をするという方法（交互尋問方式）で行われます。

その他にも，当事者に供述を求める当事者尋問（207条）や，専門家に意見を求める鑑定（212条），文書の取調べをする書証（219条）などの証拠調べの方法があります。

(5) 判決の言渡し

原告と被告の争いの中心点が明らかになり，その点について証拠調べが行われると，どちらの当事者の言い分が真実であるかについて，裁判官には心証ができ上がります。すると，裁判官は口頭弁論の終結を宣言し，終局判決

の言渡しを行います (243条1項)。裁判所は，原則として口頭弁論が終結した日より2カ月以内に判決を言い渡さなければなりませんが，特別の事情があれば遅れても仕方がないものとされています (251条1項)。

判決書には，「主文」と「事実」，そして「理由」を記載します。主文には，訴状で原告が立てた請求を認めるのかどうかが示されます。原告の請求を認めるときは，たとえば，「被告は原告に金200万円を支払え。」といった内容の記載になります。原告の請求を全面的に排斥する場合には，「原告の請求を棄却する。」と記載します。事実には，当事者双方の言い分の要点がまとめて記載され，理由には，主文に示された結論にいたった理由が記載されます。

(6) 上訴（控訴・上告）

判決が言い渡され，判決書の正本が当事者に送達されたのち2週間以内であれば，敗訴した当事者は，より上級の裁判所に上訴することができます (285条・313条)。簡易裁判所を第一審とする判決に対しては地方裁判所に，地方裁判所を第一審とする判決に対しては高等裁判所にそれぞれ控訴することができます (281条，裁判所法16条1号・24条3号)。地方裁判所を第二審とする判決に対しては高等裁判所に，高等裁判所を第二審とする判決に対しては最高裁判所に，それぞれ上告を提起することができます (311条)。

一審判決で申立てが認められなかった当事者は，それだけの理由で控訴をすることができます。しかし，最高裁判所に対する上告は，憲法違反か，裁判手続上の重大な誤りだけしか理由にすることができません (312条)。最高裁判所には15人の裁判官しかおらず，また，主に憲法に関する判断を行うことが期待されていることから，上告の入り口を狭くして，重要な事件に力を集中させることがそのねらいです。ただし，憲法違反の主張はないけれども重要な法律問題を含む事件については，当事者から上告受理の申立てがあり，上告審としても回答を与えたほうがよいと判断した場合には，特別に上告を受理することができます (318条)。

(7) 判決の確定

判決正本が送達されてから，敗訴した当事者が2週間以内に上訴を提起しない場合には，判決は確定します (116条)。判決が確定した後では，当事者はもはやその判決が示した紛争解決の基準を無視したり，争ったりすることはできません。

一定額の金銭の支払いや特定の物の引渡しなどを命ずる判決が確定すると，この判決をもとにして強制執行の申立てをすることができます。このように最終的な解決が強制的に保障されていることが，民事訴訟の最大の特徴です。

(8) 少額訴訟

以上は，一般民事訴訟の流れですが，30万円以下の金銭の支払いを求める場合には，簡易裁判所に少額訴訟の申立てをすることができます (368条以下)。この手続の最大の特徴は，原則として1回の審理ですぐに判決がもらえるということです (370条1項)。ただし被告が普通の訴訟の形式をとってほしいと申し出たばあいは，そのように扱われます (373条)。もちろん，少額訴訟の確定判決を利用して強制執行の申立てをすることができますから，この点は普通の民事訴訟と変わりません。

簡易裁判所では，窓口に穴埋めをすれば利用できる訴状のひな型や説明のためのパンフレットが用意されており，また，少額訴訟の内容についても説明してもらえます。少額の借金の取立てや，敷金・保証金のトラブル，交通事故の物損の請求といった場面で活用することができる仕組みです。

簡易裁判所は少額事件の第一審を担当する裁判所で，市民間の比較的小さな紛争をできるだけ簡易迅速な手続で解決することを目的としています。簡易裁判所は全国に438カ所設けられています。また，各地の簡易裁判所では市民に，よりみぢかで利用しやすい裁判所を目ざしていろいろな工夫を試みています。

（越山和広）

2 訴訟，審判，調停，倒産手続，起訴前の和解，支払督促，執行
(1) 訴　　訟

　お金の貸し借り，家屋の貸し借り，夫婦・親子・相続などに関する家庭内のトラブルなどに関連して，私たちの身の回りに起こる紛争，とくに私人間(しじんかん)の生活から生じる紛争を，司法機関である裁判所が，民法や商法などの私法を適用して解決するための手続を民事訴訟といいます。訴訟には，このような民事訴訟のほかに，刑事訴訟，行政訴訟などがありますが，ここでは民事訴訟に限って説明します。近代国家は，一般の市民が，侵害されている自己の権利を，自分の力で回復することを禁止しています（自力救済の禁止）。このため，市民個人に代わって，市民が巻き込まれた紛争を解決する制度を設置することが国家の役割の1つとなりました。その1つが，当事者を関与させて審理し，法律的な判断をすることによって紛争を解決する訴訟制度です。

　民事訴訟という言葉は，権利や義務の存否を判決によって確定することを目的とする判決手続，判決などによってその存否が明らかとなっている権利や義務を，強制的に実現する民事執行手続，さらに，権利の保全を目的とする民事保全手続とに区別されます。いわゆる「訴訟」（狭義の民事訴訟）は，このうちの，判決手続をいいます。

　判決手続は，訴え（判決要求）によって始まります。訴えは，これを提起する原告の被告に対する権利主張である請求を内容としています。この請求の当否を判断するのが判決です。この請求は，民法や商法によって基礎づけられています。したがって，判決は，民法や商法に定められている権利義務の存否が判断されることになります。これは，判決手続によってなされる紛争の解決が，民法や商法という法にもとづくものであることを意味します。このことが，お互いに譲り合ったり，理解し合ったり，また，解決策を話し合ったりするような紛争の解決方法ではなく，法にもとづいて，一刀両断的に法律的な判断を下すことによって紛争を解決するという，民事訴訟の「法的紛争解決制度」としての特徴を生むことになります。

判決手続では，当事者の主張しない事実や，提出しない証拠を，裁判所が斟酌したり，収集することが許されないという，いわゆる弁論主義が採用されます。また原則として公開の法廷で，審理されます。手続の結果下される判決が確定すると，当事者間においては，後の訴訟においてこれと反する主張が封じられ，同一の訴訟を提起することが許されないという，不可争・不可反の強い遮断効である既判力が生じます。また，金銭の支払いを命じるような，いわゆる給付判決には，強制執行の際の債務名義となることから執行力が，株式会社の株主総会の決議を取り消すというような，いわゆる形成判決では実体法上の効果を発生させる形成力が生じます。

(2) 審　　判

「審判」は，広い意味では，訴訟における審理と裁判を総合して呼ぶときにも使われます。狭い意味では，家庭裁判所が家事事件（民事）と少年事件（刑事）についてする手続を指す用語として使われます。ここではこのうちの家事審判について説明します。

家事審判は，家庭内の紛争について，家事審判法にもとづいて行われます。審判の対象となる具体的な事項には，民法上の事件と，戸籍法（氏の変更，戸籍の訂正など，戸籍法119条）・生活保護法（生活保護法30条）などにもとづく事件とがあります。このうち，民法上の事件については，家事審判法9条1項にその内容が定められています。同項では，事件の類型がさらに甲類事件と乙類事件の二種類に分別して定められています。このうち，甲類事件の審判には，成年後見・保佐開始およびその取消しの審判（民法7条・10条・11条・13条,旧禁治産・準禁治産），失踪宣告およびその取消しの審判（民法30条・32条）未成年を養子にする際に必要な許可の審判（同798条），実方との血族関係を終了させるいわゆる特別養子縁組を成立させる処分に関わる審判（同817条ノ2）などがあります。また，乙類事件の審判には，夫婦の同居・扶助の義務に関する審判（同752条），夫婦間の婚姻費用の分担に関する審判（同760条），協議離婚の際に定めなければならない子の親権者が，父母の間の協議で整わないときにする審判（同819条5項），遺留分を有する推定相続人を廃除

するための審判（同892条），共同相続人間で遺産の分割が整わないときにする審判（同907条2項）などがあります。甲類事件と異なり，乙類事件は後に述べる家事調停の対象にもなります（家事審判法17条）。

　審判手続は，事件の関係人の「申立て」によって始まります。申立てをすることができる者は，それぞれの事件類型ごとに，定められています。たとえば，家事審判法9条1項甲類1号の成年後見開始の審判の申立権者として，民法7条には，本人，配偶者，四親等内の親族，未成年後見人，未成年後見監督人，保佐人，保佐監督人，補助人，補助監督人，検察官が挙げられています。また，申立てをする裁判所も，事件類型ごとに，たとえば，失踪の事件に関しては不在者の住所地，夫婦の同居・扶助に関する事件に関しては相手方の住所地，相続に関する事件は被相続人の住所地または相続の開始地の家庭裁判所と定められています。

　審理は，家事審判官（家事審判事件を担当する家庭裁判所の裁判官を，とくにこう呼びます）によって，進められます。弁論主義が採用されている通常の民事訴訟と異なり，場合によっては，裁判所の職権で，事実の調査および証拠調べがなされる職権探知主義が採用されています。また，手続が非公開である点も通常の民事訴訟手続と異なります。さらに，審判を行うには，原則として1人以上の参与員の立会いが必要とされていますが，場合によっては，審判官が単独で審判を行うこともできます（家事審判法3条1項）。参与員は，家庭裁判所（組織法上の）が，毎年，一般市民の中から前もって選任している候補者の中から，家庭裁判所（手続法上の—家事審判官のこと）が，個別の事件毎に指定します（同法10条）。このような，一般の市民である参与員を，審判手続に関与させるのは，家事審判が，社会の実状や人情に通じた一般の有識者の意見を反映させることにより，事件を法律的にのみ処理するのではなく，より，実情にあった，具体的に妥当な解決を目的とするものだからです。

　審理の結果は，「審判」という，裁判所の判断によって示されます。この審判は，相続の限定承認の申述の受理などの特別な場合を除き，主文と，理

由を記載した審判書が作成され，これを受ける者に告知します。申立人の主張が認められたときの主文には，たとえば，「申立人の氏『△山』を『〇川』と変更することを許可する。」，「不在者□田◎夫を失踪者とする。」などと，示されます。

審判は，即時抗告をすることができない審判に関しては，その告知の時から，即時抗告をすることができる審判に関しては，2週間の即時抗告期間（家事審判法14条）が，徒過したときから確定して効力を生じます。この期間は，即時抗告権者が告知を受けたときは，告知を受けた日から，告知を受けないときは，事件の申立人が告知を受けた日から起算します。通常の場合には，告知を受けた初日は算入せず，原則として告知の翌日から2週間となります。ただし，成年後見に関する審判，失踪宣告に関する審判など，特別の定めがある場合には，告知を受けた日から，計算されます。なお即時抗告は，審判をした家庭裁判所の上級裁判所である高等裁判所に提起します。

金銭の支払い，物の引渡し，登記義務の履行などの給付を命じる内容を持つ確定した審判には，執行力が認められ，債務名義（執行文が付与されると強制執行を可能とする書面）となります。民事訴訟の結果下される確定判決が有する既判力を，審判が有するか否かについては，これを直接定める法文の規定がありません。学説上は，肯定説と否定説が対立していますが，否定説が通説です。

(3) 調　　停

調停には，労働法上の調停と，民事法上の調停などがあります。なお，そのほかに，国または都道府県が委員会，または，審査会を設けて，紛争の解決のためのあっせん，調停などを行う手続を定める法律として，公害紛争処理法，農業振興地域の整備に関する法律，小売商業調整特別措置法，建設業法などがありますが，ここでは触れません。ところで，労働法上の調停は，労働争議を解決するために，労働委員会が主宰するものです（労働組合法20条，また，労働関係調整法17条以下参照）。これに対して，民事法上の調停は，私人間の私法上の紛争について，その解決の合意を成立させるために，裁判所を中

心とする第三者が関与して，当事者双方の話合いの場を設ける手続をいいます。ここでは，とくにこの民事法上の調停について説明します。

民事法上の調停は，通常の訴訟になじむ事件の調停をする，いわゆる民事調停と，人事訴訟手続法および家事審判法（ただし，家事審判法9条1項甲類事件を除く，家事審判法17条）に定められる事件の調停をする，いわゆる家事調停にさらに分けられます。

(a) 民事調停　民事調停は，民事に関する紛争について，当事者の互譲により，条理にかない実状に即した解決を図ることを目的としてなされるものです（民事調停法1条）。民事調停手続は，当事者の調停の申立てによって開始します。この申立ては，その趣旨と紛争の要点を明らかにした書面によって（口頭ですることもできます），相手方の住所，居所，営業所，または事務所の所在地を管轄する簡易裁判所に対して行います（民事調停法3条）。また，通常の民事訴訟の訴えを受け付けた，いわゆる受訴裁判所が，適当と認めるときには，これを職権で調停に付すことができ，この付調停決定によっても民事調停が開始します（同法20条）。なお，借地借家法11条に定められている地代もしくは借賃の額と，同法の32条に定められている建物の借賃の額の増減の請求については，訴えを提起する前に，調停を申し立てなければなりません（調停前置主義）。もし，この種の事件について調停を申し立てることなく訴えが提起されたときには，受訴裁判所は，その事件を原則として，調停に付さなければなりません（同法24条ノ2）。

民事調停手続は，裁判官の中から任命される調停主任と，2人以上の調停委員で組織された調停委員会が主宰します（同法5条～7条）。調停委員会は，調停期日を定めて，当事者本人，および，事件の関係者を呼び出します。当事者本人には出頭の義務がありますが，やむを得ない事由があるときには，代理人を出頭させることができます（弁護士以外の者を代理人とするときは裁判所の許可が必要です）。手続は，非公開です。また，調停委員会は，職権で事実についての調査をすることもできます。調停委員会は，当事者から紛争の実状を聴取し，調停案を提示するなどしながら，当事者の合意が得ら

れるように手続を進めます。

　当事者間に合意が成立すると，これを書記官が調停調書に記載して，調停が成立します。この記載は，裁判上の和解と同一の効力を有します（民事調停法16条）。なお，裁判上の和解には，確定判決と同一の効力があります（同法267条）。これに対して，当事者間に合意が成立しないときと，当事者間に成立した合意が相当でないときには，調停が不成立となります。この場合には，調停委員会は調停不成立として事件を終了させます（同法14条）。ただし，このように調停が不成立となる見込みがあるときは，裁判所は，調停委員会の意見を聴き，当事者の衡平を考慮して，いっさいの事情をみて，職権で調停に代わる決定を下すことができます。この決定に対しては，当事者は，その告知を受けた日から2週間以内に異議を申し立てることができます。異議の申立てがあったときには，この決定は効力を失います。また，期間内に，異議の申立てがなかったときは，この決定は裁判上の和解と同一の効力を有します（同法18条）。なお，調停委員会は，事件が調停になじまないか，不当な目的でみだりに申し立てられたものであると判断するときは，調停をしない旨の判断をして，事件を終了させることができます（同法13条）。

　(b) 家事調停　　家庭に関する紛争を解決するために，調停委員会によって進められる手続を，家事調停手続といいます。家庭内の紛争とは，人事に関する訴訟事件その他家庭に関する事件のことですが，具体的には，婚姻の取消・無効，離婚などの夫婦関係事件，嫡出否認，認知などの親子関係事件などの人事訴訟手続法に定められる人事訴訟事件と，夫婦間の同居・扶助に関する紛争，親権者および子の監護者の指定，変更，遺産分割に関する紛争などの家事審判法9条1項乙類事件（甲類事件は家事調停になじみません）などが挙げられます（家事審判法17条）。また，調停委員会は，家事審判官（家庭裁判所の裁判官）と，家事調停委員によって構成されます（同法3条2項）。家事調停委員は，2人以上の委員が，家庭裁判所（実際には家事審判官）によって，それぞれの事件毎に，指定されます（同法22条）。調停手続は，当事者から調停が申し立てられた場合や，家事審判中の事件が家庭裁判所に

よって職権で調停に付された場合や，訴訟として係属中の事件が，その受訴裁判所によって職権で調停に付された場合などに開始されます。なお，家事調停になじむ事件（同法17条）については，まず，家庭裁判所に調停を申し立てなければなりません（調停前置主義）。もし，この調停を申し立てないで，訴えを提起したときには，原則として，その事件は，受訴裁判所によって，家庭裁判所の調停に付されます（同法18条）。家事調停は，その内容が家庭内の人間関係から生じることが多いため，人間関係の調整という点をとくに重視しながら，当事者の権利・義務および，法律関係について，自主的な解決が図られます。このため，調停委員会は，当事者や関係人から事情を聴き，事案の真実を把握した上で，実情に即した解決を図るために，当事者を説得し，あるいは，そうした内容の調停案を提示し，その受諾を促したりします。当事者が合意に達し，これを調停調書に記載すると調停が成立します。この調書の記載は，確定判決と同一の効力を有します。なお，家事審判法9条1項乙類事件の調停については，事柄の性質上，確定判決ではなく，確定した審判と同一の効力が認められます（家事審判法21条）。ただし，当事者の自由な処分には必ずしもなじまない，婚姻または養子縁組の無効または取消に関する事件，あるいは，協議上の離婚もしくは離縁の無効もしくは取消，認知，認知の無効もしくは取消，民法773条の規定により父を定めること，嫡出子の否認または身分関係の存否の確定に関する事件については，さらに，家庭裁判所によって，当事者の合意に相当する審判がなされなければ，その効果は生じません（いわゆる23条審判，家事審判法23条）。

　また，当事者の合意の内容が，違法であったり，著しく妥当性を欠いている場合には，調停委員会は，その合意が相当でないために調停は不成立であるとして，手続を終了させることができます。このように，合意が不相当として調停が不成立となる場合に加えて，そもそも当事者間に合意が成立せず，そのために，調停が不成立となる場合で，家事審判法9条1項乙類に該当する事件でないときには，家庭裁判所は，職権で，当該事件の調停委員会の意見を聴き当事者双方の衡平を考慮し，一切の事情を見て，調停に代わる審判

をすることもできます（いわゆる24条審判，家事審判法24条）。

23条審判と，24条審判については，2週間以内に家庭裁判所に対して異議を申し立てることができます。この異議の申立てがあったときには，その審判は効力を失いますが，異議の申立てがないときには，確定判決と同一の効力が生じます（家事審判法25条）。

(4) 倒　　産

債務者が弁済期にある債務を即時に支払うことができない状態となったとき，債務者の消極財産（負債）が積極財産（資産）を上回ってしまう財産状態となったとき，債務者が自己の債務の支払いができないことを外部に示すような行為をしたときなど，債務者がその債務を完済することができない場合を倒産といいます。このような状態に陥った債務者が，債権者と，個別にまたはそれらが集合して話し合い，事態の解決をはかる私的な倒産処理もあります。しかし，債務者と債権者，あるいは，債権者同士の間の利害の関係は複雑で，関係者の意見が一致せず，事態の解決ができない可能性があります。このため，法的に倒産を処理する制度が必要となります。このような，法的な倒産処理制度には，債務者の財産を公平に分配して総債権者に公平な満足を与える清算型の手続と，利害関係人の調整をはかりながら債務者の事業を存続させる再建型の手続があります。

清算型の手続には，破産手続（破産法），特別清算手続（商法431条から456条まで）があります。また，再建型の手続には，民事再生手続（民事再生法，和議手続に代わる制度として平成12年4月1日から施行されました），会社更生手続（会社更生法），会社整理（商法381条から403条まで）があります。このうち，その制度を利用できる者という観点から見ると，株式会社などの企業のみを対象とするのが，特別清算手続，会社更生手続，会社整理手続です。これに対して，企業のみならず，個人もその対象とするのが，破産手続と，民事再生手続です。

これらの手続は，申立権者の申立てによって開始します。ただし，再建型処理手続が，当事者の合意を得られないために失敗した場合などに，破産手

続が職権で開始することもあります。申立権者は，破産では債権者と債務者（破産法132条），特別清算では債権者，清算人，監査役，株主（商法431条），民事再生では，債務者（破産原因の生じるおそれがある場合には，債権者も申立てができます，民事再生法21条），会社更生では債務会社（破産原因の生じるおそれがある場合には，一定額の債権を有する債権者，一定の数の株式を有する株主も申立てができます，会社更生法30条），会社整理では取締役，監査役，一定額の債権を有する債権者，一定の数の株式を有する株主（商法381条）などが法定されています。手続が開始すると，破産と会社更生では，裁判所によって管財人が選任されます。破産管財人の職務は，破産者の財産を速やかに把握し，これを管理し，換価して，債権者に配当することです。更生管財人の職務は，事業経営を維持しながら，再生案を作成し，実行することです。特別清算では，それまでの会社の清算人が，特別清算人の事務にあたります。その職務は，破産管財人に類似します。民事再生では，原則として，債務者がそのまま再生債務者として，財産の管理，処分をします（例外的に再生管財人が選任される場合があります，民事再生法64条）。会社整理でも，通常は債務者が財産を管理，処分します。ただし，裁判所が会社の業務および財産の管理を必要とするときは，管理人が選任されます（非訟事件手続法135条ノ54）。また，整理案の立案，実行のために整理委員が必要に応じて選任されます（商法391条）。

　債権者は自己の債権を裁判所に届出て（特別清算手続では，清算人に申し出ます），その確定した額に応じて，債権者集会で議決権を行使し，配当を受けます。ただし，会社整理では，個々の債権者の任意の譲歩による解決を図るものであることから，債権の届出，債権の確定，債権者集会などの制度は存在しません。

　破産手続は，管財人の債権者に対する配当があった後，裁判所の破産終結決定によって終了します。破産者は，手続終了後に免責（債務の消滅）を得て，経済的更生をはかることができます（破産法366条ノ12）。特別清算手続は，清算の結了により，特別清算終結決定が下されて終了します。民事再生手続

は，再生債権者集会で可決された再生計画に対して，裁判所が下した認可決定が確定したのちになされる再生手続終結決定により終了します。会社更正手続は，債権者などの集会である関係人集会で議決され，裁判所によって認可された更正計画が遂行されたとき，または，遂行が確実と認められたときに，更正手続終結決定により終了します。会社整理では，整理が結了したときに，裁判所によって整理終結決定が下されて終了します。

(5) 起訴前の和解

民事訴訟法275条に規定されている和解を起訴前の和解（訴え提起前の和解）といいます。この和解は，訴えの提起前に簡易裁判所でなされるものです。市民が，紛争を訴訟外で話し合いにより解決するのと異なり，裁判所の面前でなされる和解です。その点で，訴訟係属後になされる訴訟上の和解と併せて，裁判上の和解といわれます。

起訴前の和解の申立ては，訴額にかかわらず，相手方の普通裁判籍所在地（通常は自然人なら住所地，法人なら主たる事務所または営業所の所在地）の簡易裁判所にします（民事訴訟法275条1項）。この申立ては，書面または口頭で，請求の趣旨・原因と争いの実状を示して行います。申立てがあると，期日が指定され，当事者双方が呼び出されます。この期日に当事者が紛争解決のための方策に合意すると，これに関して和解調書が作成されます。この調書には，確定判決と同一の効力が認められます（同法267条）。和解が成立しないときには，その旨が調書に記載されて，和解手続は終了します。ただし，期日に出頭した当事者双方の申立てがあるときには，事件は訴訟手続に移行します。この場合には，和解の申立ての時に訴えの提起があったものとみなされます（同法275条2項）。

なお，この起訴前の和解は，通常は1回の期日での紛争解決が想定されています。したがって，遠方に住む当事者の便宜のために，その当事者が，出頭せずに，書面によって和解条項を受諾することにより和解を成立させることができる制度や，当事者の申立てにより，裁判所（または裁判官）に，和解条項を定めてもらう制度は利用できません（民事訴訟法275条4項）。

(6) 支払督促

　金銭その他の代替物または有価証券の一定の数量の給付を目的とする請求について，債権者の申立てにより，簡易裁判所書記官によって発せられる判断を，支払督促といいます。この支払督促を求める手続を，督促手続といいます。申立ては，債務者の普通裁判籍所在地（または，業務に関する争いについてはその業務を行った事務所または営業所の所在地，手形小切手に関しては支払地）の簡易裁判所の裁判所書記官に対してします。この申立てに対しては，債務者の審尋（口頭弁論を開かずに陳述の機会を与えること）なしに，支払督促が発せられます。この支払督促は債務者に送達されて，効力を生じます。その送達の日から2週間以内に，その支払督促を発した書記官の所属する簡易裁判所に対して，債務者が督促異議の申立てをしないと，債権者の申立てにより，仮執行宣言がなされます。なお，仮執行宣言付与の申立ては，その申立てができるようになった日から30日以内にしなければなりません。もし，この期間内に申立てがないと，支払督促自体の効力が失われてしまいます。ところで，仮執行宣言の付された支払督促が送達されてから2週間を徒過すると，債務者は督促異議の申立てをすることができなくなり，そのときには，仮執行宣言を付した支払督促は，確定判決と同一の効力を有します。債務者からの督促異議が，却下されたときも同様です（民事訴訟法396条）。とはいえ，通常の確定判決が有する既判力は有していません。もともと，旧民事訴訟法では，この督促手続で下される判断は，裁判官によって下される「命令」という裁判の一種であったため，「支払命令」とよばれていました。これに対して，現行の民事訴訟法では，簡易裁判所の書記官がこれを発するため，裁判である命令と区別して，「支払督促」と改められました。したがって，裁判ではないので，確定判決と同一の効力といっても，既判力は認められていないのです。

(7) 執　　行

　これまでに見てきた(1)～(6)までの紛争解決制度は，裁判所（または書記官）が下した判断には反することができないという概念上の強制力によって，

紛争の解決の実現をはかるものでした。しかし，その裁判所の判断に，相手方が従わないときには，これを強制的に実現する執行制度が必要となります。

強制執行は，国家機関である裁判所が，債権者に代わってその債権を実現します。執行をする際には，原則として，その執行の根拠となる権利の存否の判断をしないで，迅速に処理をする必要があります。そのため，執行の根拠となる権利義務関係を明らかにした書面である債務名義を法定して（民事執行法22条），これに，執行力を有することを証する文言（執行文）が付与されたものにもとづいて執行をします。なお，公証人が作成し，債務者が直ちに強制執行に服する旨の陳述が記載されている執行証書という公正証書を除く債務名義についての執行文は，通常，事件の記録の存する裁判所の書記官に申し立てることによって得られます。こうして得られた執行力のある債務名義に加えて，債権者，債務者，代理人，強制執行の目的となる財産，求める強制執行の方法などを表示して執行裁判所に申し立てます（民事執行規則21条）。

強制執行は，実現される権利の性質に応じて，金銭執行と，非金銭執行とに分けられます。金銭執行はさらに，その対象となる財産の種類により，不動産執行，船舶執行，動産執行，債権およびその他の財産に対する執行に分けられます。

金銭執行では，まず債務者の財産を差し押さえ，これを換価して得られた金銭を債権の満足にあてます。不動産，船舶などの登記制度と結びつく財産に対する差押は，差押がなされた旨の登記をすることでなされます。執行裁判所は，さらに，入札や，競り売りの方法で，目的財産を強制的に売却（強制競売）して，換価します。そして，その売却代金が配当されて，債権者は現実的な満足を得ます。なお，強制的に売却せずに，これを強制的に管理して収益をあげ，債権者に配当する強制管理（収益執行）という方法もあります。これに比して，有体動産の差押は執行官がその目的物を占有して行われます（ただし，当該財産を，第三者が占有し，差押を拒んだときには，強制執行ができません）。差し押さえられた財産が金銭ならば，それがそのまま

債権者に交付されます。これと異なって，換価を必要とする財産に関しては，執行官による入札，競り売り，執行官以外の者による売却などが行われ，その売得金（手形小切手の支払金を含みます）を，債権者に交付します。債権およびその他の財産の差押は，執行裁判所がする差押命令によります。債務者は，第三者に対して有している自己の債権を，この差押命令により，取立て，その他の処分をすることが許されなくなります。また，その第三債務者も，債務者に弁済することを禁じられます。当該債権は，差押命令を受けた債権者だけが，取り立てることができるようになります。第三債務者から任意の弁済を受けられれば，これにより債権は満足を得ます。任意に弁済されないときには，債権者は，債務者に代わって，自己の名で，第三債務者に給付訴訟を提起して，債務名義を得て本来の債権の満足にあてます（取立訴訟）。また，具体的な特定の金銭の額で表示される債権を，債務者から債権者に移転する命令（転付命令）を執行裁判所に発してもらって，債権者の債権を，債務者が他の第三債務者に対して有する債権で，いわば代物弁済するという方法もあります。さらに，差押債権が，条件付き，期限付きなどの理由で，取立てが困難なときには，執行裁判所は譲渡命令（執行裁判所が定めた価額で，支払いに代えて債権者に譲り渡す命令），売却命令（当該債権の売却をするように執行官に命じる命令），管理命令（管理人を選任して，当該債権の管理を命じる命令）などを発します。

　非金銭執行には，金銭以外の有体物の引渡しを目的とする債権の執行（引渡執行），ある行為をする義務またはしない義務（作為・不作為義務）の執行，債務者がなすべき意思表示義務の執行などがあります。引渡執行は，債務者が，目的家屋や船舶に居住しているときに，債務者をそこから立ち退かせて，占有を物理的にといて，債権者に完全な直接支配をさせたり，動産に対する債務者の占有を，執行官が実力で排除して，債権者に引き渡したりすることをいいます。作為・不作為義務の執行は，債権者が，債務者の費用で，第三者に債務者のなすべき行為を代わりに行わせる代替執行，一定期間に履行しなければ，債務者が一定の額を支払うように命じる間接強制などがあり

ます。債務者が意思表示をする義務を負うときには，債務者が意思表示をしたのと同一の法律効果を発生させるという方法で，その結果を実現します。

(山田恒久)

Ⅲ　裁判所以外の機関による紛争解決方法

1　公　証　人

　公証人は当事者から依頼されて法律行為その他私権に関する事実について公正証書を作り，契約書・定款に認証を与える権限を持ちます。法務大臣により任命されますが，一定の資格を持つことが必要となります。終身制ですが一定の事由があるときは法務大臣により罷免されることもあります。公証人は，法務大臣が指定した場所に公証人役場を置き，そこで仕事をしています。主として，金銭債権の回収，財産相続，契約書などに関する紛争の解決に利用されます。公証人は国家機関でありその作成した文書は公文書となります。この公証人が作成する法律行為に関する証書を公正証書といいます。公正証書を作る利点としては次のものがあります。公正証書には強い証拠力があるので内容が正しいかについて争いがなくなります。原本は役場に保管されているので紛失の恐れがありません。証書を作った日付も公に証明できます。公正証書を作成するためには，次のものが必要です。当事者双方の印鑑証明書，実印，身分証明書（運転免許証など）等です。これらを持参し，公証人役場に出かけ，希望する条件での公正証書の作成を依頼します。公証人は，当事者の真意を確認し，将来において法律上の紛争が生じないように内容を十分に検討して公正証書を作成してくれます。

　では，金銭債権を回収したい場合に公正証書はどのように役立つでしょうか。この公正証書に債務者が強制執行を受けてもよいと同意している文言（強制執行認諾文言といいます）がある時には強制執行力が認められます。ですから，相手が貸したお金などを弁済してくれない場合に，この文言が書かれている公正証書があれば，判決を受けなくても直ちに強制執行をすることができるわけです。ただし，この強制執行力が認められるのは，金銭債権

についてだけです。不動産の明渡しについて，強制力はありません。したがって，借家の明渡しについての紛争には効果がありません。もっとも，家賃を滞納すれば賃料債権（これは金銭債権です）が発生しますが，この債権については強制執行が可能となります。

次に，遺言状を作るときにも公証人は協力します。普通方式の遺言の作成方法としては，次の三種類の方法があります。自筆証書遺言，秘密証書遺言，公正証書遺言です。公正証書遺言は，証人2人以上が立会い，遺言者が遺言の内容を公証人に口頭で伝え，公証人がそれを筆記し，のちに遺言者・証人に読み聞かせ，その正確なことを確認した後，署名し，判を押す方式です。内容的に法律的な問題が生じることもなく，保管も確実ですが，証人から内容が漏れる恐れがあります。公正証書による遺言については，検認手続（家庭裁判所による遺言書の存在などについての検証手続）が不要とされる点も利点です。

なお，2000年から成年後見制度が実施され，この中で任意後見制度も始まりました。これは本人が元気な時に選んだ任意後見人に本人の判断能力が低下した時の財産管理などを契約しておくという制度です。この契約は公正証書で作成しなければなりません。

2 行政委員会

行政委員会とは，一般行政権からある程度独立した地位を持ち，処分権限等行政的権能や争訟の判断などの準司法的権能を持つ委員会です。紛争の内容が特殊な関係に関する問題については，当事者の自主的な方法では，妥当な紛争解決を導くことが難しいので，専門の行政機関が関与する必要があります。

(1) 公害等調整委員会

公害紛争について，国レベルでは公害等調整委員会，都道府県レベルでは各都道府県公害審査会が，あっせん，調停などを行います。被害額が多額な場合，被害地が複数の都道府県に跨る場合など一定の重要な公害は委員会が

行い，それ以外は審査会が担当することになっています。ここで公害とは，大気汚染，水質汚濁，土壌汚染，騒音，振動，地盤沈下，悪臭のことをいい，食品，薬害公害などは含まれません。公害等調整委員会は，公害に関する紛争の適切かつ迅速な解決を目的として設置され，行政委員会として権限を行使する場合に高い独立性が法律によって認められています。また，準司法的権限や準立法的権限も持っています。委員は，各分野の専門的知識を持つ人や法的紛争処理の解決という面から弁護士資格を持つ人が選ばれています。委員会が行う解決方法としては，あっせん，調停，裁定，仲裁があります。あっせんでは，双方の主張の要点を整理し，話合いによる解決に協力します。調停では，当事者などから意見を聞いたり，文書の提出を求めたり，鑑定依頼，立入検査，現地調査などにより事実関係を調査します。場合により関係する他の行政機関への調査依頼，専門的な情報の提供も求めることができます。裁定は，損害賠償責任の有無，その額，行為と被害との因果関係などについて法的判断を下すもので公害等調整委員会のみが行います。なお，仲裁制度は制度としてはありますが，あまり利用されていません。

(2) 建設工事紛争審査会

建設工事の請負をめぐる紛争について，国レベルでは中央建設工事紛争審査会，都道府県レベルでは都道府県建設工事紛争審査会があります。これらの紛争については，建設工事に関するいろいろな慣習の存在，高度な専門的技術性，紛争の早期解決の必要性という特色があります。そこで，専門家による早期の解決を目的として審査会が設置されました。審査会が目的としているのは，工事代金請求，瑕疵修補請求などの建設工事の請負契約に関する紛争です。したがって，工事会社と近隣住民とのトラブルなどはここには含まれません。解決方法としては，あっせん，調停，仲裁があります。あっせんは，技術的な問題の少ない簡単な事件に向いています。調停は，技術的，法律的問題の多い複雑な事件に向いています。仲裁には，審査会の判断に従うという当事者の合意，いわゆる仲裁契約が必要です。仲裁契約は，仲裁条項という形で，請負契約をする時にこの条項を含む形で作成することが多い

のです。

(3) 労働委員会

使用者と労働組合との労働関係を処理する委員会として，国レベルでは中央労働委員会，都道府県レベルでは地方労働委員会があります。委員会は，使用者の代表，労働者の代表，大学教授，弁護士，労働関係経験者など公益を代表する委員で構成され，労働争議や不当労働行為などの労使関係に関する紛争の処理を目的としています。労働争議とは，労働条件などについての使用者側と労働者側との集団的紛争で，あっせん，調停，仲裁により紛争解決を目指します。不当労働行為とは，組合活動を理由とする解雇や労働組合の結成についての支配介入行為など使用者による労働者の団結権を侵害するような行為です。したがって，単なる解雇や賃金不払いなどは不当労働行為とは関係がありません。不当労働行為事件の場合では，救済の申立てにより審査手続を開始します。これには，調査と審問があります。調査段階では，争点，証拠の整理が行われ，この段階で和解の勧告が行われることもあります。審問では，当事者の陳述，証拠調べにより，申立てに理由があるか否かについて審査が行われます。不当労働行為と認定された場合には，原職復帰などの作為または支配介入の中止などの不作為が命じられます。地方労働委員会の命令は行政処分であり，不服であれば中央労働委員会に再審査を申し立てることができます。

3 仲 裁 機 関

(1) 国際商事仲裁協会

国際商事についてはいろいろな仲裁手続がありますが，ここでは国際商事仲裁協会の仲裁手続について概説します。主として仲裁の対象となっているのは，継続的販売契約，フランチャイズ契約，合弁会社設立契約などですが，近年は国際取引の増加に伴って多様化しています。

仲裁手続は協会への申立てによって開始します。仲裁に付する旨の合意書が必要ですが，紛争後に仲裁契約を結ぶというより，多くのケースでは，当

Ⅲ　裁判所以外の機関による紛争解決方法

初の契約に含まれている仲裁条項によって仲裁が申し立てられます。仲裁が申し立てられると，仲裁人が選定されます。仲裁人の職業は，弁護士，大学教授，実業家が多いです。その後，書面の提出や審問が行われます。審問では，弁論や証拠調べなどが適宜行われます。時により，仲裁人が和解による解決を進めることもありますが，最終的には一定の仲裁判断が示されます。従来の例では，平均して約2年の期間が必要です。

(2)　交通事故紛争処理センター

交通事故についての紛争に関しては財団法人交通事故紛争処理センターが，示談，あっせん，裁定を行っています。電話で予約し，無料で利用することができます。センターは，当事者の氏名，事故状況などを受け付けた上で，担当の弁護士に連絡します。交通事故では，自動車保険についての広い知識が必要とされますし，加害者と被害者との感情的対立が激しく当事者間での交渉が難しいという面もありますので，法律相談，示談のあっせんが必要とされます。加害者側は保険会社の担当者が対応し，被害者側は法律的知識の少ない本人が対応することが多いので，相談では弁護士はできる限り法律的知識を被害者にアドバイスします。あっせんでは，当事者が感情的になっている場合には，個別に主張を聞き，双方の主張を調整し，合意できるように調整するか，あっせん案を作って双方に提示します。あっせんによって示談が成立しない場合は，当事者が希望すれば裁定が行われます。裁定は審査会により行われ，当事者の意見を聞き，弁護士からあっせんの状況を聞き判断を下します。被害者側が裁定を受け入れた場合は，保険会社側もこれを受け入れることになっています。

(3)　弁護士会仲裁センター

弁護士会仲裁とは，第二東京弁護士会が始めた仲裁方法で，生活紛争を中心として，中立的立場から，弁護士が仲裁という方法で紛争解決に協力しています。和解による解決が可能な紛争であれば，境界確定，離婚，相続，隣人紛争など制限なく対応しています。原則としては，申立人が仲裁合意書を提出し，その後，仲裁人名簿から仲裁人が選定され，相手方に仲裁手続への

参加を求めることになります。相手方が仲裁合意書を提出すれば，仲裁手続が開始され，双方対席している場で当事者の事実主張，証拠調べなどを行い，仲裁判断を下します。ただし，仲裁の合意なしで手続をはじめ，ある程度話し合いが進んだ段階で合意書を提出してもらうケースもあり，現実にはこの処理のほうが多いです。この場合は，答弁書などの書面が揃った段階において口頭で事情を説明してもらい，和解が可能かどうか検討します。もし和解が可能であれば和解案を作成し，和解が成立すれば和解契約書を作成します。また，和解が困難であればこの段階で仲裁合意書を提出してもらい，仲裁判断をすることになります。仲裁合意書の提出がないときは，申立人が申立てを取り下げて手続は終了することになります。このような配慮がなされるのは，欧米に比べ日本では仲裁制度を利用することが少ないので，いきなり仲裁に入ることに抵抗を感じる人が多いためです。

4 消費者センター・PLセンター

(1) 消費者センター

　消費者の生活相談については，国レベルでは国民生活センター，都道府県レベルでは消費生活センターがあります。消費者問題が深刻になり，これに対応する必要から消費者センターが設置されました。これらの消費者センターは，国民生活の安定・向上のために情報の提供や調査研究をすることを目的としています。具体的には，消費者の啓蒙・教育活動を始め，相談業務，商品テスト，苦情処理などを行っています。苦情処理については，消費者から事情を聞いた後，関係機関への照会，事実調査を行っています。複雑な問題については法律や技術の専門家へ相談し，消費者苦情処理専門委員会への諮問なども行っています。ただ，この専門委員会制度はあまり利用されていませんし，立入調査権限，原因調査体制なども充分でなく，業者への罰則を与える権利など今後の体制の整備が必要とされています。

(1) PLセンター

　1994年に製造物責任法（PL法）が制定されてから，責任の根拠が過失か

ら欠陥へと転換されました。しかし,損害,欠陥,因果関係などは被害者側が証明しなくてはならず,それをどう救済するか,また,被害者と企業との交渉での公平性や訴訟となった場合の経済的な負担などをどう克服し,被害者の迅速かつ公平な救済をはかるか問題は残っていました。そこで,製品分野別に各種の PL センターが設置されました。生活用品,家電,医薬品,化学製品,住宅部品,化粧品などの PL センターです。これらの PL センターは,公平性を守りつつ,各分野の製品に関する事故・苦情について,専門的知識を利用して相談に対応し,助言や情報の提供などをして自主的な紛争の解決にも協力しています。また,あっせんや調停によっても紛争解決に協力しています。あっせんでは,弁護士の協力により事務局が当事者の主張を聞いてあっせん案を示すことになっています。調停では,法律,技術,消費者問題の専門家による判定会で調停案が作成されます。

5 国際機関

(1) ICJ（国際司法裁判所）

国際司法裁判所は,第二次大戦後に作られました。国連との協調により,国際紛争を平和的に解決することを期待され,15名の裁判官により構成されています。国家のみが当事者となることが認められ,裁判が開始されるためには,紛争当事国の同意が必要とされています。これまでに領土問題,漁業水域問題,亡命者問題,国籍問題などが裁判されました。

(2) WTO（世界貿易機関）

国際貿易については,GATT（関税及び貿易に関する一般協定）が,製品の貿易についてのルールを作っていました。その後,1995年 WTO が樹立され,国際取引に関する共通ルールは WTO 協定に引き継がれました。従来は,一方的な報復措置や二国間の管理貿易による紛争解決が中心でした。しかし,これからは,WTO 体制にもとづく紛争解決手続が中心となります。国際取引では,製品に関する問題,技術・知的所有権に関する問題,投資に関する問題が発生します。環境保護に関する問題,消費者保護に関する問題なども

これから重要となるでしょう。これらの国際取引に関する紛争については，WTO体制において，一定の紛争解決手続が用意されています。まず，加盟国間で紛争が発生した場合は，当事国で二国間協議が行われます。協議で解決できなければ，DSB（紛争解決機関）に紛争解決小委員会の設置を要求できます。小委員会は，WTO協定違反があるかどうかについて報告書を提出します。当事国はこの報告書に不服であれば，上級委員会に不服申立てができます。上級委員会は，報告書での法律判断について審理し，紛争解決機関に報告書を提出します。紛争解決機関は，当該案件が協定に違反するという小委員会，上級委員会の報告書を採択したときは，当該国に紛争原因の是正を勧告します。

(3) WIPO（世界工業所有権機関）

知的財産についての紛争は，専門性が強く，迅速に，かつ非公開で行う必要があるため，裁判手続より当事者の自主的紛争解決に向いているといえます。そのため，1994年よりWIPO仲裁センターが活動を開始しています。ここでは，調停，仲裁，簡易仲裁などを行っています。

（小池順一）

Ⅳ　裁判所や裁判所以外の機関を利用しない紛争の解決方法

1　交　　渉

　紛争の解決方法には，①裁判所での諸手続を利用しての解決方法や，②裁判所以外の各種機関（Alternative Dispute Resolution；ADR）の手続を利用しての解決方法とともに，これらを利用しないで，当事者間の交渉によって自主的に解決されている紛争がたくさんあります。意見の対立が軽度なために当事者にとっては「紛争」まで考えず，相手方と「協議」をすることで解決するものもたくさんありますので，このような対決色の薄い「協議事項」は「紛争」と呼ばなくてもよいでしょう。

　これらも含めて「紛争」と呼べば，世の中というグラスの中でソーダ水の泡のごとく次から次へと絶え間なく発生しては消えていく紛争の両当事者のうちのごくごく僅かの者が裁判所やADRの門をたたくだけで，大部分の紛争当事者は，①相手方当事者との当事者同士の交渉により紛争を解決するか，②交渉すら諦めて泣き寝入りしているといえます。

　図1に示しましたように，世の中の紛争のうち(1)裁判所やADRという法律等に定められた手続によって，かつ(2)法的な基準が使用されて解決される紛争は，氷山の一角にすぎないのです。ここでは，図1の水面下の氷山のような大部分の紛争は当事者間の交渉等によりどのように解決されているのか，あるいは，当事者間の交渉が合意に達するためにはどのようなエイド（手助け・支援）が社会に求められているのかについて考えてみましょう。このエイドを担う者としての弁護士・弁理士・公認会計士・税理士・司法書士・行政書士・不動産鑑定士・土地家屋調査士・海事補佐人・一級建築士・医師等々の各種の国家資格を与えられている専門家がいます。これらの人々の知

第1編　Ⅳ　裁判所や裁判所以外の機関を利用しない紛争の解決方法

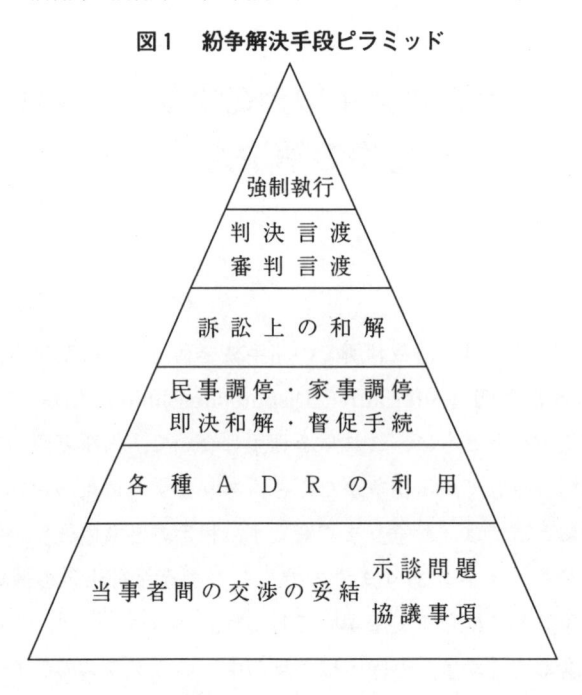

図1　紛争解決手段ピラミッド

```
              /\
             /  \
            /強制執行\
           /--------\
          / 判決言渡  \
         /  審判言渡   \
        /--------------\
       /   訴訟上の和解    \
      /------------------\
     /  民事調停・家事調停   \
    /   即決和解・督促手続    \
   /------------------------\
  /    各種ADRの利用         \
 /----------------------------\
/                   示談問題    \
/ 当事者間の交渉の妥結          \
/                   協議事項    \
--------------------------------
```

恵や経験によるアドバイスも当該紛争を『曼陀羅』のように取り巻いており，これらの知恵等の組合せが，どのように活用された場合に当事者間の交渉が法的に妥当な紛争の解決に至ることができるのかを考えてみることにしましょう。こうして，法の支配の確立した社会とはどのような紛争解決のためのシステムを備えた社会なのか，21世紀初頭の現状と今後の課題等に思いを巡らせてみると，現代の社会生活が国際化・IT化などによって加速度的に複雑になっている中で，法律を学ぶことが個人の自立にとっていかに大切であるかが理解できるでしょう。

2　当事者——交渉における交渉担当者別の各種の類型——

　当事者間の交渉が，法的な基準を使用して解決されるためには，先ず，その紛争の解決に有用な法的な基準情報へのアクセスが当事者に保障されていなければなりません。

Ⅳ 裁判所や裁判所以外の機関を利用しない紛争の解決方法

以下，図2の①～③のパターンに従って，それぞれの当事者間の交渉が法的に妥当に解決するためには，そのアクセスがどのように保障されなければならないのかについて考えてみましょう。

図2 当事者間交渉の担当者別の類型

① 当事者 vs. 当事者；両当事者に代理人がつかない本人同士の交渉パターン

② 当事者 vs. 代理人；相手方当事者に代理人がついた交渉パターン

③ 代理人 vs. 代理人；両当事者とも代理人を委任した交渉パターン

(注) 代理人としては，友人・親族・上司といった身の回りの者の場合もありますが法的基準へのアクセスの観点から，③のパターンは弁護士等の専門家を代理人として相手方との交渉を委任した場合を想定しています。

(1) 当事者が単独で相手方当事者と交渉をする場合で相手方に代理人がいない場合（①のパターン）

このパターンでは，当事者が，自分でその分野の法律・判例・学説や解決例まで徹底的に研究して交渉することは，時間と労力をかければ不可能でないのですが，前述したように現代の社会生活が国際化・IT化などによって加速度的に複雑になっていますから，紛争に適用されるべき法的な基準も応用問題的な解決方法を要したり，従来の基準では解決できず新しい基準の創設が必要な場合が多いのです。そのため事柄によっては「生兵法怪我の元」という諺どおりになる危険性があります。

そこで，単独で交渉する当事者は，交渉を法的な基準に合致した妥当な解決に導くために，その紛争解決にとって有用な専門家を選択して，それらの専門家に相談するなどして交渉にのぞまなければなりません。この意味で，法の支配が実現されている世の中であるためには，市民が当面した紛争の解決の法的な基準を知るための各種専門家への相談窓口が身近になければなりません。逆にいえば，当事者が単独で相手方と紛争の交渉をする場合に専門家のアドバイスを受けることなく，勘だけに頼ってまとめてしまった結論の中には，相手方に丸め込まれて，不利な内容（相手方にとって有利すぎる内

容)を押しつけられた結論になってしまっているものが多くみうけられます。なぜなら，交渉の相手方自身も，交渉を有利な結果で終わらせるためにエネルギーを注いでいるのですから，一方の当事者にだまそうという悪意がなくても，一方の当事者に偏った内容での結論となることが多いのです。

　たとえば，交通事故の人身事故の被害に遇って，重大な後遺症が残ったために軽労働にしか就くことができない場合，相手方に請求すべき損害賠償の妥当な金額を算出することは，適切な専門家への相談によるアドバイスがないと容易なことではありません。また，離婚に際して離婚の合意には単独交渉で達することができても，財産分与・慰謝料といった離婚給付や未成年の子供への養育費の妥当な金額がいくらであるかといった金額の算出が問題となる場合は，相手方の当事者にとっては，安ければ安いほど自分が楽になるので，法的な基準額を無視した程度の低額な金額で交渉が終結することが世の中には多いのです。このような事例における交渉による解決が法的な基準に適合した妥当な解決といえるかどうかは，当事者本人に法的な基準に従った場合に算出される金額の上下の範囲がどのぐらいであるかといった専門家の判断が情報として提供されているかどうかにかかるといえます。当事者本人が妥当な金額の範囲を知った上で相手方の支払能力等を考慮して，その金額の範囲よりも低額で妥結した交渉はその当事者にとっても，支払能力といった状況を加味したという点で法的な基準を理解したうえでの交渉であったといえます。ところが，法的な基準に従った場合の金額の範囲を知らされず，力関係等から著しく低額な金額で交渉がまとまった場合には，法の支配はその交渉には及んでいないといえます。

(2) 当事者が単独で相手方当事者と交渉をする場合で相手方側に代理人等の支援がある場合 (②のパターン)

　このパターンの典型なものは，交通事故被害者が，単独で加害者側の損害保険会社の担当者と交渉する場合や日照権の交渉を当事者単独で相手方工事業者とする場合などが挙げられます。

　物損だけの軽微な交通事故の場合は，双方が当事者だけでの直接交渉もあ

Ⅳ 裁判所や裁判所以外の機関を利用しない紛争の解決方法

り得ますが，高額の物損事故や人身事故も含んだ交通事故の示談交渉では，被害者側は，当事者本人が自分で交渉に臨むのに対して，加害者側は加害者本人が交渉に臨むのではなく，加害者が任意保険を契約していた損害保険会社の担当者や加害者が委任した弁護士（多くの場合は損害保険会社の顧問弁護士）と交渉するケースが大部分といえます。

　また，日照権が問題となる建築工事についても不法建築のケースでは，ほとんどの建築は建築基準法の日照基準を遵守した建築確認申請をして，確認通知という行政法規上の許可を得た工事ですので，相手方となる施主や工事業者にはその建物の設計を担当した一級建築士が交渉の担当者ないしは支援者として必ずいるといっていいでしょう。

　このようなパターンで単独交渉をする当事者が，上記(1)の当事者双方に代理人がついていないパターン以上，専門家との相談等によって法的な基準を得ていなければ，妥当な結果で交渉を完成させることができないことは容易に理解していただけるでしょう。

　交通事故や日照の問題を例にしてみましたが，紛争には，それぞれの紛争の固有の条件に対応した法的な基準の情報をアドバイスしてもらえる専門家が弁護士以外にもたくさんいることに注目すべきです。実は，裁判所だけを紛争解決機関と考えずに，より専門的にかつより柔軟な運用による ADR のシステムを拡大していこうというパラダイムのシフト（社会の枠組みの組替え）も，それぞれの紛争分野ごとの専門家のアドバイスを紛争の解決に積極的に利用して，法的に適切な解決のための入口を増やしていくことが，現代社会の紛争の解決策として有効であるという考えが根底にあるのです。こういった ADR が拡大し，紛争の解決方法としての裁判所離れといったパラダイムシフトの中でも，ADR さえも利用しない当事者間の交渉による紛争解決が依然として多くの紛争にとっての解決方法として残っていくことでしょう。

　少し，話が脇道にそれてしまいましたが，当事者単独による交渉の場合に，親族・知人・会社の上司といった身近な人物の常識的なアドバイスだけを

頼っていては，自分の交渉が法的な基準を使った妥当な結論で終わることは保障されません。当の紛争の法的な基準をアドバイスしてもらえる各種の専門家の門をたたいて相談にのってもらい，専門家からの適切なアドバイスによりその紛争にとって適切な法的基準の情報提供を受けて，これを得たうえであれば専門家の代理人を頼まない当事者の単独交渉でも法的な紛争解決に到達することができるのです。

このことを敷衍してみると，法律を学ぶということは法的な基準の全体象のライトモチーフを自分の中に体系化しておくことにより，いざ自分の身の回りに紛争が発生した際にその紛争に関する法的な基準へアクセスできる能力を獲得することといえます。すべての個人が私的自治の原則が想定している個として自立することが理想の社会といえますが，現実の社会でこれを補完するシステムとして法律相談の窓口の充実により，紛争に直面した個人に法的な基準をアドバイスしてもらえる各種の専門家の門が開かれていなければならないのです。

(3) 当事者がその紛争分野に明るい専門家を代理人として相手方当事者と交渉をする場合（②のパターン）

このパターンは，前述の(2)のケースをリバースしてみた交通事故の加害者として，損害保険会社の担当者や顧問弁護士に被害者との交渉を委任する場合が典型的なものです。これが当事者双方に代理人がいる場合ですと③のパターンとなります。

この場合に，当事者にとって大切なことは，自分の直面している紛争の種類によって代理人としての専門家を上手に選択することです。その紛争分野に知識や経験が豊かな専門家に自分の代理人になってもらうことです。加速度的に複雑になっていく現代社会では紛争に適用されるべき法的な基準も日夜修正・変容を続けているので，旧基準では解決できずに，新しい法的な基準を創設することが求められる場合が多くありますので，その紛争分野の紛争解決に経験豊かな専門家にアクセスできて，代理人として交渉を委任することが社会的に保障されていなければならないのです。

Ⅳ 裁判所や裁判所以外の機関を利用しない紛争の解決方法

　こういった意味で，2000年に弁護士の広告が規制緩和されたことは重要なことといえます。病院や医院で診療活動に従事している医師で内科・産婦人科・小児科・眼科・耳鼻咽喉科・外科等と専門の医療分野を表示していない医師は，ほとんどいないのに対して，弁護士の場合，これまでは弁護士業務の広告が禁止されていましたので，市民は，どの弁護士がどの分野に経験豊かで明るいのかといった情報がほとんどない暗闇状態の中で弁護士探しをしていたのではないでしょうか。

　これに対して，21世紀には規制緩和とともにIT化により弁護士をはじめとする各専門家の専門分野の表示が可能となっていきます。現実に筆者が加入している組織のコンピュータネットワークでは，現在1,000名以上の弁護士が自分の得意分野が何であるかの表示をこれに登録しています。

3　基準——紛争解決に使用される法的な基準には何があるのか——

　これまで「法的な基準」という表現ですすめてきましたが，何がその紛争（紛争当事者）の解決にとって有用な法的な基準であるのでしょうか。このことは，「法とは何か」という法哲学や法社会学の根源的なテーマにも通じる問題でもあります。しかしここでは，現実の当事者間の交渉において紛争を法的な妥当性をもって解決するために使われるべき基準に何があるのかについて考察してみましょう。

(1) 成 文 法

　成文法とは，立法手続に従って，公布された明文で示された法で，憲法を頂点として，法律，命令（政令・省令），条例，規則があり，そして条約があります。この体系としての成文法が紛争解決のために有用な法的な基準の1つであることはいうまでもありません。ところで，この条文といった法的基準の情報へのアクセスもそんなに簡単ではありません。当該紛争に関する成文法を検索するためには六法全書1冊だけでは十分に検索できないのです。法律事務所には，現行法規という差替え式の法令集が備えられていて，これによって，関係法令を検索するのですが，この法令集は100冊以上の分冊と

第1編　Ⅳ　裁判所や裁判所以外の機関を利用しない紛争の解決方法

なっています。さらに法律によっては，騒音規制法での遵守すべき音の基準デシベル等といったように具体的な基準を地方自治体が制定する条例で定めるように委任されている場合が多いのです。この場合には，別の都道府県別の条例集を検索して具体的な基準等を知ることになります。また，法律が改正されたり，新しい法律が制定されるたびに，現行法規集が差し替えられていくのです。こうして成文法は社会とともに変化していきます。その意味で成文法もその時代にのみ適合するコンテンポラリー（同時代性）な法的な基準といえます。

この成文法の検索の分野でも現行法規の内容がCDやDVD情報として提供されるようになり，IT化が進んでいます。これらのソフトの入ったノートパソコンが法律実務家の必携アイテムとなるには時間がかからないでしょう。その時には市民にとってIT革命により成文法へのアクセスが容易になります。

ところで，当事者間の直接交渉による紛争解決のために有用な法的な基準の中での成文法の位置づけについては学者によって温度差があります。「成文法を絶対と考え，すべてこのわくの中で紛争を解決しようと思っても，それはできない相談である。むしろ，成文法は，単に紛争解決規範の中のひとつと割り切って，他の規範と並べて，つまり他の価値に比べて優位にあるものと考えずに，同じレベルの規範と考えた方が，ものごとがすっきり見えてくる。」（廣田尚久『紛争解決学』信山社）という指摘もあります。法の支配とは，成文法による支配とイコールでないことは以下に順次とりあげる法的基準があることからも理解することができるでしょう。

(2) 慣習法と慣習

慣習法とは，社会内に慣習の形である法で，単なる慣習とは区別されます。商慣習は，商法の成文法を補充する商慣習法（商法1条）として位置づけ，民法に優先するものと定めていますし，法例2条は，慣習法と成文法との関係を定めており，慣習法を公序良俗に反しない等一定の範囲で法律と同一の効力を認めています。

Ⅳ 裁判所や裁判所以外の機関を利用しない紛争の解決方法

ところで，当事者交渉による紛争解決の法的基準として，慣習法とまでなっていない慣習の中にも法的な基準に準ずるものとしての役割を認めてもよいものもあるのではないでしょうか。

(3) 判 例 法

成文法も世の中の変化に応じて改廃がなされていくものであり，前述のようにコンテンポラリー（同時代性）なものですが，その改廃のスピードはあまり早いものではありません。そこで，先例となる判例がない場合に，裁判所が成文法を基礎にしながら解釈により成文法の条文が予定していない結論を出して法的な基準を新しく判例法として創設することがあります。成文法は改廃されていなくてもその条文の解釈は判例法により同時代性を高めているものといえます。したがって，紛争の法的な基準を模索する場合には，その紛争に関する判例を検索することが大切な作業となります。昔は，判例の検索作業は，印刷物となっている各種の判例の索引を引く作業であまり効率的な作業とはいえず重労働ともいえる作業でした。ところが，判例の検索についてのコンピュータソフトが開発されたことによって，縦横無尽な検索ができ，たちまちのうちに当該紛争に関する参考判例が画面表示されます。検索画面で当事者の方々と一緒に判例探しができるようになった現代社会は，法的な基準の重要な判例法を容易に探し出せる点で法の支配が一歩も二歩も進んだことになりました。もっとも判例検索の対象となっているデータベースは印刷物として公刊されている各種判例集に掲載されている裁判所の判決・決定・審判ですが，判例集に掲載されて情報公開されるものは，実務家の参考となる新規の判断やこれまでの判断をより掘り下げた判断がなされたものに限られています。したがって，判決などとして示されている裁判所の判断の多くは，未だ情報公開されているとはいえません。

ところがIT革命により判例のデータベースに集められる判例の範囲がより拡大していくことが予想されます。すなわち新規の判断やこれまでの判断をより掘り下げた判断が含まれていなくても紛争の解決にとって基準として参考となる内容を含んだ判例をもれなくデータベース化することにより慰謝

料等の金額等の算出や過失相殺の割合等の判断基準へのアクセスが容易となる日も近いといえます。

　ところで，新しい判例（最高裁判例）が出されたことが紛争の解決の契機となることを最近体験しました。それは，内縁関係にあった相手方が死別した場合の内縁者が財産分与の請求をしてきた紛争でした。成文法の中にはこの請求権の有無を明示しているものはありませんが，相手方と死別した内縁者に民法第768条を類推適用して財産分与の請求権を認める判例が一時出ていました。近時はこれを否定する判例が有力となってきていました。ところが，いずれの判例も下級審での判例で最高裁での判例が出ていませんでしたので，請求する側はこれを認めた判例を根拠（法的な基準）として譲りませんし，請求される側は，最近の否定する判例を根拠として反論していました。ところがその紛争の最中に財産分与権を認めない最高裁平成12年3月10日判決（裁判所時報1263号163頁）が出て，これが当事者に法的な基準として認識されて，請求をやめることにより紛争が解決したことがあります。したがって，このような判例の動向の中にも解決の基準や糸口を求めることができるのです。

　もっとも判例は，一般論的な判断というよりも，個別のケースの紛争に対する判断の事例であることにも注意しないと判例法を見誤ってしまいます。当該判例の事案の中にはどのような具体的な事実や事情があるのかを分析して法的な基準の一つとして認識することが必要です。前述した判例検索ソフトで判例サーフィンをしてみると，次々に出される判例にも，時代により変化する波を感じることができます。

(4) 訴訟上の和解・調停・仲裁や訴訟外の和解の解決の先例

　判決が出されずに和解で終わった紛争の解決内容については，公害事件その他で広く報道された事件もありますが，それら以外は関係者だけが知るところです。仲裁に関しては，これによる紛争解決例をまとめた『仲裁解決事例集』（弁護士会で主催する仲裁センターのもの）で各種の解決例を知ることができます。家事調停に関しては，遺産分割事件の寄与分等の事例集で解決例を

Ⅳ 裁判所や裁判所以外の機関を利用しない紛争の解決方法

知ることもできます。ただし，守秘義務との関係で印刷物となってアクセスできる解決例の内容や数は限られています。法的な基準として解決の先例を活用する要請は強いのに，現在では解決例のデータベースはほとんど存在しない状態です。そこで，前述のIT革命により，日弁連等が解決例のデータベース化に本気で取り組めば2万人近い弁護士からのデータの集積で比較的短時間に解決例のデータベースを立ち上げることができるでしょう。遠くない将来に，解決例データベースが運用されていて解決例が有力な法的な基準となっていることでしょう。結局，経験豊かという意味は解決例をどれだけたくさん持って体系化しているかということになりますが，解決の先例のデータベース化により専門家の経験が情報として体系化されます。

(5) 条 理 法

条理法とは，法的規範意識として社会に広く承認されている原理原則のことで，たとえば民法1条では信義誠実の原則に従わなければならないことや権利の濫用の禁止を，民法90条では公序良俗に反しないことが求められています。信義誠実の原則や公序良俗の内容は，具体的な紛争の場面毎にそれぞれ意味を持った法的基準として作用することになります。この他にも禁反言の原則等もあります。これらの原理原則は，裁判手続での裁判規範としても確立している法的な基準ですので，当事者間の交渉の場合でも有力な法的な解決のための基準として使うことができるものです。

(6) 自然法としての道徳

条理法は，いわば法律が規範として認知している原理原則に限られるのですが，この基礎となっている道徳や経験則や社会常識も当事者間の交渉に際しては，解決のための基準として有効なものとなります。

(7) 専門家の見解

紛争によっては，専門家の鑑定結果が紛争解決の基準として有効になることも多いといえます。たとえば適正賃料をめぐる紛争は，当事者間の交渉でも調停でも訴訟でも専門家である不動産鑑定士による鑑定評価額が最も有力な解決基準となります。遺産分割事件においても遺産の中に不動産が含まれ

第1編 Ⅳ 裁判所や裁判所以外の機関を利用しない紛争の解決方法

る場合には，同様に不動産鑑定士の鑑定評価額に従った遺産分割案によって妥結することが多いのです。結局，当事者間交渉においては相手方が評価した金額で交渉をまとめることに抵抗感を持つことは自然なことです。そこで，客観的な金額評価をしてもらうことが期待や信頼できるような第三者の国家資格者である不動産鑑定士の専門家の意見を基準とすることが，両方の当事者に受け入れられやすいといえます。もっとも鑑定結果だけを聞かされても当事者の納得は得られません。どのような合理的なプロセスを経て算出された鑑定評価額であるかが，それを基準として納得を得るためには重要です。交通事故の衝突状況を鑑定する専門家もいますし，筆跡鑑定の専門家もいますし，最近注目を集めている DNA 鑑定は，親子関係の認定について当事者に受け入れられうる鑑定結果を提供してくれます。

(8) 支払能力など経済的な合理性

金銭の支払いを巡る紛争では，他の法的な基準から算出された金額が高額で，支払側の当事者にとってその履行が不可能な状態では，これを内容とする解決はあり得ません。たとえ交渉がまとまったとしても義務の不履行という次の紛争の火種を作ってしまいます。そこで，現実の当事者間の交渉による紛争解決にとっては，支払側の当事者の支払能力が吟味された内容での交渉の成立でなければ本当の解決にはなりません。その意味で，自動車事故の任意保険制度や PL 保険等は，支払能力を担保する制度として紛争解決のためには有効な社会システムということができます。次に，この支払能力については，一時払いの能力ではなく，分割払いをした場合にどのような支払いができるかも吟味されるべきでしょう。損害賠償をめぐる当事者の交渉では，賠償すべき金額の交渉から賠償できる金額への交渉へと協議が進められてまとまることが多いといえます。

(9) リーガルマインド

これまで紛争解決のための法的な基準をみてきましたが，これらは個別的な基準としてバラバラに存在しているものではありません。具体的な紛争の解決にとって，その紛争を中心として曼陀羅的に法的な基準が存在している

Ⅳ　裁判所や裁判所以外の機関を利用しない紛争の解決方法

のです。したがって，これらの基準の組み合わせによって具体的に妥当な解決方法を模索することになりますが，その際にリーガルマインド（法的な思考力）が必要となります。リーガルマインドとは何かということも大きなテーマです。これを①どこに法律的観点から見て解決されるべき問題があるのかを知るという法的な問題の発見能力，②どの事実に重要な意味づけをするかという法的分析能力，③論理的に表現して一定の結論を説得的に呈示できる論理的表現力，④具体的な妥当性を発見するバランス感覚を備えた判断力，といった4つの要素を兼ね備えることとする見解が参考になります。またリーガルマインドは，紛争の解決の経験を重ねるごとに形成されていくものですが，自分の中でリーガルマインドを明確に意識しながら紛争解決にあたることを心掛けることによってしだいに獲得できるものといえます。

4　解決──当事者間交渉の結果としての書面化──

当事者間の交渉により紛争が解決するためには，解決内容を書面化することが必要です。たとえば，交通事故のケースでは保険会社で所定の書式の示談書が準備されています。

紛争解決のための書面は，通常は私文書となりますが，後日もめないためには，文書を多義に解釈されないような表現にすることが必要ですし，交渉に関与した代理人にも署名捺印してもらうことが大切です。また，公正証書にしておきたいと希望して解決内容を公正証書にしておく場合もあります。ただし，公正証書には金銭債務以外は執行力がありませんので，明渡義務や引渡義務が妥結した内容に含まれる場合には，裁判所の即決和解手続を利用して執行力のある和解調書にしておくことも有用です。このように交渉自体は，弾力的かつ迅速にできる当事者間の交渉によっても，その解決の結果について書面化するに際しては，このように公正証書や即決和解による和解調書を作成しておくことが，不履行という次の紛争を予防する点で有効な方法といえます。このうち，後者の即決和解手続は，金銭債務にも，引渡義務にもその調書には執行力がますので当事者間の交渉による紛争解決の出口とし

第1編　Ⅳ　裁判所や裁判所以外の機関を利用しない紛争の解決方法

てもっと活用されてよい手続といえます。

(辰巳和正)

第2編

紛争解決の実際

第2編　Ⅰ　家　庭

Ⅰ　家　庭

§1　家庭と紛争解決
ドメスティック・バイオレンス，児童虐待

　頭部や顔面を殴打する，足蹴にして骨折させる，刃物で刺す，熱湯をかけ火傷させる，残酷な言葉を浴びせる等，配偶者や親または子による暴力が社会問題化し人々の関心を集めています。夫婦間の暴力，子どもに対する虐待（以下，「児童虐待」とします），子どもによる家庭内暴力等，家族内で発生する暴力は，密室化した空間の中で行われることが多く外部に現れにくいだけに深刻化し，対処が困難な問題になっています。
　「家庭内暴力」も「ドメスティック・バイオレンス（DV）」も語それ自体は家族内で発生する暴力を意味しますが，前者は，日本では一般に子どもが親に対して振るう暴力を指すことが多く，後者は，欧米では親密な関係において男性から女性に振るわれるあらゆる形態の暴力を包含する語を指すことから，日本でもジェンダー等の研究で同様の意味で使われています。以下，家族内で発生する暴力のうち，家事事件関係のドメスティック・バイオレンス（なかでも，主として夫婦間の暴力）と児童虐待について考察します。

1　ドメスティック・バイオレンス
　暴力を振るう夫に対する妻からの離婚請求事件としては，以下のような判例があります。
　(a)　最三判1958年（昭和33年）2月25日（家裁月報10巻2号39頁）
　「……原告は右の如き被告の度重なる横暴な振舞にほとほと被告に愛想を

§1　家庭と紛争解決　　ドメスティック・バイオレンス，児童虐待

尽かし，……被告の原告に対する態度は毫も改まる気色なくますます悪化するので，……最終的な離婚の決意を固めて家出をし，以来被告と別居した儘今日に至った。」「……本件は民法770条1項5号にいう『婚姻を継続し難い重大な事由あるとき』にあたるものと解するのが相当である。」として，茶器による頭部殴打で6針の縫合手術を要する切創，食膳を足蹴にし器物を投げる乱暴，刃物による死ねとの脅し，衆人環視中の顔面殴打等の夫の暴力を受けた妻からの離婚請求について，夫の暴力は「婚姻を継続し難い重大な事由」に該当し，こうした事態を招いたことについて妻に多少の落度があっても請求を認容する妨げとなるものではないとした事例です。

水戸地判1979年（昭和54年）4月6日（判例タイムズ396号134頁）等も，夫の暴力を理由に，「婚姻を継続し難い重大な事由」によって，妻からの離婚請求を認容しています。

(b)　名古屋地岡崎支判1991年（平成3年）9月20日（判例時報1409号97頁）

几帳面に働き裸一貫から自動車整備工場経営者になったが，社会性や協調性に欠け自己中心的な夫について，妻は，夫は妻が気を失い倒れるまでやアザができるほど殴ったり水をかけたりすること，意見をする長男も足蹴にし血が出るほど殴ること等を主張しましたが，「被告に対して最後の機会を与え，……腰を据えて真剣に気長に話し合うよう」として，妻からの離婚請求を棄却しました。

(c)　東京地八王子支判1985年（昭和60年）2月14日（法律時報59巻8号25頁）

夫の性暴力については，夫婦間にも強姦罪成立を認め注目された鳥取地判1986年（昭和61年）12月17日（判例タイムズ624号250頁等）がありますが，その前年に示された東京地八王子支判は，「夫が妻に性的交渉を強要したからといって何ら違法になるわけでもないし，又妻の側にこれを拒否する権利があるわけでもない」，「被告に多少手荒な行為があったけれども，それも一般の夫婦喧嘩にありがちな程度のものにすぎずとりたてて問題にする程とも思われない。」として，性暴力を振るう夫に対する妻からの離婚請求を棄却しています。

第2編　I　家　　庭

(1)　ドメスティック・バイオレンスの実態

　警察庁によりますと，夫から妻への暴力（殺人，傷害，暴行）の検挙状況は，1999年は年間516件でしたが，2000年には1096件と倍増しました。総理府（現・内閣府）男女共同参画室（現・男女共同参画局）が行ったアンケート調査（1999年9月〜10月，20歳以上の男女4,500人を対象に実施し回答率は75.7％）では，20人に1人の女性が生命の危険を感じるほどの暴行を夫から受けた経験があるという結果が出ています。総理府調査では，被害女性の4割近くが誰にも相談しなかったと回答し，相談機関の整備が十分でないうえに表ざたにすることを望まないため，問題を1人で抱え込む女性の実態がうかがわれます。一方，妻からの離婚調停申立（1999年に全国の家庭裁判所に妻が申し立てた離婚調停事件）では，「夫の暴力」が「性格の不一致」についで2位（10,762件で31％）を占め，離婚の大きな原因になっています（「婚姻関係事件の申立人および申立の動機」最高裁判所『平成11年司法統計年報3家事編』）。

(2)　女性に対する暴力についての動向

　妻に対する夫の暴力は古くから存在し，家庭内の権力者としての夫が権力を濫用し力で妻を支配し従属させる手段として行われ，歴史的にも容認されてきた経緯があります。

　女性への暴力は世界的，普遍的な現象ですが，それが社会問題化して注目されるようになったのは，夫婦間の人権が問題視されてからです。1970年代以降，欧米先進国では女性への暴力の問題に関心が高まり社会的支援や法制度改革が着手され，その後人権侵害であるという認識が広がり，1993年12月国連が「女性に対する暴力撤廃宣言」を採択し，1995年9月北京で開催の国連「世界女性会議」では女性への暴力が重大問題の領域のテーマとなり行動綱領に取り入れられました。2000年6月国連特別総会「女性2000年会議」では，女性への暴力の根絶に向けて各国が合意し，防止する新たな法律を整備しようという論議が高まりました。

　こうした世界的潮流のなかで，日本は，1998年12月「21世紀プラン」で政府として初めて女性への暴力の問題を総括的に取り上げました。総理府

§1 家庭と紛争解決　ドメスティック・バイオレンス，児童虐待

(現・内閣府)の男女共同参画審議会(現・男女共同参画会議)は，1999年5月，女性への暴力に関する調査の実施，法制度等の対策の検討，相談所等公的機関の取組の推進等とともに，女性への暴力の根絶を課題とするとし，さらに，2000年7月，一歩進めた「女性に対する暴力に関する基本的方策について」という答申で対策強化を宣言しました。

(3) ドメスティック・バイオレンスに対する法的対応

冒頭の1(a)の判例のように，配偶者への暴力は「婚姻を継続し難い重大な事由」(民法770条1項5号)の代表的なものにあたるとして妻の離婚請求を認容する判例に対して，(b)や(c)のように，夫の暴力をあまり重大視せず妻の請求を棄却する近時の判例も見られます。

家庭裁判所への調停申立，調停不成立の場合の地方裁判所への訴訟提起により配偶者の暴力を理由に離婚請求できますが，当面の暴力から逃れるための法的対応としては，民事保全法の仮処分手続を利用して，夫や恋人との隔離のために「接近を禁ずる仮処分命令」を申し立てるのが代表的手段となっています(後述のDV防止法施行まで)。実際に，接近を禁ずる命令が出されていますが，命令まで1～3カ月を要する場合もあり，また命令に従わなくても制裁金納付で済むため，被害者が安心できない等の問題も指摘されています。男女共同参画審議会は，2000年7月の答申で既存の法制度だけでなく新たな法制度の検討を求めていました。

(4) ドメスティック・バイオレンス防止法の成立

そこで，2001年4月6日「配偶者からの暴力の防止および被害者の保護に関する法律」(平成13年法律第31号)が成立しました(同年10月施行予定)。同法は，配偶者からの暴力を「生命・身体に危害を及ぼす攻撃」(1条)とし，法律婚の夫婦のみならず事実婚の男女や離婚後の被害者もその対象に含めています。暴力を防止し被害者を保護することは「国と地方自治体」の責務であることも明記しています(2条)。重大な危害を受ける恐れが大きい場合には，地方裁判所は被害者の申立により「保護命令」を出し，6カ月間の接近禁止や2週間の住居退去を命じることができます(10条)。申立は暴力の状況等を記載

した書面で行い，警察職員らの対応等の記載がない場合は公証人が認証した供述書の添付を必要とする（12条）とし，客観性に配慮しています。同時に，「速やかな裁判をする」（13条）とし，迅速性を重視しています。罰則（刑事罰）規定も設けられ，命令に違反した者は1年以下の懲役又は100万円以下の罰金に処せられるとしています（29条）。

「夫婦げんか」などとしてあまり重大視されずに片づけられがちであった夫婦間の暴力に裁判所が対応することで，被害者保護の充実が期待されます。しかし，暴力を受け気力・体力を失った被害者が積極的に公証人役場まで出向くことはあまり期待できません。周囲の人々の通報や助言が果たす役割も大きいと考えられます。

(5) ドメスティック・バイオレンスに対する保護施設や相談機関

公的施設として売春防止法にもとづく保護施設が利用できますが，需要を充分に満たしていません。子どもを連れて夫の暴力から逃れる場合は，福祉事務所の決定により児童福祉法にもとづく母子家庭支援施設への入所が可能です。また，民間の保護施設（社会福祉法人，NPO，有志の団体などが運営）が全国に20数カ所ありますが，多くが財政上の問題やスタッフ不足を抱えています（シェルター・DV問題調査研究会議［事務局横浜市］の調査）。男女共同参画審議会は，緊急避難施設の拡充，24時間の相談体制の確立等を提言していました（前述2000年7月の答申）。

こうした現状で，法務省人権擁護局は，2000年7月，相談増加に対処し専用電話「女性の人権ホットライン」を設置（全国50の法務局・地方法務局に設置）し，相談者が人権擁護機関等の公的介入を望まない場合は自主的解決支援のため当面の避難方法等を助言し，緊急を要するケースでは人権侵害事件として福祉施設に保護したり警察に通報する等の対応を強化しました。また，同年10月，厚生省（現・厚生労働省）は，2001年春からの公的施設の警備体制強化，各施設への心理療法士等専門家の配置，男性が追ってきた場合の遠隔地施設への移動に要する交通費援助等を決定しました。また，DV防止法では，各地の婦人相談所等に「配偶者暴力相談支援センター」の機能を

§1 家庭と紛争解決　ドメスティック・バイオレンス, 児童虐待

持たせ（3条），相談・支援を拡充しています。しかし，男女共同参画審議会は，女性の4.6％は「命の危険を感じるほどの暴行」を経験しながら公的機関等に相談しない例も多いことを指摘しています。

2　児童虐待

児童虐待に対処する事例として，審判前の保全処分申立事件・親権喪失宣告申立事件・福祉施設入所承認申立事件があります。

(a) 審判前の保全処分申立事件（熊本家審1998年（平成10年）12月18日家裁月報51巻6号67頁）

「事件本人（養父）の未成年者（2人）に対する虐待を避けるため未成年者を一時保護した児童相談所長が申し立てた親権喪失宣告申立事件を本案とする審判前の保全処分（職務執行停止及び職務代行者選任）申立事件において，事件本人の親権者としての職務執行を停止し，児童相談所長をその職務代行者に選任した事例」です。この事例では，親権濫用の客観的事実について裁判所が審判を出すまでには若干の日時を要するため，本案である親権喪失宣告申立事件の審判の効力が生ずるまでの間，審判前の保全処分として，養父の未成年者2名に対する職務の執行を停止し，児童相談所長をその職務代行者に選任しました。

(b) 親権喪失宣告申立事件（長崎家審佐世保支2000年（平成12年）2月23日家裁月報52巻8号54頁）

「児童らが入所している児童相談所長から，児童らの親権者の親権の喪失を求めた事案において，親権者が児童らに対し，親権を濫用して日常的な身体的虐待，あるいは性的虐待を加え，その福祉を著しく損なったとして，親権の喪失を宣告した事例」です。この事例では，養女および長女には日常的な性的虐待や身体的虐待，長男には身体的虐待（頭部殴打や包丁による刺傷）を加えていた父が，長男に対する傷害事件で逮捕されたため，これら未成年者は児童養護施設に入所しましたが，父が刑務所出所後に引取を強要し再び危険な状態におかれることが予想されるとして，児童相談所長が親権喪

失宣告を求め，3名全員について父の親権喪失が宣告されました。

(c) 福祉施設入所承認申立事件（高知家審安芸支2000年（平成12年）3月1日家裁月報52巻9号103頁）

「児童（11歳）の福祉施設入所の承認申立事件について，父は，関係機関の助言を受けていながら，児童に対し生後間もないころから暴力を継続するなどしており，母も父の児童に対する処遇に対する有効な手だてを持たずに経過していることなどから，父母に適切な監護養育を期待し難いとして児童養護施設への入所を承認した事例」で，最近急増している事件です。

(1) 児童虐待の実態

2001年警察庁が児童虐待についてまとめた統計（「児童虐待事件の検挙状況」）では，2000年に虐待が原因で死亡した児童は4人に上り，2000年の児童虐待事件の検挙件数は，前年に比べ66件増の186件で，加速度的に増加しています。うち，殺人，傷害等，身体的虐待が124件（66.7％）を占め，性的虐待も44件（23.7％）という結果が出ています。

また，厚生省（現・厚生労働省）の報告（厚生省大臣官房統計情報部「社会福祉行政業務報告」）では，1999年度に全国の児童相談所（174カ所）が受け付けた虐待相談は，前年度の1.68倍（4,699件増）で過去最高の11,631件に上り，調査を開始した1990年度の10倍に達しています。虐待の内容は，身体的暴力51.3％，保護の怠慢・拒否29.6％，心理的虐待14.0％，性的虐待5.1％で，主な虐待者は実の両親（実母が58％と最も多く，実父の25％と合わせて80％以上）で，養父，養母，実母の内縁の夫による虐待も見られ，悲惨な実態がうかがわれます。親権喪失宣告や施設入所を請求する事例は104件と前年度の1.8倍に増えています。虐待自体の増加のみならず，深刻な社会問題化により表面化しやすくなったことが指摘されますが，児童相談所に相談されないものも相当数に上ると推測され，実態はこれ以上に深刻であると考えられます。

(2) 児童虐待に対する法的対応

法律上，児童の保護，親権の剥奪，虐待した親や保護者に対する処罰が考

§1　家庭と紛争解決　　ドメスティック・バイオレンス，児童虐待

えられます。

　児童の保護について重要なことは，まず虐待を発見し通告することで，従来から一般的通告義務（児童福祉法25条）が定められていましたが，虐待自体発見されにくい上，発見されても通告義務が確実に果たされないまま事態が深刻化するケースも少なくありませんでした。そこで，2000年成立の児童虐待防止法（詳細は後述）は，虐待の早期発見を促進する規定（同法5条～7条）を設けました。また，児童相談所長は，必要な場合に児童を一時保護したりそれを適当な人に委託することができます（児童福祉法33条）。

　親権の剥奪については，民法834条が「父又は母が，親権を濫用し，又は著しく不行跡であるときは，家庭裁判所は，子の親族又は検察官の請求によつて，その親権の喪失を宣告することができる。」とし，子の福祉を著しく害するような事情がある場合の親権喪失宣告を定めています。宣告の請求は，児童相談所長からもでき（児童福祉法33条ノ6），家庭裁判所の承認により（親の同意の有無によらず）児童福祉施設に入所し保護されていた子の親が引取を請求した場合には，児童相談所長の申立による親権喪失宣告が虐待する親への対抗手段になります。

　親に対する処罰としては，傷害罪（刑法204条：10年以下の懲役又は30万円以下の罰金若しくは科料）や，傷害で死亡させた場合の傷害致死罪（同法205条：2年以上の有期懲役）等の適用が考えられます。

(3)　児童虐待防止法の成立

　2000年5月17日成立（同年5月24日公布・11月施行）の「児童虐待の防止等に関する法律」（平成12年法律第82号）は，(1)児童虐待の定義の明確化およびその禁止，(2)児童虐待の早期発見の促進，(3)虐待を受けた児童の保護，(4)虐待防止に関する国や地方公共団体の責務，(5)親権行使上の注意等を定めて，児童虐待が犯罪になりうることを明確にし，虐待の早期発見・迅速な対応をはかり，親の権利の制限，児童相談所長の権限強化，防止や救済のための国や自治体の責任を明らかにしました。

　同法は，児童虐待を，①身体に外傷が生じ，または生じるおそれのある暴

行を加えること，②わいせつな行為をするまたはさせること，③心身の正常な発達を妨げるような著しい減食または長時間の放置その他保護者としての監護を著しく怠ること，④著しい心理的外傷を与える言動を行うことという4類型に定義した（2条）上で，虐待の禁止を明記しています（3条）。国民には虐待発見の場合の児童相談所への通告を義務づけ（6条），教職員・児童福祉施設の職員・医師等には早期発見の努力義務を課し（5条），福祉関係者が虐待の調査のため住居へ立ち入る（9条）こと（調査妨害の場合は20万円の罰金）やその職務執行時に警察の支援を求めることを可能にしています（10条）。また，従来，虐待した保護者からの引取請求により保護施設から児童が連れ戻されその後も虐待を受け続けたり施設に再入所する等の事例が少なくありませんでした。同法では，児童相談所長が保護者に対して施設入所した児童との面会や通信を一定要件下で制限できることを明記して（12条）実質的な親権停止を認め，保護者に児童福祉司の指導を受けることを義務づけています（11条）。国や自治体の責務として関係機関と民間団体との関係強化等も求めており（4条），連携がどこまで深められるかが今後の重要な課題です。さらに，親権行使者であることを理由に，暴行罪，傷害罪等の犯罪に対する責任を免れることはない（14条）としています。

(4) 児童虐待に対する自治体等の対応

自治体は，虐待件数の急増や死亡等深刻なケースの多発に対応して相ついで虐待を専門に扱う組織や電話相談を設置し，東京都は2000年4月全国に先駆けて，児童虐待に関する専門チーム「虐待対策課」を開設し，24時間体制で対応しています。こうした対策組織の設置が，早期解決に結びつくことが期待されます。2001年度中に，地域の関係機関で作る「児童虐待防止市町村ネットワーク」も倍増される見通しです。また，厚生労働省は，2001年度に児童相談所に児童虐待対応協力員として児童福祉経験者を1人ずつ配置することにしました。しかし，虐待への対応は時間と人手を要するため，相談増加に伴い児童相談所の対応が困難になることが予想され，一層の体制強化が求められています。

（山田美枝子）

§2 離婚と紛争解決

　離婚という家庭生活の破綻は，さまざまなことを原因とし，多様なプロセスをたどります。それを実際の事例を参考として作ったモデルケースによって，若い世代の離婚，熟年世代の離婚そして老年の離婚と3つの類型に分けて検討しました。これらのそれぞれが持つ事案の内容から，各世代の結婚や離婚のとらえ方，考え方が浮き彫りになります。まず離婚の手続を見た上で，それぞれのケースについて離婚の真相は何か，どうすれば離婚を回避できたのか，また一度生じたトラブルを解決して元に戻って結婚を続けることの意味や，どのように努力して改善すれば円満に継続できるのか，また，破綻した結婚生活は努力や改善で，はたして修復できるものかどうか考えてみましょう。

1　結婚と離婚

　婚姻は，戸籍法上の届出をすることで法律上成立します。これは，こうすることによって婚姻や生まれてくる子供，そして相続等について混乱が避けられ，安定した，かつ，スムーズな身分関係や社会生活を保持することができるようにした制度です。

　戸籍の届出をしなくても婚姻生活を営むことはできます。周囲の人に認められることによって，夫婦とは認められはしますが，これは法律上の婚姻でないという意味で事実婚とか内縁関係といわれています。扶養家族としての扱いや保険や相続などで，できるだけ法律婚と同じくするような配慮がすすんでいますが，法律婚と全く同一というところまではきていません。

　戸籍法上の届出により戸籍簿に婚姻が登録されると，離婚するには民法770条1項に記載されている事実（これを離婚原因といいます）があれば，

第2編 Ⅰ 家　　庭

裁判所で離婚判決を得て離婚することができますが，それ以外では離婚はできないのです。事実婚や内縁はこのルールが直接適用されないため，婚姻関係の維持が法律婚よりもむずかしく，容易に解消されてしまいます。しかしその場合でも離婚の原因を作った相手方に損害賠償や清算金の請求はできます。

　そこで，民法770条1項は，第1に相手方に不貞があること，これは不倫のことです。第2に相手方が悪意で遺棄されること，法律上悪意とはある事実を知っているということで，生活費の支払いをしないこと，同居をしないことなどです。第3に相手方の生死が3年以上明らかでないこと，これは行方不明のことです。第4に相手方が強度の精神病にかかり，回復の見込みがないことです。第1から第4までは離婚したいと思う者の相手方に，これらの事実があると離婚できることになります。これを有責主義といいます。これらすべてが揃っていなくても，どれか1つでもあればよいとされています。そして，第5にその他離婚を継続しがたい重大な事由があるとき，そして第1から第4までの原因がなくてもこの第5の原因だけでも離婚できるのです。これを破綻主義といいます。たとえば長期間（6～7年以上）別居していて，離婚をしたいと思っている人が別の異性と同居している場合でも，相手方に生活費の支払いをし，離婚後生活が立ちゆくようにしてあるときは離婚が認められるという判例（最判平成2・11・8家裁月報43巻3号72頁（別居8年の例），等）があります。しかし一度は2人の合意で結婚したのですから，できるだけ婚姻を維持するというように法制度はできていて，民法770条2項では，上の第1から第4（第5は入りません）の離婚原因が認められるときでも，裁判所は一切の事情を考慮して婚姻を継続することが相当であるとしたときは，離婚を認めないとすることができます。また離婚訴訟でも婚姻を継続する方向には，裁判所が証拠を集めて当事者を訊問すればよいことになっています（人事訴訟法14条）。

　離婚は訴訟をして，その判決によってすることができますが，その場合も直ちに離婚訴訟を起こすことはできません。まず調停の申立てをし，当事者

間で同意が成立せず不成立に終わったとき，はじめて離婚訴訟を提起することができます（これを調停前置主義といいます）。これは身分関係の変動は当事者間で協議をすることが重要だと考えるためです。調停で離婚が成立すると，その合意内容が調停調書に記載されます。その調停調書を戸籍係に提出すれば，戸籍に離婚が記載されます。これを調停離婚といいます。

もちろん裁判所の関与なしで当事者間で協議して親権者や旧姓に復するかどうかなどを決めて合意の上で離婚届を提出することもできます。これを協議離婚といいます。財産分与を決めないで協議離婚をしたとしても，2年以内であれば離婚後も相手方に財産分与・慰謝料の請求ができます（民法768条1項）。

戸籍上には，協議離婚届出・離婚の裁判確定・調停成立と記載されます。

2 若い世代の結婚・離婚
(1) 夫A（18歳），妻B（20歳），子供C（1歳）のケース

Bは18歳の時，渋谷でAに声をかけられ，気軽に応じ，すぐに男女関係が生じた。Bが妊娠に気が付いたときは，5カ月を過ぎていた。Bの親が気が付いたときにはすでに6カ月を過ぎていた。Aの親とBの親とが話し合ってA・Bの婚姻届を出した。その後，Aは車の免許を取得し，中古外車を長期ローンで購入した。A・Bともに生まれた子供CをBの親に預けアルバイトをして車のローンの支払いに当てていた。購入後3カ月もたたないうちにAはその外車で人身事故を起こし，車は大破して廃車になった。Aは保護監察の身になった。Aは職場を得て働いたが，B・Cの生活を維持するに足る収入はなかった。そのようなAにあいそをつかし，子供に対して愛情をもちはじめたBは離婚と親権・養育費をAに求めた。Aは離婚とBが子供Cの親権者になることは承諾したが，養育費は支払えないという。なぜなら，車は事故で廃車になったが，長期ローンが残っているので，車はなくなったが，ローンを完済するまで支払わなければならないからであるという。またAはCは，確かに自分の子ではあるが，親としての実感はないという。Bは幸い

第2編 Ⅰ 家　　庭

なことに，就職もでき，親権者になれればよいと考えてAと協議離婚した。

　──上記のケースは，若い世代の結婚の陥りやすい1つの典型のように思われます。どうすれば長く結婚生活を続けられたのか，Bはなぜ離婚を求めたのか。Aの立場はどうか，BとCはこれからどうなっていくのでしょうか。

(2)　夫A（28歳），妻B（25歳），子供C（2歳）および同棲者D（30歳）のケース

　AとBは婚約し，平成10年10月10日という数字の全部そろった日に，有名結婚式場の予約がとれた。婚前にA・Bの間には数度の肉体関係があった。婚約中に，結婚披露宴の引出物，招待客，新婚旅行や新居などについて，Aの母親と姉の干渉が度々あり，Aは母親と姉のいいなりであった。BはAとの結婚後が思いやられるようになってきた。しかし，有名式場で10年10月10日という日が予約できたことに執着もあった。

　Bは式の数日前に同僚DにAとの結婚の不安を打ちあけている内に肉体関係を持ってしまった。Bは結婚式の前日にAに婚約解消を申し出たが，一蹴され，結婚してしまった。9カ月目に子供Cが生まれた。BにはAの子かDの子かはわからなかった。Bは結婚2年目に，子供Cを連れてDの元にはしり，そのまま同棲した。BはすぐにDの子を妊娠して，妊娠7カ月になった。Bは生まれてくる子のためにも，Aと離婚し，子の父であるDと結婚したいと希望し，Aに対して，Bと胎児の父であるDと共に相当額の慰謝料を払うから離婚したいと申し出た。Aは，BとDが300万円を支払うならと離婚に応じ，Cの親権者をBとしてA・B間で離婚の合意が成立した。生まれてくる子はAの子の嫡出推定を受けるという問題が生ずるので相談に来た。

　──若い人の結婚に多くあるパターンです。Bの気持ちや行動について考えてみてください。Aの立場ではどうでしょうか。Aが離婚に応じない時に，Bは離婚訴訟を提起したら離婚は認められるでしょうか。Cの養育費は誰が負担すべきでしょうか。結局，家庭裁判所でCの本当の父を確認し，かつ生まれてくる子の父はDであることの確認が必要となるでしょう。

(3) 夫A（35歳），妻B（35歳），子供なしのケース

　Bは外資系企業に勤務し年収1,500万円。Aは最大手の保険会社のエリート・サラリーマンで年収1,200万円。AとBは，結婚と同時に高級賃貸マンションに入居した。このマンションの部屋代・管理費・光熱費・車庫代等（合計月25万円）はAの負担とし，食費・交際費・その他の生活費（合計月25万円）はすべてBの負担という約束をしていた。結婚してみるとBの仕事は予想以上に多忙で帰宅が11時を過ぎることもしばしばであった。

　AはBの家事能力が自分の母より数等落ちる，食事を作らず出来合を買ってくる，掃除をしないなどとBに不満をもらしたが，Bは無視した。結婚1年目にAは実家に戻った。AはBに離婚を申し出た。Aはマンションの部屋代等を実家に帰ってから1年以上一切支払わなかった。マンションの管理会社から，支払いを求めた訴訟が起こされ，Bが250万円を支払って訴訟は解決した。その後AとBとに双方の親や兄弟も加わり，相互に非難しあった。Bは立替えて支払った上記の250万円をAが返済してくれるなら，それだけで離婚に応ずるといったが，Aは金銭の支払いはしない，Bには貯金も相当額あるはずで，本来ならその2分の1を要求したいところだという。さらにAは離婚に際してAが新居用に購入した物品すべて（家具，ジュータン，カーテン，風呂のフタ）を返してほしいといい，かつ結婚披露宴の費用の2分の1の200万円も返してほしいという。BはBが全部出した海外の新婚旅行費用100万円を返してほしいという。しだいにお互いの要求はエスカレートして交渉は泥沼化していった。

　Bは最後に自分の意思で離婚の決心をした。仕事をやめていたら離婚の決心はできなかった，仕事をやめないで本当によかったといった。結局Bは，Aと協議離婚をし，同じマンションに姉妹と住み，会社にも勤務している。

　――A・Bとも高収入のカップルですが，それだけでは結婚は続きません。Aの期待，Bの多忙さ，解決のプロセスでの親族の登場，そしてA・Bの発言と行動から，それぞれがどうすれば離婚を回避できたのでしょうか。AがBに仕事があることを充分に理解することで，離婚を防げたのではないで

しょうか。婚姻の継続はAとBの日々の努力と歩み寄りによってのみできるといえます。

3　熟年世代の離婚
夫A（45歳），妻B（46歳），子供C（19歳）のケース

　Aは会社内での先行きと将来を考えてコンピュータの操作・学習を中年になって習得し始めた。そしてこれに夢中になった。Aは会社からまっすぐに帰宅し，すぐコンピュータの前に座り，そして夕食もそこそこに，またコンピュータに向かった。Bが相談事を話しかけても，まともに返事は帰ってこなかった。Bは，コンピュータに向かったまま生返事をするとAと大喧嘩になった。Bはさらにエスカレートし，本心ではないのに別れ話を持ち出した。Bは区役所から離婚届用紙を取り寄せ，妻の氏名欄にBの名前だけを書き印の押していない離婚届出書を夫につきつけた。子供Cの親権者欄は空白にしておいた。Bには離婚する気は実は全くなかった。

　Bは数日後，相変わらずコンピュータに向かうAに小言をいうと，Aは「離婚届は出した。もう他人だから出て行ってくれ。」という。Bはあわてて区役所に行き戸籍謄本を取って見ると，そこには本当に協議離婚と記載されていた。Bは区役所の戸籍係に名前は自分で書いたが印は押していないし，親権者欄も記入していないのにどうして受理したのかと抗議したが，係員は形式が整っていれば，受理を拒否できないというだけであった。Bは弁護士に相談し，家庭裁判所に離婚無効確認の調停の申出をし，無効が確認された。戸籍には協議離婚とその無効確認が記載されている。その後，BはCの協力を得てAとの関係の修復に努力している。

　——Bが，本当は離婚の意思がないのに離婚届にサインをしてAに渡した心境の奥底を考えてみなければなりません。A・Bが反省をし，そして回復した後のA・Bの努力の仕方がポイントです。なお，Bが市（区）役所に離婚届不受理申出を予めしていれば，市（区）役所では，たとえ署名・押印のある離婚届でも離婚届は受理されません。これは6カ月毎に更新しておくこ

§2 離婚と紛争解決

とが必要です。しかし離婚届が受理されないときでも，離婚したければ，まず，家庭裁判所に離婚の申立てをし，不成立になれば，地方裁判所で離婚訴訟ということになります。

4　老年の離婚

夫A（75歳），妻B（70歳），内縁の妻C（65歳）のケース

　Aは40年前に，性格が合わないといって離婚をBに申し出た。Bはこれを拒否した。これは結婚後5年もたたないときであった。Aは自分名義の土地・家屋を妻名義にし，預・貯金のほとんどを置いて家を出た。以後，何度も離婚届用紙に署名捺印して郵送したが，なしのつぶてであった。この間に，AはCと同居した。家を出て12年目であった。AとCは共に住み，近隣の人々はAとCは夫婦だと思っていた。表札には双方の氏名を書いた。時には，別姓であることで心ないこともいわれてきた。Aが家を出て20年が過ぎ，Aは離婚届用紙に署名捺印して妻Bに郵送したが，届出をしてはもらえなかった。その結果気落ちしていたCは友人からAとCが養子縁組の届出をすれば，姓はAと同じになるといわれ，自分で養子縁組届出用紙の記入欄全部に記入してAとの養子縁組の届出をし，受理された。CはこのことをAに話して了解を事後に求めた。あわててAが自分の戸籍謄本を取り寄せてみたところAとBとの協議離婚届出がAとCの養子縁組届の受理後すぐに届出されていた。弁護士に相談し，すぐに養子縁組無効確認の申出をした。Cが勝手に縁組届を出したことがわかり，家庭裁判所で無効が確認され，後日AとCは結婚することができた（一度養子縁組をして親子関係ができた者は離縁しても結婚はできないことを妻Bに悪用されたわけです）。

　――Bの気持ちとBの行動についてどう考えますか。養子縁組をした者は，かつて親と呼び子と呼んだわけで，こうした者は，縁組を解消した後でも結婚できないというわけです。やはり，Aの態度に問題があります。Bと別居する時，きちんと話をすべきでした。また離婚を求めるのに離婚届に署名捺印してBに送りつけるだけというのでは問題は解決しません。（金子美代子）

第2編　Ⅰ　家　　庭

§3　相続と紛争解決

1　相続放棄

　相続が発生すると，相続人は被相続人の権利と義務を承継します。すなわち，土地，建物，借地権，株式，預金，絵画などの財産を相続し，かつ借入債務，保証債務や抵当権設定者の義務などの債務も相続します。それでは，債務が多額で支払えそうもないときや，遺産分割の方法や，遺言書があったときの処理の方法にはどのようなものがあり，どう解決すればよいのでしょうか。

　Aの夫Bは2000万円の借金を負い，他にさしたる資産もなく，死亡しました。Aは幼い娘Cを抱えて，亡夫Bの借金を返済しなければならないのでしょうか。

(1)　相続放棄

　人が死亡すると，相続が開始し，その人の財産を相続人が受け継ぎます（民法882条〔以下，民法は条文のみ記述〕）。相続は遺言がある場合はそれに従いますが，遺言がない場合は民法の相続分の規定によるのが原則です（法定相続）。死亡した人（被相続人）の配偶者・子であれば，法定相続人となります（890条・887条1項）。相続の対象となる財産（相続財産）は，原則として，被相続人に属した一切の権利義務で（896条），不動産や預金などの積極財産のみならず，借金などの消極財産も含まれます。そうすると，Aは娘Cと共に夫の借金を相続しなければならないようにみえますが，相続人は，相続を全面的に承認すること（単純承認）以外に，相続を全面的に拒否すること（相続放棄），相続によって得た財産を限度として債務を受け継ぐという条件を付けて相続すること（限定承認）もできます。そこで，Aが夫Bの借金を

相続したくないのであれば，相続放棄をすればよく，娘Cも同様です。

相続の放棄は，「自己のために相続の開始があったことを知った時」（原則として，被相続人が死亡したことおよび自分がその相続人となったことを知った時です。ただし，最判昭和59年4月27日（民集38巻6号698頁）は，例外として，相続人が相続財産（積極財産・消極財産）が全くないと誤信し，かつそのことに相当の理由がある場合には，例外として，相続人が相続財産の存在を認識し，または認識できる時としています）から3カ月以内に家庭裁判所に申述しなければなりません（915条1項本文）。この3カ月の期間を熟慮期間といいますが，家庭裁判所に申し立てて，これを延ばしてもらうこともできます（915条1項但書，家事審判法〔以下，家審〕9条1項甲類24号）。熟慮期間内に相続放棄も限定承認もしないと単純承認したことになります（921条2号）。

(2) 相続放棄の手続

相続放棄をするには，家庭裁判所に相続の放棄をする旨の「申述」をし，これを受理する審判を受けなければなりません（938条，家審9条1項甲類29号）。

申述は，一定の事項を記載して署名押印した申述書を提出して行います。申述の手数料は申述人1人につき600円です。申述を行う家庭裁判所は，被相続人の最後の住所地の家庭裁判所です。なお，Aが未成年の娘Cだけに相続放棄をさせたいと思うときは，娘Cと，その親権者であるAの利益が相反しますので，家庭裁判所に娘Cのための特別代理人の選任の申立てをし（826条1項），この特別代理人が娘Cを代理して相続放棄の申述をします。Aが娘Cより先にまたは娘Cと同時に申述する場合は，利益は相反しないと考えますので，娘Cのための特別代理人の選任は必要がありません（最判昭和53年2月24日民集32巻1号98頁（後見人に関する事案）参照）。家庭裁判所は，出頭を求めて尋問する方法等で審理を行ってこれを受理する審判をします。申述人は相続放棄申述の受理証明書の交付を求めることができます。申述を受理する審判には不服申立てはできませんが，申述を却下する審判には，相続人または利害関係人は2週間内に即時抗告による不服申立てができます（家審

14条)。

　相続放棄の申述を受理する審判は，適式な申述がなされたことを公証する行為と考えられ（最判昭和45年11月20日家裁月報23巻5号72頁），家庭裁判所は，申述を受理するのに，申述が本人の真意にもとづくことを確認しなければなりません（最判昭和29年12月21日民集8巻12号2222頁）が，実質的な審理を尽くすわけではありません。そのために相続放棄が有効か否かは，後に訴訟で問題にすることがあります（最判昭和29年12月24日民集8巻12号2310頁）。Aと娘Cは相続放棄の申述を受理する審判を受け，相続放棄申述の受理証明書を交付してもらえば，一応安心ですが，後日，Bの債権者がAらを被告として貸金返還請求訴訟を起して相続放棄の無効を主張すると，その民事訴訟手続で放棄の有効性が判断されることになります。

2　遺産分割

　Bの夫Aが死亡し，Bは2人の息子C・Dと遺産をどう分けるか話し合いましたが，ある建物について，Cは自分が資金を出して建てたので自分のものだと主張し，Dは父Aの遺産だと主張して互いに譲らず，話合いがまとまりません。

(1)　遺産分割とは

　相続人が複数いる場合は，遺産は共同相続人の共有となり（898条），共同相続人は，何時でも，協議により遺産の分割をすることができます（907条1項）。民法の理念からすると，遺言による指定相続分（902条）または民法が定める法定相続分（900条。特別受益（903条・904条）や寄与分（904条の2）により調整されます）に従って遺産分割を行うことが望ましいのですが，相続放棄が認められることなどからして，相続分とは異なる分割協議も許されます（熊本地判昭和30年1月11日下民集6巻1号1頁参照）。遺産分割の協議は，民法の相続分の規定よりも優先します。しかし，この協議が調わないときは，各共同相続人は遺産の分割を家庭裁判所に求めることができます（907条2項）。

§3 相続と紛争解決

(2) 家庭裁判所に対する遺産分割の申立て

家庭裁判所に遺産分割を求める場合は，調停を申し立てるか（家審17条），審判を申し立てるか（家審9条1項乙類10号）を選択できます。もっとも，遺産分割事件は，複雑な問題が絡むので，柔軟な解決を図れる調停の方が望ましいでしょう。なお，審判を申し立てても，職権により調停に付されることがあります（家審11条）。調停にせよ審判にせよ，遺産分割を申し立てる場合は，申立人以外の共同相続人全員を相手方とします。つまり，Bが申し立てる場合はCとDを相手方とします。家庭裁判所の調停や審判は民事訴訟のように当事者が対立する構造をとっていませんが，遺産分割は遺産の共有関係を解消するものなので，共同相続人全員の間で統一的に確定する必要があるからです。また，調停にせよ審判にせよ，遺産分割の申立てには，共同相続人および利害関係人の表示，特別受益（共同相続人に当たる者が，被相続人から受けた遺贈，婚姻・養子縁組のためまたは生計の資本として被相続人から生前に受けた贈与。903条1項）の有無および内容の表示，遺産目録の提出が必要です。

(3) 遺産分割調停

調停事件は，相手方の住所地（Bが申し立てる場合はCの住所地またはDの住所地）の家庭裁判所または当事者が合意で定める家庭裁判所に申し立てます。調停の手続は，1人の家事審判官および2人以上の家事調停委員からなる調停委員会によって，非公開で進められ，当事者間の合意の形成をはかります。調停で合意が成立するためには，原則として，期日に当事者全員が出頭して一致した意思表示をする必要があります。ただし，やむをえない事由がある場合は，代理人でもよいのです。また，遺産分割事件は当事者が多数で，全員そろって出頭することが難しい場合も少なくないので，例外的に，遠隔地居住・長期の病気などの理由で出頭困難な当事者が，あらかじめ調停委員会から提示された調停条項案を受諾する旨の書面を提出し，他の当事者が期日に出頭してこの調停条項案を受諾したときは，合意が成立したものとみなされます（家審21条の2）。合意の内容が調書に記載されると，調停が成

立し，調書の記載は確定した審判と同一の効力があります（家審21条1項）から，これにもとづいて強制執行もできます（家審15条）。調停が成立しない場合は，自動的に審判手続が開始されます（家審26条1項）。

(4) 遺産分割審判

遺産分割の審判事件は，被相続人の最後の住所地の家庭裁判所の管轄とされます。もっとも，調停から移行する場合は，調停事件を取り扱った家庭裁判所が，そのまま審判手続を担当すると考えてよいでしょう。審判手続も非公開で，家事審判官が職権により事実の調査・証拠調べを行い（職権探知主義），当事者の言い分もきいて判断をします。審判では，「遺産に属する物又は権利の種類及び性質，各相続人の年齢，職業，心身の状態及び生活の状況その他一切の事情を考慮して」（906条）遺産を分割しなければならず，また相続分を変更するような分割はできないと解されます（東京高決昭和54年5月14日判例時報935号59頁）。遺産分割の審判に対して不服がある相続人または利害関係人は，2週間内に即時抗告による不服申立てができます。

(5) 遺産分割の前提問題との関係

ところで，上の例では建物が遺産に含まれるかに争いがあります。遺産に属するか否かは遺産分割の前提となる問題で，民事訴訟によって確定されるべき事項です（当の財産についての共有持分の確認の訴えや遺産に属することの確認の訴え（最判昭和61年3月13日民集40巻2号389頁）が可能です）。しかし，この前提問題に争いがある場合でも，民事訴訟による確定をまたずに，家庭裁判所は前提問題を判断して遺産分割の審判をすることができると解されます。前提問題についての家庭裁判所の判断には既判力が生じないので，別に民事訴訟による解決がはかれるからです（最判昭和41年3月2日民集20巻3号360頁）。もっとも，前提問題についての家庭裁判所の判断と民事訴訟の判断が異なった場合は，遺産分割の審判の効力が問題になりますから，そうしたことなども考慮して，実際に民事訴訟が提起されたときは，訴訟の結果が出るまで一時審判手続を中止することも考えられます。

3 遺　　言

EにはF・Gの2人の子がいますが，Eの死亡後，Eの全財産をFに遺贈する旨の自筆の遺言書が出てきました。Gは納得できません。

(1) 遺言書の検認

公正証書による遺言を除いて，遺言書の保管者またはこれを発見した相続人は，遺言書を家庭裁判所に提出してその「検認」を求めなければなりません（1004条1項・2項）。封印のある遺言書は家庭裁判所で相続人等の立会いの上開封しなければなりません（1004条3項）。検認は，審判の形式で行われます（家審9条1項甲類34号）。しかし，検認の実質は，遺言書の偽造・変造を防止し，その保存を確実にするための一種の検証手続で，遺言を有効と認めるものではありませんから，検認の後に，民事訴訟で遺言の有効性を争うことはできます（大判大正5年6月1日民録22輯1127頁等）。

検認の申立ては遺言者の最後の住所地の家庭裁判所に行います。申立ての手数料は遺言書1通につき600円です。家庭裁判所は，通常，相続人に検認期日の通知をし，立会いの機会を与えます（なお，1004条3項参照）。検認期日には，遺言書および封筒の紙質・枚数・文言・日付・署名・印影など，遺言の方式に関する一切の事実を調査し，立ち会った相続人その他の利害関係人に尋問するなどし，その結果が検認調書に記載されます。こうして検認がなされると，検認に立ち会わなかった相続人その他の利害関係人には検認した旨の通知がなされ，申立人は遺言書の検認済証明書の交付を請求できます（これは，相続登記申請の場合などに必要です）。

(2) 遺言の無効

遺言は民法の定める方式に従わなければならず，これに違反したものは無効です（960条）。自筆証書遺言の場合は，遺言者が全文・日付・氏名を自書し，印を押さなければなりません（968条1項）。また，遺言者が遺言をする時点においてその行為の性質を判断できる能力（意思能力）を有していなければなりません（963条・961条・962条参照）。そこで，上の例のEの遺言が自筆証書遺言の方式を満たしていないとか，あるいは遺言作成時にEに意思能力

がなかったという場合に、Ｆがあくまで遺言は有効と主張すると、Ｇは、Ｆを被告として遺言無効確認の訴え等を地方裁判所に提起して、その民事訴訟で遺言の効力を確定することが考えられます。

(3) 遺留分の減殺

Ｅの遺言の効力に争いがない場合でも、Ｇが遺留分権利者として、Ｆに対して遺留分減殺請求をすることが考えられます。遺留分とは、被相続人の財産の一部を一定の相続人に留保する制度で、上の例ではＧの遺留分の割合は4分の1です（1028条2号・1044条・900条4号本文）。生前の贈与等を考慮する必要がない場合は、このように単純に考えればすみますが、複雑な計算が必要になる場合もあります。遺留分を侵害する遺言も無効ではありませんが、遺留分権利者は、遺留分の侵害となる遺贈または贈与の効力を失わせることができます（1031条。遺留分減殺請求権）。もっとも、この遺留分減殺請求権は、遺留分権利者が、相続の開始および減殺すべき遺贈または贈与があったことを知ったときから1年内、相続の開始の時から10年内に行使しなければなりません（1042条）。この権利を行使するには、受遺者・受贈者に対してその旨の意思表示をすればよく、方式は自由ですが、通常は内容証明郵便が用いられます。

ＧがＦに対して遺留分減殺請求をすると、遺贈はＧの遺留分を侵害する範囲で失効し、この範囲において、Ｆが遺贈により取得した権利はＧに帰属し、ＦはＧに対して遺贈の目的物の返還またはその価額の弁償をしなければなりません（1041条1項。受遺者はこのうちいずれかを選択できますが、遺留分権利者が価額弁償を請求できるかには議論があります）。話合いがつかない場合は、Ｇは、Ｆを相手方として、遺留分減殺による遺贈の目的物の返還を請求するため、調停を家庭裁判所に申し立て（家審17条）、それでも解決しなければ、地方裁判所に民事訴訟を提起することになります（なお、最判平成8年1月26日民集50巻1号132頁は「遺言者の財産全部についての包括遺贈に対して遺留分権利者が減殺請求権を行使した場合に遺留分権利者に帰属する権利は、遺産分割の対象となる相続財産としての性質を有しない」としていま

す)。Eの遺産が不動産であれば，Gは，この不動産の4分の1の持分について遺留分減殺を原因とする移転登記手続を求める訴えを提起することが考えられます。この訴訟において，Fが，裁判所が定めた価額により価額の弁償をする旨の意思表示をした場合は，裁判所は事実審の口頭弁論終結時を算定の基準時として弁償すべき額を定めた上で，Fがこの額を支払わなかったことを条件として，Gの請求を認容することになります（最判平成9年7月17日判例タイムズ953号108頁等）。

（大濱しのぶ）

II 生　　活

§1　消費者と紛争解決

1　日常生活と消費者取引

　私たちは，事業者から購入したものやサービスを消費し，あるいは使用・利用して生活しています。これはスーパー・マーケットで食料品を買うこと，電車・バスに乗ること，生命保険に加入すること，あるいは，英会話学校に通うことなど，生活上のごくありふれた光景として思い浮かべることができるでしょう。

　これらの行動に共通している点は，事業者から購入し，あるいはサービスの提供を受けているということです。事業者との約束，つまり契約をよりどころとしています。「契約」という言葉には，難しい印象をもたれるかもしれませんが，実は，誰もが日常的に行っているものです。

(1)　消費者による商品選択

　私たちが日常利用するもの，サービスは実にさまざまです。もののみならず，サービスの利用が，今日の生活では不可欠のものとなっています。

　さらに，購入方法にも広がりがみられます。たとえば，パソコンを購入する場合を考えると，パソコン・ショップに出かけて購入するという従来からの方法がある一方で，インターネットを通じて通信販売で購入する方法というように，店舗によらない購入方法もあります。また，支払方法が多様化し，現金を持ち合わせていなくても，カードを利用して購入代金を後払いするといった販売信用が普及しています。

(2) 取引の相手は事業者

このように，私たちは，商品の多様化，購入方法の多様化，および支払方法の多様化という状況のもとで，自らにとって必要な商品を見きわめ，購買行動を行うことになります。しかし，実際には商品を見きわめるということに困難が伴うことが少なくありません。複雑な金融商品，これまで手にしたことのないもの，利用したことのないサービス，あるいは購入方法などについて判断するのは，私たち一般の消費者にとってはかなり難しいことです。

生活上の取引は，私たち消費者と，特定の商品について，あるいは販売方法について熟知した，いわばプロである事業者との取引です。このことがトラブル発生の根本的な原因となっています。

2 取引をめぐるトラブル

食料品を買ったら腐っていた，通信販売で申込みをした商品が届かない，販売員の説明と異なる商品内容であった，受けたサービスの割には料金が高かった，電話で執拗に勧誘を受けて契約してしまった，サービスの利用をやめたいが解約に応じてもらえないというように，事業者との取引をめぐるトラブルは，日常生活が経済生活と密接に関わることから，さまざまな場面で起こりえます。これらについてどのように解決したらよいでしょうか。

(1) 取引上の不満・被害の発生

仮に消費者が商品を購入する以前に，これから購入しようとする商品について情報を入手し，商品について理解し，判断し，充分に納得した上で購入を決意すればトラブルは全く起こらないといえるでしょうか。答えは否です。

ひとつには，消費し，使用・利用する商品の種類が拡大し，あるいはそれぞれの内容が複雑になっているためです。また，サービスにみられるように，実際に提供を受けてみないと，消費者にとり満足できるものかどうか，その質を判断することが難しい場合があります。そして，性質上契約が長期にわたる場合は，契約後の状況の変化を見通すことは容易ではありません。さらに，事業者による販売活動が店舗によるばかりでなく，店舗外で行われる場

合,最近ではその被害が後をたたない,巧妙な,あるいは攻撃的な勧誘方法にさらされて,消費者が判断力を奪われたまま契約を結ばされるという事態もみられます。

(2) 取引上の不満・被害に対する消費者からのチェック

以上のような取引上のトラブルは,契約を結び,契約内容を実現する過程で顕在化する場合が少なくありません。その1つの理由は,現在の経済・社会の状況にあるということができます。

今日の経済は,基本的には生産あっての消費という流れになっています。

取引される商品の内容,販売する方法を決めるのは,第1に事業者です。そして,事業者は取引される商品等についてもっともよく知る立場にあります。

他方,消費者は,事業者に比べ商品やその提供の仕方について理解が十分でなかったり,これらがそもそも消費者のニーズに合わなかったりすることが少なくありません。その結果,トラブルとなります。

大量生産・大量販売のシステムのなかで,商品内容や取引条件等について,消費者の意向を事前に事業者に対し反映させることは,実際には容易ではありません。したがって,消費者の期待に応える取引を実現するためには,トラブルを解消する過程で事後的に消費者の側からチェックせざるをえないということもあるでしょう。

(3) 消費者の人間像

事業者との取引上のトラブルを助長する原因として,消費者の人間像が一様ではないということがあります。消費生活をおくる者,つまり消費者はあらゆる国民・住民に共通する側面です。ただし,購買行動のパターン,たとえば,購買行動を行う際の情報収集の方法,入手する情報の質や量,あるいは情報に対する判断力には個人差があります。たとえば,介護サービスの提供を受けようとする高齢者に対し,高齢者自身による充分な検討にもとづく判断,契約を期待するのは現実的とはいえないでしょう。

(4) 取引上の不満・被害の内容

最近の事業者との取引上の不満・被害の内容のおおまかな傾向は以下のようになっています。
① サービスに関する相談が「もの」に関する相談を上回る。
② 価格・品質に関する相談が中心を占める。
③ 「もの」については，接客対応・販売方法の問題と契約（解約）の問題との関連が考えられる。サービスについては，接客対応・販売方法，サービスの提供と契約（解約）の問題との間に関連があると考えられる。

最近の消費者被害の中で注目を集めている，事業者の勧誘方法に関するトラブルの事例は，③の点の前半で指摘している「もの」に関する不満・被害の中にかなり顕著にみられます。

しかし，全体の傾向としては，商品の価格・品質という消費者問題の基本ともいうべき点が依然として問われています。その中でも，消費のサービス化を背景として，サービスの質・価格という側面で問題の広がりを読み取ることができます。

3　取引上の不満・被害の解消

私たち消費者が自らが期待する内容の取引を実現するためには，取引上の不満・被害を解消しなくてはなりません。しかし，これまで説明したように，どの事業者から何を購入するのか，実際には十分に理解しえないまま行動していることが少なくないことから，自らの期待と現実との間にギャップが生じたとしても，適切な対応が思い浮かばないということが考えられます。消費者と事業者との間にある力の格差は，トラブルを解決する場面でも重要な意味をもちます。

(1) 生活の延長でのトラブルへの対応

消費者による購買行動は，生活を支える経済活動であり，ごく日常的な行為として行われます。同様に，そこから生じる不満・被害についても，消費者はその延長で解決しようとするでしょう。ささいな不満・被害であれば，

時間・費用をかけるよりはむしろそのままにしておくことが消費者にとっては望ましい場合も少なくないと考えられます。

(2) 「泣き寝入り」と消費者の権利

一方、いかなる理由にせよ、消費者が抱いた不満、受けた被害について主張しない、つまり「泣き寝入り」すれば、消費者の意思は実現されない結果に終わります。消費生活は現在における生活の基本的なあり方です。取引上の不満・被害が適切に解消されることは、生活を維持する上で、またより豊かな生活を送る上で最低限の要請といえます（たとえば、東京都消費生活条例では消費者の権利の1つとして「消費生活において、事業者によって不当に受けた被害から、公正かつ速やかに救済される権利」を定めています）。

4 取引社会のルール形成

消費者が不満・被害を訴え、これを解消しようとする際に、現実には、満足のいく解決に行きつくことは容易ではありません。そこには3つのハードルがあります。1つは、感情面のハードルです。生活の中の数ある契約の一つについて苦情を訴えるのは面倒だ、あえて申し出ることにより気まずい思いをしたくない等、取引の実現という本来的な目的とは別の部分で、不満・被害を主張することを諦めてしまうということです。

もう1つは、コスト面のハードルです。事業者との約束が円滑に実現されるのに比べ、不満・被害を主張すれば、消費者の手間が余分にかかることになります。さらに、裁判などの手続によることになれば、もはや生活の一部として行われるという行為ではなく、多かれ少なかれ、それ自体を目的として時間・費用を注がなくてはなりません。そのため、消費者にとって合理的な範囲内のコストかどうかが問われることになります。

最後に、手続面のハードルです。これは消費者が望む取引を実現する上では、本来的な問題といえます。その中の問題点として、ここでは、3点指摘したいと思います。まず、第1に、消費者が商品を販売、あるいは製造する事業者の窓口に苦情を申し入れたとしても、必ずしも満足のいく解決に結び

§1　消費者と紛争解決

ついていないということがあります。第2に，その他にも紛争解決のために利用しうる手段がある一方，手続が不透明であるために，不満・被害を解消する手段としてどの手段をどのように利用すればよいのかが分かりにくいということがあります。さらに，第2の点と関連して，第3に，特定の手続が消費者を満足いく解決に導くものかどうか，そこでなされる判断を含めた手続の信頼性が確立されていないということがあります。消費者の立場からみると，不満・被害を解消・回復する見通しが全体として立たない，立ちづらいということになります。

そこで消費者のトラブルのよりよい解決方法などについて考えてみます。

(1)　事業者への苦情の申入れ

消費者取引上の不満・被害は，取引の過程で生じます。これを解消するには，取引相手である事業者に問題点を伝え，解決策を話し合うことがまずとるべき方法といえます。消費者が購入した商品について，いかなる点に不満があり，どのような解決を望むのかを消費者が伝え，他方，問題点について事業者から説明を受け，解決に向けた自主的対応の道を探ることが考えられます。

消費者は，現実には力の格差があるとしても，取引主体として事業者とは対等な関係にたちます。つまり，生産，提供されるものやサービスについて，みずからの意向を反映させるべき立場にあります。

したがって，消費者が消費する側の視点から問題点を明らかにし，そして，これに対して事業者が対応を積み重ねることにより消費者・事業者間の取引上のルールを具体化するという流れが，あらゆる紛争解決方法を支えているといえます。

(2)　紛争解決のバック・アップ

消費者は事業者との力の格差を前提として，トラブルの解決を模索しなくてはなりません。このような立場にある消費者を幅広く支援し解決を促す制度として，各自治体は消費者行政の施策の1つとして消費者相談を実施しています（各地の消費生活センター，およおび国民生活センターが窓口です。

東京都消費生活条例28条，消費者保護基本法15条など参照）。

　消費者相談は，そもそも消費者から寄せられた苦情を処理することが目的であり，消費者行政としての対応を促す意味をもっています。一方，消費者の被害救済という観点からは，消費者による紛争解決を支援する立場から，そのあり方が位置づけられなくてはなりません。その意味では，事業者との話し合いを円滑に進め，あるいは，みずからの不満・被害にどのように対処すればよいかについて具体的な方法がわからない場合などには，情報を提供し助言を与えるという側面が重視されなくてはならないでしょう。

　消費者被害は，顕在化している被害に比べ，潜在化している被害がかなり多いという指摘があります。また，消費者相談窓口があることや，その役割等について充分に広く知られているとはいえません。消費者相談窓口は，問題を顕在化させ，解決への道筋を示すという側面からその役割を見直し，市民が充分利用できるようにその処理能力を強化することが今後の課題といえます。

(3) トラブルの法的解決

　消費者が不満・被害を感じた場合に，事業者に申し入れ当事者間で解決の道を探るとしても，相互に理解が得られず合意に至らなかった場合，第三者の関与を得て判断を仰ぐことになります。ここでは，多かれ少なかれ，法的なルールを意識した解決が模索されることになるでしょう。

　しかし，消費者取引上の紛争解決には，これが消費者問題であるという認識と，その性格を踏まえた判断が求められます。消費者の視点に立つルールの明確化，手続の具体化が図られなくてはなりません。消費者取引上，明確にされたルールとして，たとえば，消費者契約法（平成13年4月1日から施行）による取消権（同法4条），不当条項を無効とするルール（同法8条～10条），訪問販売法等に定めるクーリング・オフの権利（同法6条），あるいは金融商品販売法（平成13年4月1日から施行）による損害賠償請求権（同法4条）があります。

　消費者の視点から紛争を解決する制度として，各自治体に設置されている

§1　消費者と紛争解決

1．消費者と紛争解決

例1　契約内容と実際に受けたサービスが異なる
例2　執拗な電話勧誘を受けて商品を購入するはめになった
例3　サービスの利用をやめたいが解約に応じてもらえない

2．消費者取引をめぐる紛争解決手続の流れ
（消費者取引のルール形成に向けて）

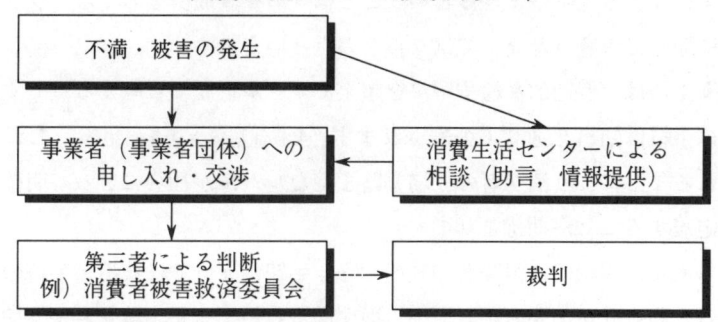

```
    ┌─────────────────┐
    │  不満・被害の発生  │
    └────────┬────────┘
             │
             ▼
┌─────────────────────┐    ┌──────────────────────┐
│ 事業者（事業者団体）への │◄───│ 消費生活センターによる │
│     申し入れ・交渉      │    │  相談（助言，情報提供）│
└─────────────────────┘    └──────────────────────┘

┌─────────────────────┐    ┌──────────────────────┐
│  第三者による判断      │----►│        裁判          │
│ 例）消費者被害救済委員会 │    │                      │
└─────────────────────┘    └──────────────────────┘
```

3．消費者取引をめぐる紛争解決手続を
具体化する条件

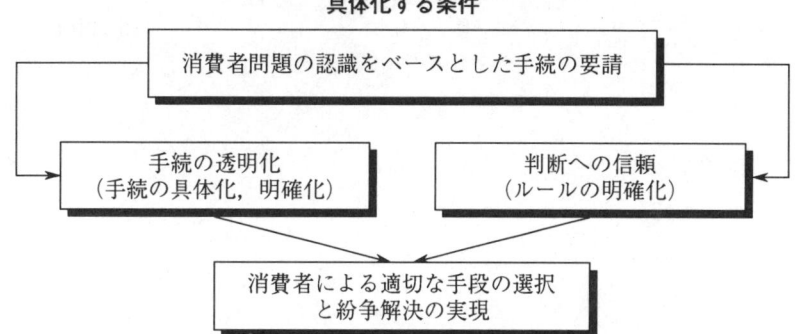

```
        ┌──────────────────────────────────────┐
   ┌───►│ 消費者問題の認識をベースとした手続の要請 │◄───┐
   │    └──────────────────────────────────────┘    │
   │                                                 │
┌──┴──────────────┐              ┌──────────────────┴┐
│   手続の透明化    │              │   判断への信頼     │
│（手続の具体化，明確化）│           │  （ルールの明確化）  │
└────────┬────────┘              └─────────┬─────────┘
         │                                 │
         └────────────┬────────────────────┘
                      ▼
         ┌──────────────────────────┐
         │  消費者による適切な手段の選択 │
         │    と紛争解決の実現         │
         └──────────────────────────┘
```

被害救済委員会，あるいは苦情処理委員会があります。たとえば，東京都の消費者被害救済委員会では，「都民の消費生活に著しく影響を及ぼ」す紛争について，あっせん，調停等を行っています（東京都消費生活条例29条および30条参照）。

この制度の特徴は，1つには，手続面があります。委員会として事実関係を明らかにするという点です。消費者が不満・被害を訴えようにも，事業者側の事情，情報の入手が自らの主張の前提だとすれば，消費者からの主張自体が困難になる場合は少なくありません。消費者にとって可能な範囲と手段で紛争に関する主張ができるということは，消費者取引をめぐるトラブルの解決に際して考慮されなくてはならない点といえます。

もう1つは，個別的な紛争解決を超えてルール形成に貢献する点です。委員会の手続は知事を通じて公表されます（東京都消費生活条例30条）。これが公表されることにより消費者の立場を踏まえたルールが社会にとって明確になり，定着することが期待されます。

もちろん，現状では消費者が利用しうる手続は充分ではなく，手続の不備によるしわ寄せが消費者にきている面があるといえます。消費者が適切な手段を通じて問題の解決をえられるためには，消費者行政上の手続あるいは裁判手続等の活性化や工夫・見直しが求められます。

（山口由紀子）

§2　福祉と紛争解決

　現代社会に生活している私たちにとって，さまざまな社会保障関係法や制度があることは当然のように感じられますが，実は，個々の社会保障法や制度は歴史的過程の中で生まれ，社会情況や政策などのありようや移りかわりに伴って変化してきたものです。

　誰もが自由で平等な立場，機会，能力をもっており，理性的な判断が可能であることを前提とした近代市民社会では，所有権絶対と契約自由，個人責任の原則が中心的な価値でしたが，その結果として現実の社会では，生産手段を有する一部の者と，実際には労働力を所有しているにすぎない労働者が存在し，本来的には対等な関係にない労働者保護の必要から契約自由を規制する労働法が登場してきました。さらに資本主義社会の発展と情勢の多様な変化に伴って弱者の立場にある者を保護すべき要請が生じ，ますます個人責任の原則だけでは対応しきれない事態となりました。

　このような過程の中で生成されてきた社会保障関係法や制度は，各国の歴史的経済的諸事情によりさまざまであり，わが国に限ってもその内容は社会の変化や世界情勢とかかわって変化してきています。

　戦後日本の社会保障の基本的方向は，救済の無差別平等性や国家による統一的責任ということでした。1946年（昭和21年）に，（旧）生活保護法が制定され〔なお，現行の生活保護法の制定と施行は1950年（昭和25年）5月4日〕，また日本国憲法も制定されました。憲法の25条1項は，「すべて国民は，健康で文化的な最低限の生活を営む権利を有する」とし，2項では，「国は，すべての生活部面について，社会福祉，社会保障及び公衆衛生の向上及び増進に努めなければならない」として，社会保障法の基本原理である普遍性と平等性の原理を内包する生存権と国の生存権保障義務を規定しました。そし

て，この時期には，社会保障にかかわる多くの立法と法改正がなされました。

なお，一般に，社会保障は，社会保険，公的扶助，社会福祉，公衆衛生，老人保健から構成されると説明されていますが，本稿では，広い意味で「福祉」の用語を用います。福祉にかかわる実際の紛争は種々で，ここで挙げるのはその一部のケースです。

1 生活保護をめぐる紛争

朝日訴訟の事案の概要

朝日訴訟 朝日茂氏は，10数年前から肺結核患者として国立岡山療養所に入所しており，単身で無収入のため生活保護法による医療扶助および生活扶助（日用品費として月額600円）を受けていましたが，昭和31年8月以降，実兄から扶養料として毎月1500円の送金を受けるようになったために，津山市福祉事務所所長が，生活保護法にもとづく保護基準によって，同年8月1日以降月額600円の生活扶助を打ち切り，かつ，送金額から600円を控除した残額900円を医療費の一部として朝日茂氏本人に負担させるという保護変更決定をしました。朝日茂氏は，この福祉事務所長の保護の変更決定に対し，岡山県知事および厚生大臣に対し不服申立をしましたが，申立が認められなかったため，厚生省の定める生活保護基準は憲法25条1項を受けた生活保護法3条等に反するとして，厚生大臣を被告として，同大臣の不服申立却下裁決の取消を求める行政訴訟を提起したのです。

第一審は朝日氏の請求を認容しましたが，第二審および最高裁（昭和42年5月24日大法廷判決，判例時報481号9頁）は，棄却しました。

(1) 生存権と生活保護受給権

憲法25条が保障する生存権のもとで，公的扶助制度は，健康で文化的な最低限度の生活を維持することができない者に対して，国または地方公共団体がそのような生活ができるような給付を行う制度です。その給付の内容や方法については法律で具体化されます。生活保護法1条には，このような法律の目的が，同2条には，法律による保護の無差別平等性が定められており，

同3条には「この法律で保障される最低限度の生活は，健康で文化的な生活水準を維持することができるものでなければならない」と定められています。朝日訴訟の最高裁判決も，当該の生活扶助基準の適否に関する判断をするについて，憲法25条1項は，すべての国民が健康で文化的な最低限度の生活を営み得るように国政を運営すべきことを国の責務として宣言したにとどまり，直接個々の国民に対して具体的権利を賦与したものではなく，憲法の規定の趣旨を実現するために制定された生活保護法によってはじめて与えられるが，要保護者または被保護者が国から生活保護を受けるのは，国の恩恵や政策の実施に伴う反射的利益ではなく，保護受給権とも称すべき法的権利である，としています。しかし，同時に最高裁判決は，何が健康で文化的な最低限度の生活であるのかの認定判断は，厚生大臣の合目的な裁量に委されており，当不当の問題として政府の政治責任が問われることはあっても直ちに違法の問題を生じることはないが，憲法および生活保護法の趣旨，目的に反し裁量権の限界を超え，裁量権を濫用した場合に違法な行為として司法審査の対象になる，としています。そして朝日茂氏の訴えについては，本件生活扶助基準が入院入所患者の最低限度の日用品を支弁するに足りるとした厚生大臣の認定には，裁量権の限界をこえたり裁量権を濫用した違法はない，と判断しています。

(2) 生活保護の決定および実施に関する不服申立方法

生活保護法が定める保護の種類は同法11条に規定されており，生活扶助，教育扶助，住宅扶助，医療扶助等があります。

たとえば，夫が病死してから，小・中学生の子どもを抱えて生活が苦しくなったので，生活保護の生活扶助，教育扶助の申請を市の福祉事務所にしたところ，隣の市に兄が健在しているという理由で申請が却下された，しかし兄は老齢で収入もなく，妹一家への援助は不可能である，どうすればいいのか，というようなケースの場合について考えてみましょう。兄弟姉妹間扶養（民法877条1項）は，夫婦や未成年の親子間と異なり，生活にゆとりがあるときに扶養すればよい，と考えられていますし，現に兄から何の生活援助も受

けられないのですから，申請を却下した処分は問題でしょう。当然受けられるはずの生活保護が正当な理由もなく受けられないときは，福祉事務所の保護の開始申請を却下する処分のあった日から60日以内に都道府県知事に審査請求することができます（生活保護法64条）。都道府県知事は，審査請求があった場合50日以内に当該審査請求に対する裁決をしなければなりません（同法65条）。そして，この裁決に不服がある者は，厚生大臣に再審査請求ができます（同法66条）。

　一方，審査請求に対する裁決を経た後には，保護の開始申請を却下した原処分自体の取消を求める行政訴訟を起こすことができます。もし，審査請求をして3カ月たっても知事が何の回答も示さないとか，福祉事務所の処分によって大きな損害を受ける差し迫った事情がある場合は，裁決をまたず取消訴訟を起こせます（行政事件訴訟法8条2項）。

(3) **生活保護の適用の争訟──非定住外国人の場合──**

　生活保護法による保護は，本来は法の定める要件を満たす限り，すべての者が無差別平等に受けることができるはずのものです。権利主体の普遍性，無差別平等性は，社会保障の基本原理です。しかし，現行の生活保護法2条は，「すべて国民は」という文言になっており，外国人に対する保護の適用があるか否かが問題となっています。

　かつて昭和21年制定の旧生活保護法1条は，「生活の保護を要する状態にある者の生活を，国が差別的又は優先的な取扱をなすことなく平等に保護」すると規定して，生活保護受給権を日本国民に限定していませんでしたが，同25年に制定された現行生活保護法で，生活保護受給権の対象者を「国民」に限定したのです。しかし，困窮した外国人を放置することは，社会人道上，治安上あるいは外交関係からも妥当でないことから，「外国人に対する保護は，これを法律上の権利として保障したものではなく，単に一方的な行政措置によって行っているものである。したがって，生活に困窮する外国人は，法を準用した措置により利益を受けるのであるが，権利としてこれらの保護の措置を請求することはできない」（昭和29年5月8日社発382厚生省社会局長通

知）とされており，裁判所もこの行政解釈を支持するものが一般的のようです。

　争訟例としては，いわゆる不法残留中の中国国籍の外国人が，交通事故に巻き込まれて重傷を負い入院手術を受けたが，医療費等が支払えず，東京都中野区福祉事務所に生活保護の申請をしたところ，不法残留外国人には生活保護法の適用はない，として上記申請の却下処分を受けたために，この却下処分は憲法14条，25条，社会保障についての内外人平等原則を定めた「経済的，社会的及び文化的権利に関する国際規約」（昭和54年条約6号）等に反するとして，その取消を求めた事案があります。一審判決は，在留外国人を生活保護法の適用から除外しても憲法25条，14条もしくは社会権規約に違反せず，生活保護法の準用について適用の余地がないとした処分には何ら違法が存しないと判断し，二審の東京高裁平成9年4月24日判決（判例時報1611号56頁）も一審判決を支持しています。一審判決は，外国人に対する生存権の責任は，第一次的にはその者が属する国が負うべきで，国の財産は限定されているから在留外国人より自国民を優先的に取り扱うことは許容されるなどの理由を挙げています。財源を無視した権利論はないとしても，社会保障における平等性の原理を財源を理由に否定できるか，など今後に多くの問題を提起している判決です。

　一般的な国際化の流れや，10数年程前から増加している外国人労働者の人権問題，また，他の社会保障関係の法規（たとえば厚生年金法，国民年金法，国民健康法，身体障害者福祉法および労働者災害補償保険法等）が外国人にも適用されるようになっている動きなどと照らし合わせると，現行の生活保護法の国籍要件には疑問があり，今後の改正が期待されるところです。

2　遺族年金の請求権と重婚的内縁関係
(1)　公的年金の意義と遺族年金
　年金給付は，老齢，障害および家計維持者の死亡といった長期間の所得喪失を招来する事由が生じた場合に，継続的に所得を保障するために支給され

るものです。国が社会保障の給付として行う公的年金では，年金給付に必要な費用を，本人や後世代の者が支払った保険料と，積み立てられた保険料の運用収益および租税でまかなっています。公的年金としては，国民年金，厚生年金保険，船員保険，（公務員等の）共済組合があります。国民年金の遺族基礎年金は，被保険者の60歳以上65歳未満の者が死亡したり，老齢基礎年金の受給権者や受給資格を満たした者が死亡した場合に，これらの死亡者によって扶養されていた子のある妻，または子などに支給されるものです。厚生年金の遺族厚生年金も，通常は老齢厚生年金の受給権者が死亡したときに，この者に扶養されていた遺族に支給されます。

(2) 重婚的内縁関係にあった夫の死亡と受給権の争訟

戸籍法上の妻と長期間別居している夫に内縁の妻がいる場合，夫の遺族年金の受給をめぐって紛争がしばしば生じています。そもそも社会保障給付が，当事者の生活保障を目的としているため，給付にあたっては，法律上の婚姻関係の有無に拘らず，生活実体が重視されます。そこで，民法上の相続などの場合と違い，社会保障給付上は内縁の配偶者にも「婚姻の届出をしていないが，事実上の婚姻関係と同様の事情にある者」として法律上の配偶者と同じように扱われて生計維持者の死亡により第一順位の遺族給付の受給者とされています。

しかし，法律上の配偶者がありながら，夫が他の女性と事実上夫婦と同様の共同生活を営んでいる，いわゆる重婚的な内縁の場合は，双方の「妻」との間で問題が生じ，双方からそれぞれ遺族年金の請求について争訟が起こされています。

社会保険庁の見解（昭和55年5月16日庁保発15号，庁保険発13号）では，届出による婚姻関係がその実体を全く失ったものとなっているときに限り内縁関係にある者を事実婚関係にある者と認定する，という内閣法制局意見を踏襲し，①離婚の合意に基づいて夫婦共同生活を廃止しているが戸籍上離婚の届出をしていないとき，②一方の悪意の遺棄によって夫婦共同生活が行われていない状態が長期間（おおむね10年程度以上）継続し，その生活状態が固定して

いるとき等に認められる，となっています。夫婦共同生活がないというためには，①住居を異にし，②経済的に依存関係になく，③音信や訪問などの意思疎通もない事実が反復して存在しないこと，の3つの要件が必要とされています。

　重畳的内縁関係の場合の争訟例は多数で，具体的事情によって裁決例や裁判例が違います。

　争訟の方法としては，遺族年金の支給ないし不支給をした処分について各年金により審査会裁決ないし共済組合決定の判断の違法を理由として原処分の取消を求める行政訴訟を提起することになります。

（紙子達子）

第2編 Ⅱ 生　　活

§3　学校と紛争解決

　公立の中学に通学している息子が学校でいじめにあったらしく，不登校になってしまいました。どのようにしたらよいのでしょうか。

1　不登校の現状と解決の問題点

　不登校とは，「学校に行く意思はあるのにもかかわらず，登校できない状態」を指すものといわれています。文部省の学校基本調査によれば，年々，その数を増し，99年度においては，不登校児は小中学校併せて13万人を超えて，過去最多となっています。30日以上の連続欠席者の全体に占める割合は，小学校で288人に1，中学校では41人に1人にまで及んでいるのです（読売新聞2000年8月5日付朝刊）。

　98年度に過去最高の増加率を記録し，危機感を持った文部省の「スクールカウンセラー」や「心の教室相談員」の配置増加の効果の現れも見られるものの，前年度をさらに上回っているということは，十分な対応ができていない状態であるということができます。

　その原因の圧倒的多数は，「いじめ」にあるといわれています。また，教師とのトラブルや管理教育を直接原因とするものもありますが，さらに，勉強不適応によるもの，家庭問題が原因であることもあります。さまざまな複合要因がある場合もあり，その対応策は，一律にできるものではありません。

　子供には教育を受ける権利があります（憲法26条）。学習する権利を確保されなければならないはずです。しかし，学校という一種の閉鎖社会に対して，どう対処していったらよいのかは難しい問題です。さらに，教育現場に問題解決を促すときに直面するさまざまな困難が予想されます。他の子供との関係もありますから，慎重にしなければならない反面もありますが，迅速に解

§3 学校と紛争解決

決していかないと，子供は日々成長していますから，時期に遅れては，解決が子供にとって意味がないものになってしまう危険があります。

むしろ，教育の問題は，法的な紛争として解決していくしかない事態に陥る前に解決していくことが大切です。

そこで，問題解決の手段を順を追って考えてみましょう。

2　子供の状況の把握

中学生の息子からどうして学校に行かれないのか，その原因は何なのか，いったいどんないじめを受けたのかを聞き出さなくてはなりません。さらに，彼自身としてはどうしたらその状態を改善できると思っているのか，どうしたいと思っているのかという本人の意思まで表明してもらうよう促します。

しかし，その年齢から親への反発もあり，その上，いじめにあって学校に行かれないことで傷ついている息子との会話の糸口を見つけることは，難しいかもしれません。場合によっては，子供が気軽に話のできる人やカウンセラーのカウンセリングから把握できることもあります。息子の「心」自体も揺れ動いているでしょうし，事態は刻々に動いていきます。子供の心情や悩み・意見・希望を的確に把握して，状況展開の中で対処していかなければならないと思います。

子どもから聞き出す作業の過程でも息子を追いつめないようにしましょう。また，子どもの状態を理解せずに，いじめくらいで，学校にいかれなくなるのは，弱虫であると息子を叱りつけたり，学校に行くことを強制したり，短絡的に親が怒ってしまうことは，避けるべきです。

学校ばかりか家庭にも逃げ場を失った息子は，自殺を考えてしまうかもしれません。

3　担任教師との交渉

先ずは，子供の受けていたいじめの実態を連絡し，善処して欲しいと担任教師に訴えることになります。当の教師から親の思い過ごし，気にしすぎと

いじめを否定されるようであれば，子供自身からも教師に対し，切実に救済を求めているのだということを直接訴えさせることが必要かもしれません。しかし，告げ口をしたと，さらにいじめられないよう注意しましょう。担任教師に真剣に問題を受け止めてもらって，親と教師が協力して迅速な対応策を考え，実践してもらうことが，解決の糸口となります。教師の熱意と努力が，問題解決の原動力となりえます。子供が登校できるようになった後も，常に極め細やかに目を配ってもらわないと，いじめが陰湿化して，さらに息子に深い傷を負わされることもあります。しかし，担任教師が問題をまともに受け取ってくれなかったり，お互いに冷静に話し合うことができずに問題解決が暗礁に乗り上げてしまうこともあります。

とくに不登校になってしまうまで，いたずらに放置し，適切な教育指導力を発揮してもらえずにきてしまった場合などは，担任教師と交渉しても解決は難しいこともあります。

4 学校長との折衝

次の段階としては，学校長や教頭などの管理職に，いじめの実態を十分に理解してもらい，対処してもらうことを強く求めることとなります。校長らはその立場上，学校にいじめやそれによる不登校といったマイナス要因があることを認めたがらないのが一般です。

担任との交渉がうまくいっていない場合等では，校長が担任に事情報告を求めても，矮小化された内容しか説明されず，親の思い過ごしではないかなどといわれ，さらに対処の仕方を誤ればもっと悪い方向に向かっていってしまうからなどと，結局具体的解決策も取られず，静観ということもありえます。もし，そのような対応しかしてもらえないのでしたら，学校長らとの折衝では問題の解決はできないと考えなければなりません。

しかし，不登校が，中学では，平均して一学級に一人はいるという現実を踏まえ，管理職としても真剣な対応を要請されている昨今です。管理職であると同時に，ベテランの教育者として，担任教師やパニックに陥っている両

§3　学校と紛争解決

親よりも適切に息子から問題点を聞き出し，いじめられた息子にも，いじめっ子に対しても強い指導力を発揮してもらいたいものです。そして，全教師に問題を認識してもらい，学校全体で解決に取り組むと同時に親たちにも解決に協力してもらうよう学校長に指導し実現するよう努力してもらうようにしたいものです。

5　いじめっ子の親との対応

　いじめをしている相手の親にも，いじめの事実を知らせるべきです。自分たちの子どもが同級生をいじめているなどということを知らない両親が，ほとんどです。自分の子に限っていじめなどしていないと信じている親も多いでしょう。子ども同士の問題だからと無関心であったり，子どもの喧嘩に親が出ることはないと，いじめられた子の親を非難するような態度しか示してもらえないかもしれません。そして，直接，相手の親たちと折衝することはお互いに冷静に対応できずに，かえって問題解決を困難にしてしまう場合もあります。

　また，いじめっ子自身も問題を抱えていることもありえます。たとえばいじめが，ストレスのはけ口になっていれば，いじめっ子自身も問題を抱えていることになります。いじめっ子が，他のいじめっ子から強要されていたり，集団のいじめがピラッミッド構造の中から発生しているといった複雑で根深い問題をかかえていることもあります。

　いじめにあった側から一方的に相手を攻撃するのでは，双方の親が関わっても問題の解決には程遠いことになります。そこで学校を介して，お互いに事実をよく理解しあって，双方の親と教師が率直に，真剣に話し合い，協力していじめ防止，問題解決の態勢を作り出すようにするべきです。そして思春期の息子たちが置かれている状況を十分に理解してお互いにサポートできれば，学校・親・子どもによるいじめの防止の体制を作ることができるでしょう。

6　教育委員会への要請

　教育委員会は，地方教育行政法にもとづいて都道府県と市（区）町村に設置されている地方教育行政機関です。教育委員会は，教育行政の民主化，地方分権化，一般行政からの独立を確保するために，教育の施設や，集団の運営を図るものであり，学校も，教育委員会の指導・助言を受けるものです。

　教師も学校も，ただ手をこまねいていて何もしてくれない，あるいは，中途半端な対応が事態を悪くするだけの場合は，教育行政機関である教育委員会に実状を報告し，善処を要請することが考えられます。中央教育審議会からいじめと不登校についての深刻な実状について答申もなされ，教育基本法の円滑な実現のためにも，教育委員会として積極的に学校に報告を求め，学校にも対策を立てるよう指導してくれるよう，要請しましょう。

　ただし，行政機関としての役割を強調し，個別具体的な問題について調査・指導するだけの人材が不足していることなどを理由にして，なかなか取り上げてくれないのが実状です。今のところ教育委員会指導で問題解決に至ることは困難なものがあるといわなければなりません。

　なお，登校が不可能な場合の解決策として，学校教育法施行令8条の保護者の申立てによる指定中学校変更の申請による転校処置を求めることもできます。

7　弁護士会への相談

　全国の弁護士会では，子どもの人権に関する法律相談を受け付けています。学校におけるさまざまな問題，校内暴力，いじめ，体罰，不登校などのあらゆる子どもに対する人権侵害問題について対応しています。常設の子どもの人権救済に関する無料法律相談窓口を設けている都道府県ごとの弁護士会もありますし，一般の法律相談のなかで対応しているところもあります。

　たとえば，東京弁護士会では電話相談も受けて付けていますが，子どもの人権救済センターに救済を申し立てることもできます。最初にどう対応したらよいか困ったら，まず電話で対応策や，方法についてアドバイスを受けて

みることがよいのではないでしょうか。

　さらに教師や学校と交渉してみても，解決策が見つからない時に，弁護士に調整作業をしてもらうことを依頼することもできます。弁護士会では，子どもの人権尊重を基本として，事実の公正な調査をすると共に，教師や学校と適切な問題解決について，調整する作業をしてくれます。学校側が適切に処理してくれない場合は，弁護士会から要望書や，勧告書を学校や教育委員会に提出し対応を求める場合もあります。

　子どもたちの人権，学習権に配慮した請求がなされますから，学校や教育委員会側も，それに対する明確な対応をせざるを得ません。弁護士会の調整作業や，勧告によって，一定の成果を上げることができた例も報告されています。

8　その他の相談機関

　各地方の法務局の人権擁護課や，都道府県の児童相談センターなどでも，相談に応じてくれます。対応策について助言をしてくれたり，勧告や指導，改善を命じ，人権救済問題として取り上げてもらえることもあります。

9　裁判や調停などの法的請求

　最終的には，不法行為や債務不履行を理由に，調停や裁判によることも検討しなければならないこともあります。学校と教師は，子どもの「学習権」が実現できるように学校環境を整え，安全に配慮する義務があります。学校に通学するということを在学契約ととらえるならば，それを侵害された場合には，同契約の債務不履行責任を追及することができるでしょう。(民法415条)

　また，いじめによる不登校という事態を予測することができ，それを防止することが可能であったとすれば，不法行為責任を追及することもできます。(国家賠償法1条)

　地方公共団体に対しても，損害賠償の請求が可能です（国家賠償法3条）。

加害者のいじめっ子と，その親に対しても，不法行為による治療費や慰謝料などを請求できます（民法709条・715条）。中学生の加害者自身に責任能力が認められるとしても，その親にも保護監督責任があります。いじめをしないように指導し，防止しなければなりません。

　判例は，執拗ないじめが繰り返されていたような場合，いじめられた子どもの心身に重大な被害をもたらすようなケースについて，学校，地方公共団体，加害者およびその親の責任を認めています。

　実例として，いじめの程度が激しく，その対象となった子どもが自殺するに至った最悪のケースで，その自殺についても「予見可能性」があったとして，学校や地方公共団体に，自殺についての損害賠償責任まで認めた例があります（横浜地判平成13年1月15日）。

　一方，中野富士見中学いじめ自殺事件（東京高判平成6年5月20日判例時報1459号42頁）では，いじめについての損害賠償責任のみを認め，自殺に関する損害賠償請求は認められませんでした。

　裁判で決着をつけるまでには，時間と，大きな労力が必要です。現に発生していて卒業までに速やかに不登校の事態を解決するためには，十分に機能することができないのが実状です。

10　不登校の卒業資格

　不登校が続き一定の授業日数に達していないと卒業延期の措置を取られる心配があります。しかし，不登校の原因が，いじめであり，その救済処置が取られないために学校に行くことができない子どもを，単に出席日数だけで卒業を認めないのは妥当ではありません。生徒の学力や，学校以外での学習の状況を配慮して，弾力的に対応するように強く働きかけましょう。学校教育法施行規則26条の「児童の心身の状況に適合するように」・27条の「児童の平素の成績を評価して」等，の解釈を広く解することで救済が可能であると考えられます。

（伊藤恵子）

§4　少年犯罪と紛争解決

　最近は少年の凶悪な犯罪が目立ちます。少年の犯罪によって人が死に至った例の中には，当の少年が「人が死ぬのを体験したかった。」というものがありました。この心理と行動には，人が作る社会というものと，それを構成する1人1人の人と社会とのかかわりの根本を問われる問題が示されていると思います。

　では，なぜ「人は人を殺してはいけない」のでしょうか。真剣に考えてみる必要があります。戦争によったり，判決の執行によったり，正当防衛や緊急避難で人が死ぬことや，自動車事故で同様になることを知るだけで，人が人を死に至らせるということは社会にありうることです。しかしそれでもなお，上記のようにいうことができます。それは，人は，生きることを目的とするものであるとか，生きたいと願うのが当然であるから等と説かれますが，究極のところ，人が人類として生き延びるためであると考えることができるのではないでしょうか。

　最高裁判所は社会的関心を集めた重大事件に関して精神医学，教育心理学などの専門家とともに犯行の動機や背景，非行に至ったメカニズムなどを分析するグループをつくることを決め（平成12年6月11日朝日新聞），これとは別に文部省（現・文部科学省）の国立教育研究所と厚生省（現・厚生労働省）の国立公衆衛生院が実際に暴力行為などを起こした子どもの親や教師から詳細な聞き取りを行い，教育心理などの研究者，小児科などの専門医による調査・研究を共同実施することを決めています（平成12年8月24日読売新聞）。

　そこで，以下の場合について考えてみましょう。

　少年A（15歳）とB（17歳）は，成年C（30歳）を路上で口論のうえ殺害

してしまった（刑法199条により死刑，無期，3年以上の懲役，なお3年以下の懲役には執行猶予が認められます）。この場合にAとBについて，どのような対応がなされるのでしょうか。

1 少年犯罪の動向と特質

(1) 動 向

たとえば，少年による殺人は，平成2年から9年までの年平均が約80人であるのに対して平成10年117人，11年111人となっています。平成2年から9年の年平均に比べて約40％増加しています。次に，強盗は昭和46年から平成7年までの25年間は，年平均約700人であったのに対して平成8年から連続して1000人を超えています。

(2) 特 質

少年犯罪のうち「殺人」の少年の動機，職業の有無，教育程度，家庭の特質に関して平成10年版の犯罪白書は以下のように示しています。

動機は，「かっとなって」が最も多く，次いで「誘われて，その気になって」，「反発したくなって」の順になっていて，生活苦や貧困を理由とするものではなくなっています。なお最近3年間では，殺人少年の動機の犯行に計画性のあるものよりも，憤懣・激情によるものが50％を超えています。また，少年鑑別所への入所回数に関しては，初回の者が約70％，2回目以降が順次少なくなっています。

職業の有無は，職を有する者が約40％で，次いで無職，学生・生徒の順になっています。教育程度は，中学卒業が約38％で最も多く，次いで高校在学，高校卒業以上の順となっています。家庭は，実父母率が約55％で家族と同居している者は70％を超えています。保護者の教育態度は，父母ともに放任が最も多くなっています。

2 非行少年の処遇（図1）

少年法は，その1条において「少年の健全な育成を期し，非行のある少年

に対して性格の矯正及び環境の調整に関する保護処分を行う……ことを目的と」しています。ここで非行のある少年が家庭裁判所の審判に付されるわけですが，この法律では「少年」というのは20歳に満たない者をいいます。民法上は未成年者が婚姻をした場合は成年擬制により成年に達したものとみなされますが，少年法上は依然少年のままです。少年法は，成育途上にある者は可塑性に富んでいて矯正することが可能であるから教育をして社会人として人生を全うさせるべきであるという考え方から，犯罪を犯しても温かく処遇することが強調されてきましたが，それは犯罪を犯すと厳罰に処せられるのだ，そして社会人として葬り去られるのだという冷酷な現実があって初めて効用を発揮するわけです。ですから，ただ少年だから温かく対応するというのは，耳には優しく聞こえますが，実は本当の優しさではなく，無責任は放任を招き，それを重ねていくとついには厳しさを忘れてしまい，近い将来社会を作る少年が自律心を失い，その者が作っていく社会そのものを崩壊させてしまうことになるわけです。

　成人となればキチンとするといっても，昨日まで自律心がなかった者が成人になったからといって今日から社会を自分たちが作り，守るということはできないのです。さらに少年時代なら犯罪を犯しても軽く処遇されるから，それこそ「犯罪は少年のうちに」などという，とんでもない考えにすら至る危険があるのです。少年でも犯罪を起こしたものは厳しく処罰されるというのが社会の基本ルールで，その上で少年に温かく対処しようとするわけです。

　「非行のある少年」とは，犯罪少年，虞犯少年（ぐはんしょうねん），触法少年（しょくほうしょうねん）をいいます。犯罪少年とは，14歳以上の少年で刑法上，特別刑法上等の法律上の罪を犯した少年をいい，触法少年とは，14歳未満の少年で刑罰法規に触れる行為をした少年をいいますが，14歳未満の少年は刑事未成年者として刑事責任が問われないことになっているため，これを犯罪少年と区別するために触法少年とされています。しかし，年齢以外は犯罪少年と異なるところはありません。14歳かどうかの判断はその犯罪が行われた時を基準とします。虞犯少年とは，その性格または環境に照らして将来罪を犯し，または刑罰法令に触れる行為

をする虞のある者で，かつ，①保護者の正当な監督に服しない性癖のある場合，②正当な理由なく家庭に寄り附かない場合，③犯罪性のある人もしくは不道徳な人と交際し，またはいかがわしい場所に出入する場合，④自己または他人の徳性を害する行為をする性癖のある場合，の上記4事由のどれかに該当する少年のことです。

犯罪少年は14歳以上20歳未満の少年ですが，さらに14，15歳である「年少少年」，16，17歳である「中間少年」，18，19歳である「年長少年」と分けられ，この年齢区分により犯罪少年の取り扱いが異なります。触法少年は14歳未満の少年であり，虞犯少年は20歳未満の少年であり，法律上は年齢の下限は定められていませんが，事理弁識能力は必要とされるため実際には10歳前後を下限としているようです。

少年の犯罪に関して，検察官が捜査をした結果，犯罪の嫌疑があるときはこれを家庭裁判所に送致しなければならないとされ，全件送致主義がとられています。なお，犯罪の嫌疑がない場合でも「審判に付すべき事由があると思料するとき」も家庭裁判所に送致しなければならないとされています。また，14歳未満の触法少年と虞犯少年は都道府県知事または児童相談所長から送致を受けない限り家庭裁判所は審判を開始することはできません。

家庭裁判所は，不告不理の原則により通告，報告または送致によってはじめて保護手続を開始することができます。ここで通告とは，通常，一般人などが家庭裁判所の審判に付すべき少年を発見した場合にこれを家庭裁判所に知らせることであり，報告とは，家庭裁判所調査官が家庭裁判所の審判に付すべき少年を発見した場合にこれを裁判官に知らせることです。通告，報告または送致を家庭裁判所が受理した場合少年保護事件となり手続が進められます（通告または報告による場合は家庭裁判所が事件として受理するかどうかを判断します）。家庭裁判所は調査の結果，審判に付することができず，または審判に付するのが相当でないと認めるときは審判不開始決定をし，審判を開始するのが相当であると認めるときは審判開始の決定をします。

審判は非公開で，懇切を旨として，和やかに行うとともに，平成12年の改

§4 少年犯罪と紛争解決

正（以下今回の改正）で非行のある少年に対し自己の非行について内省を促すものとしなければならなくなりました。審判の席には，少年の親族，教員その他相当と認めるものに在席が許され，保護者，附添人，家庭裁判所調査官，保護観察官等は審判の席において裁判官の許可を得て意見を述べることが認められています。また今回の改正で，検察官は同席し，意見を述べること等ができるようになりました。審判においては適正に非行事実を認定することが求められるためです。家庭裁判所は，審判の結果，保護処分に付することができないとき，または保護処分に付する必要がないと認めるときは不処分の決定をし，反対に保護処分に付することを相当と認める場合は，保護観察所の保護観察に付するか，児童自立支援施設・児童養護施設に送致するか，少年院に送致するか，いずれかの決定をしなければなりません。

　家庭裁判所は死刑，懲役または禁錮にあたる罪の事件について，調査の結果その罪質および情状に照らして刑事処分を相当と認めるときは事件を検察官に送致する決定をしなければなりません。これがいわゆる「逆送」といわれるものですが，送致のときに16歳未満の少年についてはこれをすることはできませんでしたが，今回の改正で，少年が犯した事件が死刑，懲役，禁錮にあたる罪である場合に家庭裁判所は刑事処分相当と認めるときは16歳未満の少年でも地方検察庁の検察官に事件を送致することができるとした点，故意による犯罪で被害者を死亡させた場合で，その罪を犯したときに16歳以上の少年に関しては家庭裁判所は原則として検察官に事件を送致しなければならないとした点，すなわち，いわゆる「逆送」を原則としました。この場合送致を受けた事件について，検察官は公訴を提起するに足りる犯罪の嫌疑があると思料するときは公訴を提起しなければならない起訴強制主義がとられています。少年の公判手続は原則として成人のそれと同様に行われますが，科刑に関しては少年の刑事事件であることを考慮して罪を犯すとき18歳未満の少年であった場合，死刑を相当とする場合は無期刑としなければなりませんが，今回の改正で無期刑を相当とする場合は無期刑を科すか，10年以上15年以下において懲役または禁錮を科すかを裁判所は選択できるようになりま

した。長期3年以上の有期の懲役または禁錮をもって相当とする場合は、その刑の範囲内において長期と短期を定めて不定期刑が言い渡される等の特則があります。また、審判に付された少年や少年のときに犯した罪により公訴を提起された者は、氏名・年齢・職業・住居・容ぼう等によりその者が当該事件の本人であることを推知することができるような記事・写真を新聞、その他の出版物に掲載することが禁じられています。

3 少年法の改正

　改正少年法は平成12年11月28日に第150回国会において成立し、平成13年4月1日より施行されています。改正の骨子は、①少年事件の処分等の在り方の見直し、②少年審判の事実認定手続の適正化、③被害者への配慮の充実です。

　まず、少年事件の処分等の在り方の見直しとしては、処分時16歳未満の少年も刑事処分に付されることとした点、懲役や禁錮の言渡しを受けた16歳未満の少年に対して16歳に達するまで少年院における刑の執行を認めた点、死刑を緩和して無期刑を科された場合に仮出獄の期間を短縮する特則を不適用とした点等を挙げることができます。

　次に、少年審判の事実認定手続の適正化としては、少年審判で裁判官による裁定合議制を導入するとした点、審判のため少年鑑別所に少年を収容する場合その期間を8週間まで延長が可能とした点、故意の犯罪で被害者を死亡させた場合、死刑・無期等に該当する罪を犯した場合は家庭裁判所は少年審判に検察官を出席させることができるとした点、検察官は非行事実の認定に必要な範囲で、事件の記録・証拠を閲覧またはコピーすることができるとした点、家庭裁判所の非行事実の認定で、法令違反や重大な事実誤認があると検察官が判断した場合、高等裁判所に対して2週間以内に抗告審として事件を受理すべきことを申し立てることができるとした点等を挙げることができます。

　最後に、被害者に対する配慮の充実に関しては、被害者、配偶者、または

§4 少年犯罪と紛争解決

図1　非行少年処遇の流れ

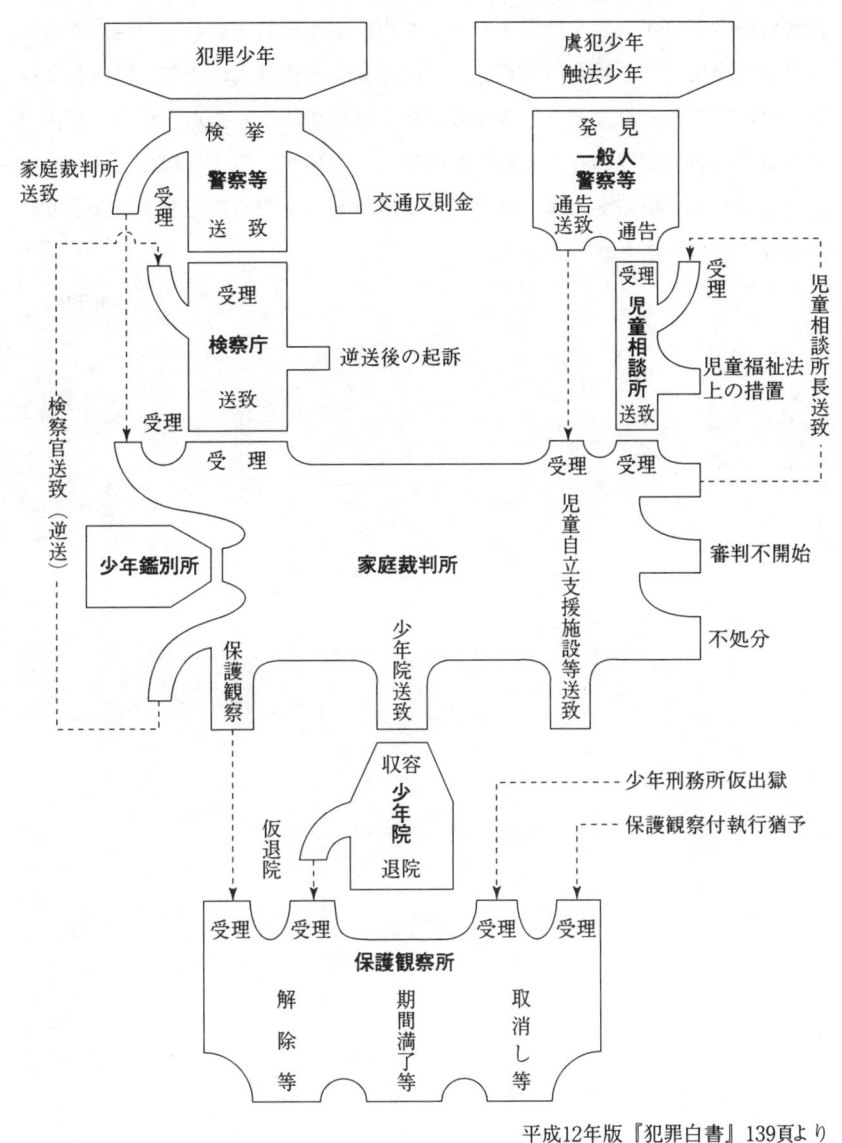

```
犯罪少年 → 警察等（検挙・送致）→ 交通反則金
           ↓受理
         検察庁（受理・送致）→ 逆送後の起訴
           ↓受理
         家庭裁判所

虞犯少年・触法少年 → 一般人・警察等（発見・通告・送致）
           ↓受理・通告
         児童相談所（受理・送致）→ 児童福祉法上の措置
                                 児童相談所長送致
           ↓受理

家庭裁判所送致／検察官送致（逆送）

少年鑑別所　　家庭裁判所
  → 保護観察
  → 少年院送致 → 少年院（収容・退院／仮退院）
  → 児童自立支援施設等送致
  → 審判不開始
  → 不処分

少年刑務所仮出獄
保護観察付執行猶予

保護観察所（受理）
  → 解除等
  → 期間満了等
  → 取消し等
```

平成12年版『犯罪白書』139頁より

109

家族から被害に関する心情や意見の陳述の申出がある場合は，家庭裁判所の裁判官か調査官がそれを聴取するとした点，少年審判が終わった時点で被害者等から申出がある場合は，家庭裁判所は少年と代理人の氏名・住所および審判の決定の年月日，主文と理由の要旨を通知するとした点，正当な理由がある場合は事件記録のうち犯行の動機等非行の事実に関する部分に限り，被害者等からの申出がある場合は閲覧またはコピーを認めることができるとした点等を挙げることができます。

(櫻本正樹)

§5　近隣と紛争解決

1　悪　　臭

　ゴミ集積場から出る悪臭に困った住民Aが，集積場を一定の期間毎に移動する輪番制を自治会に提案しましたが，これに反対する住民がいます。Aは裁判所に，この反対する住民にゴミを出さないよう求めることができるでしょうか。

　この問題について，裁判所は，原告が受けている悪臭，ゴミの飛散などの被害が受忍限度を超えているかについては，被害の程度，内容だけではなく，代替措置の有無，その難易さらに関係者間の公平その他諸般の見地を総合的に検討して判断するべきとしました。そして，輪番制をとって利用者全員で被害を分け合うことができるのに，そのような方法を拒否し，集積場に家庭ゴミを出しつづけ，特定の者にのみ被害を受け続けさせることは，被害者にとって受忍限度を超えることになるとし，被告にゴミの排出の差止めを命じました（東京高判平成8年2月28日判例時報1575号54頁）。

　一般的に人に不快感を与える悪臭は，環境基本法により公害とされており，知事が規制すべき地域を指定し，規制基準を設定して悪臭を行政上規制する仕組みがあります。悪臭の測定の方法は機器測定法と人間の嗅覚を利用する嗅覚測定法があります。悪臭のない健康で良好な環境を維持することは生存のための不可欠の利益ですから，これを侵害することは不法行為となり，裁判でその差止めを求めることや損害賠償も可能となります。しかし，そのためには受忍限度を超えているかどうかが重要となります。侵害の程度，態様，地域性，違法性，防止措置の有無などの社会的な事情を総合的に考量し，通常，社会生活を営む上で我慢しなければならない限度を超えているかどうか

を判断するわけです。上記の東京高裁の判決は，この判断材料として公平性を入れた点で評価されている判決です。

　その他，養豚場の悪臭が問題になった事例では，アンモニア濃度が規制を下回り，農村地帯であること，住居が150mも豚舎から離れていることから受忍限度を超えていないとされた例があります。また，産業廃棄物処理業者が焼却炉から臭気を発生させて，住宅の価値を下落させたことが問題になった事例では，汚染の程度，行政指導の回数などから受忍限度を超えているものとされた例もあります。

2　日　　照

　Aの隣接地にマンションが建築されることになりました。そのためAの家の日当たりが悪くなりそうです。Aはどのような対策が取れるでしょうか。

　イギリスでは，日が当たると家具が傷むというので日当たりのことはあまり問題にならないようですが，日本では伝統的に日当たりのよい家が好まれますので，快適で健康的な生活を営むためにも日当たりは重要な意味を持ちます。この日照妨害についての救済としては，行政上のものと私法上のものがあります。行政上は，日影規制などにより一定の高さの建築が制限されることがあります。私法上は，建築工事の差止請求，完成後の建物の取壊請求，損害賠償が考えられます。ただし，取壊請求はかなり困難で，とくに高層建築では原則として認められません。建設工事の差止請求をしようとする場合は，通常の裁判ですと時間がかかるので，まず仮処分で工事の差止めを求める例が多いようです。ここでも受忍限度を超えているかどうかが判断の基準となります。日照については，日影規制に違反しているか，どのような地域か，被害の程度はどの程度か，加害建物の用途は公共用か私用か，どちらが先に住んでいたかなどが判断の材料となります。そして，建物全体の工事の差止めよりも，受忍すべき限度を超えている建物の部分の工事について差止めが認められる例が多いようです。

では，損害賠償はどの程度が可能でしょうか。たとえば，隣接地に高層マンションが建ち日当たりが悪くなり光熱費も増えた場合はどうでしょうか。日照が妨害されると快適な生活を送る権利などのAの人格権が侵害されるわけですから，受忍限度を超えているような場合には損害賠償が当然可能となります。一般的には，差止請求より損害賠償請求の場合の方が受忍限度を超えているという主張が認められやすいので，差止めは無理だが損害賠償はできるということもありえます。では具体的に，どのような損害の賠償が認められるでしょうか。たとえば，日当たりが悪くなったために照明・暖房器具などを購入したり，光熱費がかかったりしますが，この費用を損害として賠償してもらえるでしょうか。裁判では，この費用の内訳などを被害者が証明しなければならないのですが，その証明は難しいのが現状です。その結果，これらの被害は，損害額が証明できていないという理由で裁判では認められていません。ただし，公共施設では一定の基準が決められており，建築主が灯油代，電気代，乾燥機の償却費など一定の費用を負担することになっています。また，住宅地では土地や建物の財産的価値が低下することも考えられますが，この問題についても，裁判では損害額を証明することが難しく，損害賠償はあまり認められていないようです。さらに，賃貸アパートなどでは，営業収益が低下することもありえますが，これも損害額の証明がむずかしいようです。その他，病気の悪化，カビの発生などの問題も発生しますが，損害額を金銭で計算することはむずかしいでしょう。結局，損害賠償できるのは日照妨害により受ける精神的損害に対しての慰謝料ということになります。

　Aはビルを建設していますが，日照妨害を理由に周辺住民から反対運動を起こされ工事を妨害されています。Aはどのような対策をとれるでしょうか。

　建物を建築しようとする場合に，日照妨害を理由に周辺住民から反対され，建設工事を妨害されるなどの紛争が発生する場合があります。このような場合には，法律的な対策としては，建設主は建設工事妨害禁止の仮処分を求めることができます。この時に日照妨害が受忍限度を超えているか，妨害行為

の内容などを考慮して裁判所から判断が下されます。一般的にいって，妨害行為といっても社会的に妥当な平穏な反対行動は禁止されません。たとえば，話合いや説明を求める行為などです。Aの建設工事が違法でなく，日照被害も受忍限度内で，なおかつ社会的に許容される限度を超えた反対行動である場合に，その妨害行為が仮処分によって禁止されるわけです。たとえば，建設主Aの身体に暴力を振るう場合などです。では，Aの建設工事が違法で，日照妨害も受忍限度を超えているような場合の妨害行為はどうでしょうか。周辺住民は自分たちの力で実力行使で工事の進行を妨げることができるでしょうか。自力救済は禁止するというのが法律上の原則ですから，実力行使をして建設工事を妨害することは法律上多いに問題があります。ここから自力による建設工事の妨害は一切認めるべきでないという考え方があります。しかし，違法建築について自力による妨害行為を仮処分で禁止すると，結果として違法な建築物の工事に協力することとなってしまう場合もあります。したがって，適法な建築についての妨害行為は仮処分によって禁止し，違法な建築への妨害行為は仮処分によっては禁止しないとするという考え方もあります。一般的に，後者の考え方が有力です。

　では，Aがビルを建設中に反対住民により看板を立てられたりビラを貼られて名誉を侵害された場合はどうでしょうか。この場合は，Aの人格権にもとづく差止請求も考えられます。しかし，ビラや看板を立てるということは住民の表現の自由のひとつの形と考えられます。ですから憲法が保障する表現の自由との関係からすぐに結論を出すことは難しいといえるでしょう。一般的に，ビラや看板の内容，大きさ，立てられていた場所，真実かどうか，名誉毀損の程度などの事情を総合的に判断することになります。もしも，ビラや看板を立てた反対住民が権利の濫用であると認められたときは，その撤去が認められることになるでしょう。

3 騒　　　音

　Aの近所でビルの建設工事が始まります。Aは騒音による被害を防止することができるでしょうか。

　特定の騒音や振動は，公害の一種として環境基本法，騒音規制法，振動規制法や地方公共団体の条例によって行政上の規制があります。これは一定レベル以上の騒音，振動を発生させる事業所で，知事により指定された地域内のものが規制の対象となります。

　建設工事についても，事業所と同様の行政上の規制はあります。この規制上問題がなければ，土地所有者は自分の土地の上に自分の権利としてビルを建設することはできます。周辺住民は一時的に騒音被害を受けるわけですが，これについては社会生活上お互い様ということで，ある程度の我慢は仕方ないでしょう。もし，その我慢の限度を超える場合，つまり受忍限度を超える場合には，Aは日照の場合と同じように建設工事禁止の仮処分もできます。ただ，この時に騒音の程度，受忍限度を超える被害の発生の疎明（一応あるらしいと裁判官に認めてもらうこと）をしなければならないなど，騒音被害に遭っている住民には難しい問題があります。

　では，住宅地に住んでいて，近くの国道を走るオートバイの騒音がうるさい場合はどうでしょうか。この場合に道路交通法上，条例上の規制などはあります。これらは自動車，オートバイの騒音防止に役立つでしょう。しかし，加害者を特定することが困難なので，裁判上の損害賠償請求などは困難でしょう。

　カラオケの騒音がひどい場合はどうでしょうか。多くの自治体には午後11時くらいから翌朝6時くらいまでは，カラオケの機器の使用禁止や音量基準を定めた条例があります。この条例に違反するような場合でしたら，改善勧告，改善命令が出されますし，刑事罰の対象となることもあります。受忍限度を超えているような場合でしたら，カラオケ機器の差止めや損害賠償も請求できます。

営業関係の騒音でなく，近くの住民の音楽を聞く音が大きくて困っている場合はどうでしょう。飲食店営業の騒音，拡声器による騒音以外の一般騒音について条例のある自治体はまだ少ないようです。東京都，神奈川県，埼玉県などでは，住宅地域では深夜から早朝までの一定の時間一定以上の騒音を出してはいけないという条例があります。また，軽犯罪法に関し，警察官が止めてもこれを無視して大きな音で近所に迷惑をかけた場合は，法律に触れる恐れがあります。民事上は，受忍限度を超えている場合には差止請求や損害賠償請求ができます。この時は，音の大きさ，回数，時間，周辺環境などを総合的に判断することになります。

マンションの階上の住民が床をフローリングにしたため足音などの生活音が気になる場合はどうでしょうか。隣接している住宅地間の騒音ではなく，同一マンション内の住民間の騒音問題については，建物の区分所有等に関する法律，管理組合の規約などが判断材料となります。この法律や規約によりペットを飼うなど共同利益に反する行為を規制することができます。異常な騒音，悪臭などで他の住民に迷惑をかける場合などもこの共同利益に反する行為となります。しかし，日常生活上発生させる音は共同の利益に反する行為とはなりません。たとえば，トイレの水流音，テレビ，ステレオの音，足音等は上記の日常生活上発生させる音になり，よほどの異常な騒音でもないかぎりは受忍限度内ということになるでしょう。裁判では，住居部分を仕事場兼倉庫に改造し，深夜酒盛りをし，マンション全体に大声を響かせ，住民の安眠を妨害した場合に，共同の利益に反する行為として契約解除と引渡請求を認めたものがあります。

隣のクーラーの振動が気になる場合はどうでしょうか。住宅地におけるクーラーの騒音，振動については，東京都条例の規制基準値などが受忍限度を判断する場合の規準となります。その他，作動している時間帯，営業用か否か，被害者の被害の状況，話合いにおける加害者の対応なども基準となります。

住宅地に隣接して幼稚園を建設しようとしたところ自治会から反対運動が

§5 近隣と紛争解決

起こった場合はどうでしょうか。この場合でも，受忍限度が問題となります。一般的に，騒音の発生自体には違法性がなく，逆に公共性が強い場合であっても，被害が重大であれば受忍限度を超えると考えられています。もっとも，園児の声の程度，回数，時間帯などを考えると，幼稚園，保育園の場合は受忍限度内ということになるでしょう。しかし，園側も隣接住宅との位置関係，音を遮蔽する設備の設置など騒音防止策を用意するべきでしょう。

(小池順一)

第2編 Ⅱ 生　活

§6　高齢者と紛争解決

　私の母は，A市に1人で住んでいますが，このところ痴呆症の傾向が現れ，状態が悪い日には，今あったことも忘れたりします。元来母は，健康に気をつかって健康食品等をよく買っていました。痴呆症につけ込んで，高額の健康器具などを売りつけられないか心配です。

1　急速に進む高齢化社会

　わが国では，急速に社会の高齢化が進行し，痴呆性高齢者および1人暮しまたは夫婦のみの高齢者が増加しています。2012年には，痴呆性高齢者の数が約225万人にも及ぶとの推計もあり，高齢社会への対応が急務となっています。一方，1983年の国際障害者年およびこれに続く「国連・障害者の10年」における国際連合の提言を受けて，障害者福祉の充実も政府の重要な施策と位置づけられています。

　このような社会的背景を踏まえて，判断能力の不十分な高齢者や障害者にとって利用しやすい柔軟かつ弾力的な制度として新たに成年後見制度が構築され，平成12年4月1日よりスタートしました。スタート後，半年を経た現在，家庭裁判所に高齢者を対象とした後見開始等の申立てが急増しているようです。

2　成年後見制度

　新しい成年後見制度は，「法定後見制度」と「任意後見制度」から成り立っています。「法定後見制度」は法律の定めによる後見の制度であり，法律の定めに従って家庭裁判所が成年後見人などを選任し，一定の権限を与えます。「任意後見制度」は，契約による後見の制度で，本人が任意後見人を

§6 高齢者と紛争解決

選任してこれに権限を与えます。また従来の禁治産・準禁治産制度では，戸籍への記載が制度の利用を妨げる一因となっていました。そこで成年後見制度では，戸籍への記載を廃止し，新たに成年後見登記制度を創設しました。

3 法定後見制度

法定後見制度には，後見・保佐・補助の3つの制度があります。後見と保佐は，従来の禁治産・準禁治産制度を名称を改めて基本的に存続させたものであり，補助は新たに創設されたものです。次にその概要について述べましょう。

(1) 後見制度

(a) 後見の対象者：痴呆・知的障害・精神障害等により物事の判断能力を欠く常況にある人が後見の対象者です（民法7条〔以下，民と省略〕）。

(b) 後見開始の審判の請求権者：本人・配偶者・四親等内の親族（おじ・おば，甥・姪，いとこ等）・検察官などが，家庭裁判所に後見開始の審判の請求を行うことができます（民7条）。請求権者に新たに市町村長が追加されました。本人に配偶者や四親等内の親族がなかったり，音信不通の状況にあるときなどに，本人の保護のために，とくに必要があるときに申立てを行うことができるよう規定されたものです（精神保健福祉法51条の11の2，老人福祉法32条，知的障害者福祉法27条の3）。

(c) 後見開始の審判：後見開始の審判がなされると本人は，成年被後見人とされ，日用品の購入などの日常生活に必要な行為を除いては，全面的に行為能力が制限されます。したがって成年被後見人が単独でなした行為は取り消すことができるようになります（民8条・9条）。そして成年後見人が本人を全面的に代理します。

(d) 成年後見人の選任：家庭裁判所は成年後見開始の審判をするときに職権で成年後見人を選任します。従来の配偶者後見人制度や後見人の人数の制限は廃止されました。法人を後見人に選任することも明文で認められました（民843条）。

(e) 成年後見人の権限：成年後見人は，被後見人の財産を管理する権限を持ちます（民859条1項）。財産を管理するとは，財産の現状を維持する行為，財産を利用・改良する行為から処分する行為まで含みます。具体的には，預貯金通帳の保管・年金その他の収入の受領や管理，介護サービス契約の締結など日常の身近な事柄から，不動産の売却など重要財産の処分まで多岐に及びます。ただし，被後見人の居住用不動産を処分する場合には，その影響が大きいことから，家庭裁判所の許可が必要です（民859条の3）。

こうした財産管理は，後見人の権限であるとともに義務ともいえるものです。また財産管理権にもとづいて，後見人には被後見人の財産に関して全面的な代理権が与えられます。成年後見人が被後見人に代わって財産的法律行為をすることにより，判断能力の不十分な被後見人を保護するのです。そして後見開始後，被後見人が単独でなした行為は，後見人がこれを取り消すことができます。ただし，前述したように，日用品の購入などの日常生活に関する行為に関しては取消の対象から除外されました（民9条但書）。

日用品の購入などについては，被後見人の判断に委せても特段の弊害がないと考えられるため，被後見人の自己決定権を優先させたものです。

(2) 保佐制度

(a) 保佐の対象者：痴呆・知的障害・精神障害等により物事の判断能力が著しく不十分な人が保佐の対象者です（民11条）。

(b) 保佐開始の審判の請求権者：後見の場合と同様です。

(c) 保佐開始の審判：保佐開始の審判がなされると本人は被保佐人となり，保佐人が選任されます（民11条の2）。

被保佐人が，次の行為をなすには，保佐人の同意が必要となります（民12条1項）。

記

a 元本を領収し，またはこれを利用すること
b 借財をしたり保証をなすこと
c 不動産やその他重要な財産に関する権利の得喪を目的とする行為をす

ること
d 訴訟行為をなすこと
e 贈与，和解または仲裁行為をすること
f 相続の承認，放棄または遺産の分割をすること
g 贈与，遺贈を拒絶し，または負担付きの贈与，遺贈を受諾すること
h 新築，改築，増築または大修繕をすること
i 民法602条（短期賃貸借）に定めた期間を超える賃貸借をすること

 ただし，形式上上記に該当する行為でも，日用品の購入など日常生活に関する行為については，保佐人の同意は必要ありません（民12条1項但書）。
 なお家庭裁判所は，審判で上記以外にも保佐人の同意を必要とする行為を追加することができます。保佐制度が一般に普及すれば，この制度の利用者の能力は，それこそ千差万別と考えられます。なかには，後見の対象に近い被保佐人が利用者となることも考えられます。そのため法律で規定された行為以外にも，保佐人の同意を必要とする場合が生ずることに備えたものです（民12条2項）。
 ところで保佐人の同意を必要とする行為について，被保佐人の利益を害するおそれがないにもかかわらず，保佐人が同意を拒否した場合には，家庭裁判所は被保佐人の申立てにより，保佐人の同意に代わって「許可」を与えることができます（民12条3項）。被保佐人の自己決定権を尊重したものです。
 (d) 保佐人の取消権：保佐人の同意を要する行為について，被保佐人が同意のないまま行った行為は，保佐人も被保佐人もこれを取り消すことができます（民12条4項・120条）。
 (e) 保佐人に対する代理権付与の審判：保佐人は，通常同意権と取消権を有していますが，さらに家庭裁判所は審判で特定の法律行為（たとえば「被保佐人所有不動産の売却」「甲不動産の売却」など）について保佐人に代理権を与えることができます（民876条の4第1項）。保佐開始の審判と同時でも，保佐開始後でもいずれの時でも可能です。

代理権付与の審判は請求によってなされます。これを求めることができるのは，保佐開始の審判の請求権者のほか保佐人・保佐監督人です。被保佐人以外の請求による場合は，被保佐人の同意が必要です。

(3) 補 助 制 度

(a) 補助の対象者：痴呆・知的障害・精神障害等により物事の判断能力が不十分な人が補助の対象者です（民14条1項）。

(b) 補助開始の審判の請求権者：後見・保佐の場合と同様ですが，本人以外の請求の場合は本人の同意が必要です（民14条2項）。そして請求と同時にまたは請求後遅滞なく，本人の状況により補助人の同意権または代理権の範囲を特定して，その付与を請求することが必要です。

(c) 補助開始の審判：補助開始の審判がなされると，本人は被補助人となり，補助人が選任されます（民14条・15条・876条の6）。

(d) 同意権・代理権付与の審判：補助人は成年後見人・保佐人と異なり，その権限が法定されていません。したがって補助開始の審判と同時に，補助人の同意権または代理権付与の審判が行われることが必要です（民14条3項・16条1項・876条の9）。同意権・代理権とも特定の法律行為を対象とします。

これらの審判は，補助開始の場合と同様の範囲の請求権者からの請求にもとづいてなされます。なお本人の自己決定権を尊重するため本人以外の者の請求による場合には本人の同意が要件とされています。

請求人は，代理権のみの付与，同意権のみの付与，両者の付与の3つのうちいずれでも選択できます。そして代理権または同意権の対象となる法律行為の範囲についても選択できます。被補助人の判断能力の程度，生活程度等に応じて柔軟に対応できるよう，いずれについても請求人の選択に委ねられたものです。

(e) 補助人の取消権：補助人の同意を要する行為について，被補助人が同意のないまま行った行為は，補助人も被補助人もこれを取り消すことができます（民16条4項・120条）。

4 任意後見制度

　新たに「任意後見契約に関する法律」（以下任意契約法といいます）で設けられた任意後見制度は，本人が契約の締結に必要な判断能力を有している間に，精神上の障害（痴呆・知的障害等）により判断能力が不十分な状況に備えて自己の生活，療養看護および財産の管理について任意後見人を決め，代理権を与える旨の「任意後見契約」締結し，家庭裁判所が選任する後見監督人の監督の下で任意後見人による保護を受ける制度です。

　任意後見契約は，委任契約の一種ですが，通常の委任契約とは，次のような違いがあります。

　(a) 任意後見人が，代理権を行使するについては必ず任意監督人の監督に服するよう，契約において，「任意後見監督人が選任されたときから契約の効力生ずる」旨の特約をなすことが必要です（任意契約法2条1号）。

　(b) 公正証書と登記：法務省令で定められた様式の公正証書によって契約し（任意契約法3条），新たに設けられた後見登記制度による登記をすることが必要です。任意後見契約の公正証書が作成されると，公証人から登記所への嘱託により，任意後見契約の登記がされる仕組みになっています。

　(c) 任意後見監督人：任意後見監督人の選任は，任意後見登記がなされている場合において，本人が精神上の障害により判断能力が不十分な状況になったときになされます。本人の外，配偶者・四親等内の親族または任意後見受任者の請求にもとづき，家庭裁判所が選任します。本人が申立てをした時，あるいは本人が意思表示をすることができない時を除き，あらかじめ本人の同意の有無を確認しなければなりません。同意がないときは，任意後見監督人を選任することができず，申立てを却下することになります。任意後見監督人は，任意後見人の後見事務を監督し，それを定期的に家庭裁判所に報告します（任意契約法4条1・3項・7条）。

5 法定後見と任意後見の調整

　原則として任意後見が法定後見に優先します。すでに法定後見が開始して

いる場合においても，任意後見監督人選任の申立てがあると，家庭裁判所は「法定後見を継続することが本人のために特に必要と認められる場合」を除き，法定後見開始の審判を取り消して任意後見監督人を選任します（任意後見法4条1項但書2号・2項）。この規定は，法定後見開始の前から任意後見契約が締結されていた場合だけではなく，法定後見開始後に本人が任意後見契約を締結した場合（本人に意思能力があることが必要です）にもあてはまると解されています。

家庭裁判所が，本人のために，とくに必要があると認めるときには，任意後見契約が登記されている場合でも，後見開始等の審判をすることが可能です。すでに任意後見が開始しているときは，後見開始等の審判等により，任意後見は当然に終了します（任意後見法10条1項・3項）。

6　後見登記制度

新制度では，戸籍記載に代わる公示制度として「後見登記制度」が創設されました。この登記制度は，法定後見・任意後見を共に公示するもので，原則として家庭裁判所または公証人からの嘱託によってなされます。登記情報の開示は，登記官が登記事項または登記事項のないことの証明書を交付することによって行います。証明書の交付を請求できるのは，本人・後見人・配偶者・四親等内の親族ら一定の者に限られます。

新たにスタートした成年後見制度についてみてきました。設問の場合，その時々により判断能力に差があるようですが，たとえば高額品の購入について保佐人の同意を必要とする保佐制度の利用を考えてみられたらいかがでしょうか。保佐が開始した後は，被保佐人であるお母さんが，保佐人の同意なくして，単独で高額品の購入をなした場合にはこれを取り消すことが可能となります。

（佐貫葉子）

§7　医療と紛争解決

　甲医師の診療を受けていた患者乙が，自己の後遺障害は甲医師の処方した薬剤の副作用によるもので，同医師の薬剤の選択，投与方法に過誤があったと考え，甲・乙間で医療過誤の有無等をめぐる紛争が生じた場合，その解決方法にはどのような特徴があるでしょうか。

1　医師会の医事紛争処理機構と医師賠償責任保険について

　近年，医療過誤をめぐる紛争は著しく増えており，これに比例して医療過誤訴訟（医療側の債務不履行もしくは不法行為を理由とする民事上の損害賠償訴訟）もその新受件数（訴訟が裁判所に新たに受理される件数）が昭和63年から平成4年までは300件台であったものが，平成9年には600件台に迫ろうとするなど増加傾向には大きなものがあるとされています（林道晴・現代裁判法体系(7)2頁以下，新日本法規出版）。

　このように，医療過誤というと即「裁判」のイメージがありますが，医療過誤をめぐる紛争解決については，訴訟（裁判）以前の紛争発生のごく初期の段階から医師会の医事紛争処理機構である「医事紛争処理委員会」等による紛争解決機能が大きな意味を持ち，またこれに密接に関連して医師賠償責任保険が，大きな役割を果たすこととなりますので，まずこれらについて順次説明していきます。

(1)　医師会について

　医師会の医事紛争処理委員会について説明する前に，医師会自体の組織や機構について理解する必要がありますので，これについて簡単に触れます。

　医師の場合，弁護士と異なって，その資格は厚生省の医籍（医師名簿）に登録されたときに発生し（医師法2条・6条参照），当該医師が医師会に加入す

るかどうかはその医師の自由であり，実際医師会員でない医師も相当数いる現状にありますが，やはり医師の総数のうち医師会に属しているものの方が圧倒的に多いといえます。

わが国の医師会は，昭和22年以降は，すべて民法上の公益社団法人（民法34条）となったため，医師会の医事紛争処理委員会の法的性質は，正確には民法上の公益社団法人である医師会内に設けられた医事紛争の解決処理を目的とする委員会ということとなります。

医師会には，全国組織である社団法人日本医師会（以下，社団法人の表示はすべて省略），各都道府県を区域とする都道府県医師会（全国に合計47あり）および，さらにその下部組織の各郡市区などを区域とする郡市区医師会・地区医師会（全国に合計923あり）の三種があります。そして，日本医師会は，都道府県医師会の会員をもって構成され，都道府県医師会はその地域内にある各郡市区医師会・地区医師会の会員をもって構成されており，したがって，日本医師会の会員である医師は同時に都道府県医師会員であり，都道府県医師会の会員である医師は同時に郡市区医師会・地区医師会の会員であるとの関係になるわけです。

(2) 医事紛争処理委員会について

各都道府県医師会には，名称に多少の違いがあるもののすべて医事紛争処理委員会が設置されており（たとえば，東京都医師会が医事紛争処理委員会，神奈川県医師会が医事紛争特別委員会を設置など），一般に医事紛争処理委員会というと，この都道府県医師会のそれを指すことが多いといえます。日本医師会には同委員会に相当する組織がありません（小海正勝・裁判実務体系(17)530頁以下，青林書院）。

医事紛争処理委員会は，一般に，所属会員に医療事故が生じた場合，当該会員から事故報告とともに紛争処理に関する委任を受けて，あくまでもその会員のため紛争処理に当たることを主たる業務としています。そのため，患者側からの申立権を認めていないところが一般的ですが，事実上患者側からの申立てにも対応してくれるところもあります。

§7 医療と紛争解決

　医事紛争処理委員会の具体的な活動は，所属会員の医事紛争の窓口として，現在でもその紛争解決に大きな役割を果たしているといえます。上記のとおり，会員から事故報告と紛争処理の委任を受けますと，当該会員が後述の日本医師会の医師賠償責任保険に加入していて同日本医師会医師賠償責任保険の対象となる紛争については，一件記録をまとめて日本医師会に付託するなど同保険の手続にのせ，日本医師会と協力・連携しつつ，自ら患者側と折衝したり，必要があれば弁護士に依頼するなどの活動をします。また，当該会員が日本医師会医師賠償責任保険以外の医師賠償責任保険に加入しているなど日本医師会の上記保険の対象とならない紛争については，日本医師会から離れた独自の立場で当該医師の有無責を判断し，自ら患者側と折衝したり，必要であれば弁護士に依頼するなどの活動を行っています。

　以上が医事紛争処理委員会の基本的な活動内容，役割ですが，何分法律で定められた組織ではなく，あくまで個々の社団法人内の特別委員会であるためそれぞれ独自の運用がなされており，活動内容や運用の詳細まで統一的に説明することが困難であることは否めません。

(3) 医師賠償責任保険について

　医師またはその監督下にある看護婦等の医療行為に関して，患者またはその遺族等に対して，当該医師が損害賠償責任を負担した場合，この賠償責任を保険で塡補するものとして，医師賠償責任保険があります。実際の医療紛争上の損害賠償金や示談金はこの医師賠償責任保険金から支払われることがほとんどであるため，同保険制度は医療紛争の解決上重要な社会的役割を果たしてきたといえ，また解決手続においても当該保険制度を十分理解してこれを踏まえた進め方をする必要があるといえます。現在のわが国には大きく分けて，「日本医師会医師賠償責任保険」と「日本医師会医師賠償責任保険以外の保険」の2つの医師賠償責任保険があります。

　(a) 日本医師会医師賠償責任保険　　保険契約者は日本医師会であり（団体保険），損害保険会社5社との間に締結され，被保険者は日本医師会のA①会員（開業医を中心とする）またはA②会員（勤務医を中心とする）です。

保険金は損害賠償金と争訟費用の両者を塡補し、損害賠償金の年間塡補限度額は1被保険者につき1億円であり、同一医療行為について100万円の免責金額が定められています。保険期間は1年間（1年ごとの更新）とされています。

事故が起こった場合の紛争処理手続は、次のとおりです。すなわち医師は事故が起こり、患者側から損害賠償請求を受けた場合には、「事故報告書」を作成し、所属郡市区医師会・地区医師会を通して都道府県医師会に提出します。都道府県医師会は事故調査の結果、患者側の請求額が100万円を超えて当該事故が日医責任保険の対象とみられる場合、速やかに日医責任保険の紛争処理手続に委ねる決定をし、一件書類を作成のうえ、日本医師会に「付託」します。日本医師会に付託された事案は、保険会社内に設けられた調査委員会の調査・検討を経て、中立・公正な判定機構としての「賠償責任審査会」に上程され、その審査結果（責任の有無や賠償金の判定がなされます）にもとづいた処理方針が日本医師会から都道府県医師会に通知されます。この「賠償責任審査会」（医学関係学術経験者6名、法律関係学術関係者4名の計10名で構成）は、保険者・保険契約者いずれにも影響されない第三者的判定機関とされており、日本医師会医師賠償責任保険は、この判定に拘束される重要な機関です（平沼高明・裁判実務体系㉖510頁以下、青林書院）。

この保険の制度上、上記日医への付託手続がなされる前、もしくはなされた後でも、賠償責任審査会の処理方針が都道府県医師会に通知される前に、被保険者である会員独自の判断で勝手に患者側に金銭の支払いをしたりまたはこの約束をしたりした場合、当該日医責任保険の適用がないとされたり、被保険者が損害賠償請求を受けた場合には遅滞なくその内容を医師会に通知をしなくてはならず、この手続を懈怠もしくは著しく遅滞した場合には日医責任保険が適用されないことがあります。紛争経過に重大な転機を迎えた時（例・訴訟上の和解を勧告されたとか、一審で敗訴判決を受けた等）は遅滞なくそのつど所属都道府県医師会を通して日医に報告し、その指示を受ける必要があって、この処理方針にもとづかない事件解決は同保険金の対象とさ

れません。日医A①,②会員以外の者（日医B会員や同C会員，非会員等）も責任を負う事故については，それらの者の責任割合に相当する賠償金を差し引いた保険金のみ（A①,②会員の責任割合分のみ）が支払われるなど，種々の制約があるので，医療事故の紛争解決上この制約等をも，十分踏まえた処理がなされる必要があります。

(b) 日医責任保険以外の保険　上記日医責任保険以外の医師賠償責任保険は具体的には，日医責任保険の免責金額100万円部分を塡補する各都道府県医師会の団体保険や病院開設者を対象とする医師賠償責任保険（開設者のみならずその業務を補助する各医師らの責任にも対応）などがあります。

これらの保険の場合，保険会社は損害賠償の承認・決定につき上記日医の賠償責任審査会のような独自の審査機関を持たないので，その判断を都道府県医師会の医事紛争処理委員会の裁定に委ねており，同紛争処理委員会の有責・無責の判断，損害額の決定につき保険会社もこれを尊重しています。

2　診療録の意義と証拠保全

(1)　医療過誤をめぐる紛争において，診療録（カルテ）は医師および患者にとって最も重要な証拠資料であり，訴訟になった場合，これについての証拠調べをしない事件はないといえます。

診療録の作成については，医師法24条1項において，医師に診療したとき遅滞なく作成する義務を課しており，またこれを受けて同法施行規則23条にその記載事項は，診療を受けた者の住所，氏名，性別および年齢，病名および主要症状，治療方法（処方および処置），診療の年月日と具体的に定められています。さらに診療録の保存期間として，医師や医療機関に5年間の保存義務を課しています。

一般に，診療録に付属する医師や他の医療関係者が作成する補助録（看護記録，検査報告書，体温表等）をも総称して診療録（カルテ）と呼ばれることが多いのですが，本来診療録とは法制上の名称であって，上記の法規により医師に作成義務が課せられている文書をいいます。

このように診療録は，医師が法的義務にもとづき診療のつどその内容を記録するもので，当該診療経過に関する客観性，信用性の高い文書として，訴訟上も医師の過失の有無や結果との因果関係等主要事実に対する証拠価値（証明対象事実の認定に役立つ程度）が非常に高いものです。またそれゆえに，当事者にとっても，患者側であればこれを事前に閲覧，検討することにより医師に責任追及できる事案か，訴訟にした場合これを維持できるかを判断するうえで重要な資料となり，ひいてはこれにより訴訟前の紛争解決に結びつくこともありますし，医師側においても診療録の記載内容を整理し，検討することが系統だった合理的な反論・反証をするうえで不可欠といえます。

(2) 証拠保全等については，患者側にとって，医療過誤訴訟を起こすに際しては前記のとおり診療録等の医療記録を事前に入手，検討することが不可欠となりますが，この事前入手の方法として証拠保全の手続が取られるのが一般的です。

証拠保全とは，民事訴訟法234条以下に規定されており，証拠調べをあらかじめしておかなければ，その証拠を使用することが困難となる事情が認められるとき（証拠の現状が変わるとか散逸する，証人が死亡等不存在になるなど），訴訟が未だ係属していない段階においても，裁判所が証拠調べをすることができる制度です。

診療録に関する証拠保全の方法としては，実務上は，患者側から診療録の医療側による改ざん，変造のおそれがあるとの理由で検証（裁判所がその五感作用によって直接事物の性状・現象を検査してその結果を証拠資料にする証拠調べ）の申立てがなされ，同方法でなされることが大多数です。この検証の方法で証拠保全が行われる場合，実際には検証日時の1，2時間前に執行官送達により証拠保全決定書が当該医師や医療機関に送達され，同現地に裁判官が赴いて保全対象である診療録等の写真もしくはコピーを撮るという手順でなされます。

近年では，診療録の証拠保全を書証の取調べの方法で行われることもあります。この具体的な方法としては，患者側から文書送付嘱託（民事訴訟法226

条)もしくは文書提出命令(同法220条以下)の申立てをし,この採用決定により,当該医療機関等から診療録を裁判所に送付させ,これを書証として申立人側から証拠調べ期日に裁判所に提出させるというものです。この方法は,検証に比べて簡便ですが,診療録が医療側から裁判所に送付されるまでの間に可能性として改ざんの機会が生ずるということで,当該医師や医療機関が直接医療過誤訴訟の当事者となるような争訟性の高い事案には適切でないとの見解もあります。

　近年,患者の自己情報へのアクセス権(情報開示を求める権利)として,診療録の情報開示が議論されており,日本医師会においても,診療録の開示に関するガイドラインを定めて,一定の要件のもと患者本人に診療録を開示する道を開きました。しかしながら,診療録の性質上,無制限,完全な開示はかえって紛争や混乱を招く危険が高いともいえ,このガイドライン上も,訴訟目的の開示請求には応じないとされており,完全な開示には至っていません。

3　鑑　　定

　医療過誤訴訟においては鑑定(民事訴訟法212条以下)を実施することが多く,裁判所の審理・判断に重要な役割を果たしています。

　鑑定とは,裁判官の判断能力を補充するために,特別の学識経験に属する経験法則その他の専門的知識や意見を報告させる証拠調べであり,その証拠方法が鑑定人です。鑑定人は裁判官の不足する上記経験則や専門的知見を補充する裁判所の補助機関としての立場にあり,その人選は裁判所に任されています。

　医療過誤訴訟の場合,鑑定が大きな役割を果たす理由は,事件の争点が高度に専門的な医学上の事象であることのみならず,医療過誤訴訟における医師の「過失」(診療行為上の注意義務違反)の概念に特徴があることも大きな理由となります。すなわち,医療行為において医師が負う債務は手段債務(身体回復の結果を請負う結果債務ではなく,技術水準に適合した作為・不

作為の診療義務）であることから，その医師らが守るべき注意義務の基準となるべきものは，診療当時のいわゆる臨床医学の実践における医療水準（一般医療水準ともいいます）であるとされています（最判昭和57年3月30日判例時報1039号60頁等）。そのため，とくに系統的な医学教育を受けたこともなく，臨床医療の経験もない裁判官が文献等の書証や当事者の尋問のみで，当該症例に対する医療行為における一般医療水準がどのような内容・程度であるかを独自に判断することはきわめて困難であり，この点につき公正中立な立場の医療専門家（医師）に意見を聴く必要があるからです。

　鑑定の手続中重要な作業として，鑑定事項の確定があります。適切な鑑定事項の確定がなされなくては，適切な鑑定結果に結び付かず，鑑定人の作業量もこれに大きく左右されます。実務上は，申立人側（通常は原告）が鑑定申請の際鑑定事項についても提示し，これに対して反対当事者（通常は被告）が意見（書）を提出し，これらを参考にして最終的に裁判所が当該事案の争点に則して鑑定事項を確定することが一般です。

　また，鑑定手続中，もっとも意を用いなくてはならず，また困難な問題として，鑑定人の選任の問題があります。民事訴訟法上鑑定に必要な学識経験を有する者は，鑑定をする義務があるとされていますが（同法212条1項），実際には多忙な研究・診療活動のあい間に鑑定書作成というかなりの作業量の仕事を依頼することとなるため，事実上依頼を受けることが不可能であること等を理由に，容易には裁判所からの依頼や照会を受けてくれる専門家がきわめて少ない実情にあり，また裁判所も当該鑑定事項に対しては，いかなる分野の専門家医師が適切であるかの判断に苦慮するからです。この問題は医療過誤訴訟の長期化の大きな原因になっているといわれており，最近，最高裁判所が中心となって，医学関係各学会との間で鑑定人推薦・選任に関する制度作りのための協議が始まっています。

　鑑定人に求められる資質として，学究的態度とともに公平で円滑な人格が要求されることはもちろんのこと，上記医療水準に関する的確な知識を有していることが不可欠であることはいうまでもありません。

さらに，最近の医療過誤訴訟の審理において，裁判所が行う上記鑑定の方法ではなく，各当事者が自らのつてで専門家に私的な鑑定書（医学意見書）を作成してもらい，これを書証として提出する立証（反証）活動も多くなされています。

（加々美光子）

第2編 Ⅱ 生　活

§8　交通事故と紛争解決

　Aは，自動車を運転して走行中，道路脇の看板に気を取られ脇見をしたところ，Aの運転する自動車は，センターラインを越えて反対車線に侵入し，折から反対車線を走行していたBが運転する対向車と正面衝突した。
　これにより，Bが運転していた自動車は大破し，B自身も，骨折，打撲など全治3カ月を要する傷害を受けた。

　この交通事故によってどのような紛争が発生し，それはどのように解決されるのでしょうか。

1　交通事故に伴って発生する法律問題
　交通事故が発生した場合，どのような法律上の問題が発生するのでしょうか。これは，大きく，(1)刑事関係，(2)行政関係，(3)民事関係の3つに分けることができます。
(1)　刑 事 関 係
　交通事故の原因となった行為や事故が発生した際にとった行動が犯罪となり，罰金や禁固刑・懲役刑などの刑罰を科せられることがあります。
　上記のケースでは，Aは，その不注意（過失）により，Bに怪我（傷害）を負わせています。それゆえ，Aには，業務上過失致死傷罪（刑法211条前段）が成立し，Aは，5年以下の懲役もしくは禁固，または，10万円以下の罰金に処せられることになります。
　刑法はもちろん，道路交通法にも，さまざまな行為が犯罪として規定されています。
　たとえば，いわゆる「あて逃げ」の場合，運転者は，負傷者を救護し，道

路における危険を防止する等必要な措置を講じる義務を負い（道路交通法72条1項前段），この義務に違反すれば，3年以下の懲役または20万円以下の罰金（死傷者がいる場合。同法117条）ないし1年以下の懲役または10万円以下の罰金（それ以外の場合。同法117条の3第1号）に処せられます。

(2) 行政関係

刑罰とは別に，交付を受けている免許が取り消されたり，一定の期間その効力を停止されたりすることがあります。これらを行政処分といいます。行政処分は，主として，住所地を管轄する公安委員会が行います。

行政処分は，刑事関係と比べて「軽く」見られることがあります。しかし，自動車の運転を仕事としている者やその勤務先の会社などは，これにより重大な影響を受けることがあります。

(3) 民事関係

交通事故によって，他人に損害が発生することがあります。上記のケースもそうです。この場合，損害を与えた者（加害者）は，損害を受けた者（被害者）に対し，法律の規定に従って，その損害を賠償しなければなりません。これを，損害賠償責任といいます。

損害賠償責任の基礎となる法律の規定にはさまざまなものがありますが，①不法行為（民法709条），②債務不履行（民法415条）の2つに大別することができます。

②は，加害者と被害者との間に契約関係が存在する場合に問題となります。契約違反にもとづく責任です。たとえば，乗客がタクシーに乗車する場合，乗客とタクシー会社との間では運送契約が締結されます。そのため，タクシーの運転手の不注意で事故が発生したときは，乗客は，タクシー会社に対し，契約違反による債務不履行を理由として，事故によって受けた損害の賠償を請求することができます。

これに対し，①は，加害者と被害者との間に契約関係が存在することは不要です。

このように，交通事故に伴って，さまざまな法律問題が発生します。市民

は，好むと好まざるとにかかわらず，これらの問題に対処しなければならない立場に立たされます。

とりわけ，被害者と加害者の間の損害賠償の問題は，お金の問題であると同時に，後述のとおり，理論的にも難しい問題を含んでいるため，紛争となることも少なくありません。

2 損害賠償責任の内容
(1) 当事者

(a) 損害賠償を請求できる者　交通事故によって発生した損害の賠償を請求することができるのは，当該事故によって損害を受けた者（被害者）です。死亡事故の場合，亡くなった方の相続人が損害賠償を請求できます。

一般的には，いわゆる「対物」の場合は事故によって壊された物品の所有者が，「対人」の場合は事故によって傷害（死亡を含む）を受けた者が，それぞれ被害者となります。上記のケースでは，Bが運転していた自動車の所有者とBが，それぞれこの意味での被害者となります。

(b) 損害賠償の義務を負う者　交通事故によって発生した損害を賠償する義務を負うのは，当該事故において被害者に損害を与えた者（加害者）です。

この点，加害車両の運転者，上記のケースではAが加害者となることは，当然です。ただ，できる限り被害者の救済をはかる，という観点から，法律によって「加害者」とされる者の範囲が拡大されています。それゆえ，「加害者」となるか否かは，難しい法律問題といえるでしょう。

法律によって「加害者」とされるのは，たとえば，次のような者です。

(ア) 使用者（民法715条1項）　ある事業のために他人を使用する者，をいいます。典型的には，加害車両の運転者の雇い主などです。使用者は，被用者が，その事業の執行に関連して第三者に加えた損害を賠償する義務を負います。

上記のケースでは，Aが勤務先の会社の業務として自動車を運転中であれ

ば，その会社も，使用者として，事故によって発生した損害を賠償する義務を負います。

(イ) 運行供用者（自動車損害賠償保障法3条）　自己のために自動車を運行の用に供する者，をいいます。上記の「使用者」よりもさらに広い概念です。自動車を盗まれた場合などは別ですが，車検証に所有者として記載されていれば，実際には自動車を使用していなくても，運行供用者とされることがあります。ただし，運行供用者の賠償責任は，いわゆる「対人」に限定されます。

(2) 損害賠償責任の発生要件
(a) 過失責任の原則　被害者に損害賠償責任が発生するためには，原則として，加害者に，事故を発生させたことについて過失ないし帰責事由が存在することが必要です。上記のケースでは，Aが運転中に脇見をしたことが，過失ないし帰責事由となります。

ところで，加害者と被害者の双方に過失が存在し，それが原因となって事故が発生することがあります。たとえば，上記のケースで，Bが正面を向いて運転していれば事故を避けることができたが，たまたまBも脇見運転をしていて事故が発生した場合などです。このような場合，双方とも，相手方が受けた損害を賠償する義務を負います。ただし，その賠償義務の範囲は，後記の過失相殺によって，自らの過失割合分に縮小されます。

上記のとおり，損害賠償責任には，①不法行為にもとづくものと，②債務不履行にもとづくものがあります。ただ，①では，加害者に過失が存在したことは，被害者が証明しなければなりません。これに対し，②では，帰責事由がないことを加害者自身が証明しなければなりません。それゆえ，この点では，②の方が被害者にとって有利です。

(b) 特別な場合　(ア) 使用者　使用者の場合は，加害車両の運転が使用者の事業の執行に関連して行われたものであり，その運転者に過失が存在すれば，損害賠償責任が発生します。

法文上は，使用者が無過失であることを自ら証明すれば免責されると規定

されていますが，実際には，免責を受けるのはほぼ不可能といってよいでしょう。

　加害車両の運転がその事業の執行に関連して行われたものではないときは，使用者は損害賠償責任を負いません。ただ，判例上，事業の執行に関連して行われたものであるか否かは，その外形に着目して判断することとされています。それゆえ，たとえば，加害車両が使用者の営業車であれば，運転者がそれを私用で運転していたとしても，使用者が免責を受けるのはきわめて難しいでしょう。

　(ｲ)　運行供用者　　運行供用者の場合は，実質的には無過失責任です。そのため追及できる責任がいわゆる「対人」の部分に限定されますが，被害者にとっては最も有利といえます。

(3)　賠償責任の具体的内容

　(a)　賠償の対象となる損害の範囲　　賠償の対象となる損害の範囲は，交通事故によって発生した一切の損害のうち，事故と相当因果関係の範囲内にあるものです（民法416条）。金銭に評価可能なものでなければなりません（民法417条・722条1項参照）。

　(ｱ)　物損の場合　　一般的には，被害物品が，修理すれば使用可能であれば，修理代金などその修理に要する金額が損害額となります。自動車の場合，修理が完了するまでに通常ある程度の期間を要するときは，その間の代車料（レンタル料）も，賠償の対象となります。

　これに対し，被害物品が，修理できないか，修理してももはや使用不能であれば，その時価相当額が損害額となります。修理に要する金額が時価相当額を超えるときも，同様です。

　(ｲ)　傷害事故の場合　　①受傷自体にもとづく損害と，②後遺症にもとづく損害に分けて考えることができます。

　社会一般では，事故によって発生した症状を，広く「後遺症」といいます。しかし，②の「後遺症」は，治療を続けてもこれ以上症状の改善が望まれない状態（これを「症状固定」といいます）に至った時点でなお残存している

症状をいいます。すなわち，①と②は，症状固定の前か後かで区別されます。

①に含まれる損害としては，入通院のために要した交通費等の費用，入通院に伴う医療費・休業損害・慰謝料などがあります。この場合の慰謝料は，入通院に要した期間に応じて算定されます。

②に含まれる損害としては，後遺障害にもとづく逸失利益・慰謝料などがあります。「後遺障害」とは，前記の後遺症のうち，被害者の労働能力の喪失を伴う場合をいいます。どのような症状が後遺障害に該当するかについては，法令で規定されており，症状の程度に応じて第１級（労働能力を100％喪失した場合）から第14級（労働能力を５％喪失した場合）までランク付けがされています（自動車損害賠償保障法施行令２条別表参照）。逸失利益の算定にあたっては，実際上は，後遺障害に該当するか否か，何級に該当するかが，きわめて重要な意味を持ちます。

(ｳ) 死亡事故の場合　　この場合，賠償の対象となる損害としては，死亡に伴う逸失利益・慰謝料，葬儀費用などがあります。

死亡に伴う逸失利益は，被害者が死亡時から就労可能年齢（一般的には67歳とされています）まで働いた場合に得られたであろう金額から，生活費として通常費消される分を控除して算定されます。この算定にあたっては，死亡時において被害者が現実に得ていた収入の額が基準とされるのが一般的です。

(ｴ) 弁護士報酬　　被害者が依頼した弁護士に支払う報酬についても，訴訟によって解決された場合には，賠償の対象となる損害と認められる傾向にあります。

(b) 賠償義務の範囲（賠償金額）の確定　　基本的には，加害者は，被害者に対し，上記(a)に従って算出された損害額の全額の賠償義務を負います。

しかし，次のような特別な事情がある場合には，加害者の賠償義務の範囲が縮小されることがあります。

(ｱ) 過失相殺　　当事者双方に過失が存在し，それが原因となって事故が発生した場合，当事者は，その過失割合に応じて，それぞれ相手方に生じた

損害を賠償すれば足ります。たとえば，上記のケースで，AとBの過失割合が6：4であれば，Aは，事故によってBに生じた損害の60％を賠償する義務を負い，かつ，これで足ります。Aにも損害が生じていれば，Bは，その損害の40％を賠償する義務を負います。

(ｲ) いわゆる「好意同乗」　事故によっては，加害車両に同乗していた者が受傷することがあります。この場合も，受傷した者は，加害者に対して損害の賠償を請求することができます。

しかし，中には，同乗者が運転者に乗車を無理強いしたとか，飲酒運転を勧めたなどの事情があるときがあります。このような事情のもとでは，事故によって発生した損害の全部を賠償させることは，加害者にとって酷にすぎ，公平ではないとも考えられます。そこで，このような場合には加害者の賠償義務の範囲を縮小すべきであるという考え方があります。これが「好意同乗」の理論です。

ただ，どのような事情があれば「好意同乗」とされるのか，また，どのような場合に賠償義務の範囲をどの程度縮小するのかについては，現在のところ確定した見解はありません。

(c) 消滅時効　被害者の加害者に対する損害賠償請求権も，一定の時間が経過すれば，時効によって消滅します。

債務不履行にもとづく場合は，時効期間は，権利を行使できる時から10年です（民法167条1項）。

不法行為にもとづく場合は，特に短期の時効期間が定められています。被害者が加害者を知ったときから3年，または，事故発生の時から20年です（民法724条）。

なお，いわゆる自賠責保険では，加害者の保険金請求権および被害者請求権の時効期間は，いずれも2年とされています（前者について自動車損害賠償保障法16条，後者について同法23条，商法663条）。

任意保険でも，加害者の保険金請求権の時効期間は，約款により2年とされるのが一般的です。

3 示談交渉その他紛争の解決方法

(1) 示談交渉とその相手方

示談交渉とは，損害賠償の金額，支払方法などについて，当事者間で話合いを行うことをいいます。

当事者同士が直接話し合うこともありますが，加害者が保険契約を締結している保険会社が，加害者に代わって話合いを行うこともあります。保険会社の担当者は，専門的知識を有し，これを「武器」に被害者の主張を排斥しようとしますので，これと対峙する被害者は，相当な準備が必要です。

(2) 裁判所が関与する手続

裁判所が関与する手続として代表的なものは，①訴訟と②民事調停です。

②は，裁判所内で行われ，裁判官や調停委員が，双方からそれぞれ主張を聞いた上で，その摺り合わせを行い，最終的には調停案を提示します。ただ，双方が同意してはじめて調停案が拘束力を生じる点で，示談交渉の延長線上にあるものといえます。費用も廉価で，専門的知識もさほど要求されません。また，第三者を関与させることで，無用な感情的対立の発生を防止する効果も期待できます。

(3) その他の紛争解決方法

交通事故の多発化に対応するとともに，悪質な示談屋の横行や交通事故に藉口した民事介入暴力を防止するために，裁判所以外にも，さまざまな相談窓口ないし紛争解決方法が設けられています。主なものを挙げれば，以下のとおりです。

(a) 財団法人日弁連交通事故相談センター 弁護士による交通事故専門の無料相談所です。電話による相談も受け付けています。相談内容は，民事関係に限られます。

面接相談が主ですが，ほかに，示談あっせん，弁護士の紹介，裁判費用や弁護士報酬の立替えなども行っています。

(b) 財団法人交通事故紛争処理センター 損害保険会社が中心となって設立された裁判所類似の紛争解決機関です。

第2編 Ⅱ 生　活

　嘱託弁護士を裁判官に見立てて，嘱託弁護士が，当事者双方から十分に主張を聞いた上で，裁定，和解のあっせん，審査などを行います。相手方が保険会社である場合には，かなり有効な紛争解決方法です。

（宗像　雄）

§9　不動産取引と紛争解決

　あなたが，仮にマイホームを買うことを決めたとしましょう。そうすると，あなたは，①不動産業者に行ったり，広告を見たりして適当な物件を探し，②適当な物件が見つかったら必要な調査を行い，また住宅ローンを組むなどして購入資金を調達した上で，③当該家屋につき売り主と売買契約を締結し，④その売買契約の履行として，代金の支払いと引替えに目的物の引渡しや移転登記をしてもらう，という流れに従って，マイホームを手に入れることになります。

　ところで，このような手続がスムーズにすすめば，何の問題もないのですが，この過程の中で，いろいろと紛争が発生してくることがあります。その紛争の解決の最終的なよりどころとなるのは法律，ことに民法です。

　そこで，以下では，売買の各段階ごとに，通常発生しやすいトラブルとその解決について考えつつ，不動産の売買とはどのようなものかについて，一緒に考えていくことにしましょう。ここでは，「不動産売買とはどのようなものか」というイメージを描いてみましょう。

[設　問]
(A)　X氏は，これからマイホーム建築のために土地を購入したいと思っています。どのようなことに気を付ければよいでしょうか。また，購入した後になって，不動産業者の説明と実際の物件の状況が全く違っていることに気づきました。どうすればよいでしょうか。
(B)　X氏は，建売住宅を購入しようとして物件を見て回っていたところ，気に入った物件が見つかったので，分譲業者に「申込証拠金」として10万円を支払いました。しかし，後日，他にもっと良い物件が見つかったため，

キャンセルをしたいと思いました。その際、この申込証拠金の返還を要求できるでしょうか。

(C) X氏は郊外に一戸建てを購入するために、自宅マンションを売却しようとしています。不動産業者の紹介でやって来た買い手は、X氏に対し「このマンションを是非買いたい」と言って買付証明書を差し入れましたが、後日になって売買をキャンセルしたいと言ってきました。

X氏は、既に売買が成立していることを主張できるでしょうか。

1　契約の締結まで（設問の(A)前段）

　不動産の売買においては、「(駅から徒歩5分、閑静な住宅街等の) 宣伝文句と、実際の土地が全く違う」「家が建てられない区域であるのに、そのことを知らないで買ってしまった」等というように、予定した物件と実際の物件の性状が異なるという紛争がしばしば生じます。

　もちろん、これらの紛争を、法律にもとづいて事後的に解決することも可能ですが、それには時間も手間もかかります。そこで、むしろ、売買契約締結以前に入念な調査・確認をしておくことによって、未然に紛争を予防することの方が大切です。

　具体的にいうと、買おうとする不動産が定まったら、最低限、以下の事項につき調査・確認をしておく必要があります。すなわち、①所有者の確認、②抵当権など完全な所有権を妨げる事柄の存否の確認、③都市計画法など公法上の制限の確認、④現状の確認です。

　もっとも、宅地建物取引業者（以下「宅建業者」といいます。要するに「不動産屋さん」のことです）に代理や売買のあっせんを頼んだ場合、宅建業者は、上記の①～③を含めた重要事項について、重要事項説明書という書面を交付して、資格のある宅地建物取引主任者をして説明させることが義務づけられています。

　したがって、不動産を購入する際には、信用のおける宅建業者から、納得のいくまで、これらの点につき説明を受けておくことが肝要です。

2 契約の締結(1)——「申込証拠金」とは何か

それでは，次に，設問(B)に入りましょう。X氏は，申込証拠金として支払った10万円の返還を請求できるでしょうか。

これは，そもそも「申込証拠金」とは何か，という問題から考えてみなければなりません。しかし，この点に関しては，民法には何らの規定も設けられてはいません。

申込証拠金の法的性格については，予約金と解する見解，違約手付（後述）と解する見解など，さまざまな見解の対立があります。しかし，一般的には，これを授受する当事者の目的は，「購入希望者が真実売買契約を締結する意思があることを確認すること」および「申込証拠金を差し入れた購入希望者について，他の購入希望者より優先的に交渉する地位を与えること」にあるということができます。

このような当事者の意思からすると，売買契約が締結にいたらなかった場合には，申込証拠金が交付された前記の目的はすでに消滅しているのであって，（特段の取決めがない限り）返還されるのが相当であるということになります（実際，建設省もそのように指導していますし，宅建業者の慣行としても，売買契約が成立しなかった場合には，申込証拠金は返却されるのが一般です）。

したがって，原則的には，X氏は，この返還を求めることができます。

3 契約の締結(2)——売買契約の成否

次に，設問(C)を見てみましょう。このような場合に，売り主であるX氏は，売買契約の締結を主張できるのでしょうか。

法律上，物の売買は，契約書のような書面を作らなくとも，売り手と買い手の意思表示が合致すれば，きちんと成立することになっています（民法176条参照）。そうすると，この法律上の原則に従えば，X氏は，契約の成立を主張して，代金の支払いを請求できることになりそうです。

しかしながら，不動産のように高額で，その取引も一般的に慎重に行われ

る売買については，真実売買をする意思があったのかを，明確にしておく要請が大きいといえます。また，不動産の売買には，細かい紛争がつきものですので，問題の起こりそうな点につき，あらかじめこれを明らかにしておくことが便宜です。

このようなことからすると，実際には——よほどの例外的な場合でない限り——不動産売買契約においては契約書を作る場合がほとんどです。また，このような実状を反映して，裁判所も，正式な契約書や手付の授受のような外形的・客観的な事実が存在しない限り，まず契約の締結があったことを認めません。

そうすると，先の設問(C)のような事案では，契約書を作っていないＸ氏は，売買契約の成立を主張立証することは，非常に困難ということになります（ちなみに，設問のように，正式な契約書の作成に先立って，『買付証明書』『売渡証明書』と題する書面が作られることがあります。しかし，これらの書面が取り交わされただけでは，売買契約は未だ成立していないとするのが一般です）。

ところで，売買契約書を作る目的は，「売買契約の締結をする意思表示を明確にすること」「紛争の起こりやすい事柄について，後日の紛争防止のために，予め定めておくこと」です。そうすると，契約書には，これらの２つに関連する事柄が記載されることになります。具体的には，①売買の対象となる物件の表示，②代金の額・支払方法，③目的物件の引渡しおよび登記を行う時期，④手付金の額とその目的，⑤契約解除に関する事項，⑥アフターサービスに関する事項，⑦公租公課に関する事項等について，記載されている必要があります。

そして，このような内容が記されていれば，書面の名前が「覚書き」「念書」等というものであっても，契約書として有効になります。

4 契約の締結(3)—— 手付の意味

先に契約書の項でも述べましたが，不動産の取引を行う場合，必ずといっ

てよいほど、「手付」の授受がなされます。ところで、この「手付」とは一体何でしょうか。これを定義づけるとすると「契約締結の際、当事者の一方から他方に対して交付する金銭その他の有価物」ということになりますが、その具体的な意味については、次の三種類があります。すなわち、

① 契約が成立した証拠となるもの（これを「証約手付」といいます）
② 契約を一方的に破棄したり、債務を履行しなかった場合に、ペナルティとしてその交付した金銭を相手方に没収されたり、その倍額を（手付を交付した者に）返却しなければならないというもの（これを「違約手付」といいます）
③ これは、手付金を放棄したり、受け取った手付金の倍額を相手方に返却することによって、一度締結した契約を解除できる、という性格のもの（「解約手付」といいます）

したがって、手付の授受があれば、少なくとも売買契約が締結されたことの証明になります。

ところで、具体的に交付したお金が、この内のどれに該当するのかが問題となることがあります。基本的には、実際の契約書の中で、明確に定められていれば、それに従いますが、とくに明確な定めがなければ、③の解約手付と解されています（民法557条）。そして、②の違約手付と契約によって定められていても、③の解約手付としての性格も有すると解するのが判例です。

しかし、契約書も作られない段階で、不動産の価額に比して著しく低額な金員が交付されたに過ぎない場合は、この金員の性格は、手付ではなくむしろ前述した申込証拠金と見る余地も出てきます。

5 売買契約の締結——売り主、買い主の義務

さて、これまでの経過にとくにトラブルもなく、順調に契約が成立したとしましょう。そうすると、契約成立の効果として、売り主には、①建物（あるいは土地）の引渡義務 ②移転登記をする義務、買い主には、代金の支払義務が生じてきます。

6 契約成立後の紛争

しかし，上記のように売買が成立したとしても，今度は

① 相手方が，契約の履行をしてくれない（たとえば，家屋を引き渡してくれない，代金を支払ってくれない等）

② 土地・建物が契約と異なり，不完全である（設問(A)後段）といったトラブルが生じてくることがあります。

このうち，まず①について見てみますと，まず，相手方が契約の履行（たとえば登記の移転）をしてくれなければ，あなたも自分の義務を履行する必要はありません（これを，「同時履行」といいます。民法533条に規定されています）。そして，目的物の引渡し，登記の移転，代金支払等については，裁判によって強制することができます。

それでは，次に「土地や建物が契約と異なって，不完全である場合」について見てみましょう。このような紛争の具体例としては，土地の場合には，「建ぺい率（建築面積――いわゆる『建坪』のことです――の敷地面積に対する割合のこと。都市環境保全の観点から，法律上の制限が設けられています）が契約の時の話と違っている」，建物の場合には，「建て売り住宅が不完全であった」等の事案が考えられます。

まず，「建ぺい率」について見てみましょう。このような問題性を，法律的には，「瑕疵(キズのことです)」というのですが，これは土地そのものに物理的に存在しているものではありませんので，法律上の問題といえます。そして，このような瑕疵は契約締結当時一見して明らかなものではありませんから，民法570条にいう「隠れたる瑕疵」がある場合として，買い主は売り主に対し，（瑕疵があることを知ったときから1年以内に）売買契約の解除，損害賠償の請求をすることができます（同様に，「建て売り住宅が不完全であった場合」にも，建物に「隠れたる瑕疵」があった場合ですから，民法570条によって解決を図ることになります。また，「土地の坪数が足りなかった場合」には民法565条，「土地の一部が売り主の所有でなかった場合」については，民法563条の規定によってそれぞれ解決をはかることになりま

§9　不動産取引と紛争解決

す)。

　このように見ていくと，不動産の取引においては，
① 　きちんと現地を確認したり，契約書を精査することによって，(法的な解決に訴えなくとも) 紛争を予防することができる場合が多い。
② 　また，紛争を予防することができず，法的な解決に訴えざるを得なくなった場合には，民法がその解決のよりどころとなることが多いが，民法に規定のない慣行や，民法上の原則と異なった取扱いが多く見られることから，これらについてとくに留意する必要がある，
という2点を指摘することができます。
　このうち，②の扱いは，取引の対象が不動産という，非常に価値の大きい，われわれの生活に重要な財産権であることからくるものです。
　換言すれば，社会・経済の必要に応じて，法は──「解釈」という形で──不断に変化し，再構成されていきます。したがって，紛争解決にあたって，当事者(あるいは裁判所)は，このような社会・経済的な要請をも踏まえた上で，具体的な法規範の内容を探り，それにもとづいて紛争を解決していくということになるのです。

(板澤幸雄)

第2編 Ⅱ 生　活

§10　建築と紛争解決

1　建築請負の法的意義
(1)　建築請負契約
　建物建築のための請負契約は，請負契約の中で最も重要なものであり，またその典型例でもあります。請負人が建物建築の完成することを約し，注文者がその建築の完成に対して報酬を与えることを約束することによって契約の効力を生ずる諾成不要式の契約です（民法632条）。

　小さな建物の建設から，通常の民家の建設，さらにはマンションや高層ビルの建設までその範囲は広く，その報酬も極めて高額になることがあります。このように，建築に関する請負契約は今日では，社会的にも重要な意義を持つものです。

　請負人も，個人的な大工等から上場企業の巨大な建設会社までさまざまなものがあり，また注文者も一般の個人から大企業や国家ないしは公共団体等巨大なものも生じています。

　このため，いったん建築に関する紛争が生じた場合は，その社会的な弊害も極めて大きなものになる可能性があります。建設業法はこのような観点から建設業者の登録制を実施するとともに，請負契約の規制をはかっています。

(2)　法律的性質
　(a)　建築請負の目的は建物の完成である。建物の完成と報酬とは対価関係にたちます。

　(b)　建物の完成に対して報酬が支払われるという意味で有償双務契約です。仕事の完成に必要な材料・労働力その他についての見込額に一定の利潤を加えて算出した総額を報酬（請負代金）とする定額請負と，概算額を定めるに留まる概算請負とがあります。概算請負の場合には，最高額の制限（請負人

の方でその額以上は請求しないという意味）と最低額の制限（注文者の方でその額は異議なく支払うという意味）または単なる概算額などがありえます。

なお，報酬は特約がない時は後払いであるが，特約で前払いとしても，数回に分けて支払う分割払いとしても差し支えありません。

(c) また建築請負契約は諾成不要式の契約です。建設業法は，建設工事の請負契約は一定の事項を「書面により明らかにしなければならない」と定めているが，これは請負契約を要式行為としたものではありません。当事者間の紛争を未然に防ごうとする趣旨にすぎないものです。

(d) 建築請負は，これを営業としてする時は商行為となります（営業的商行為）。実際はほとんどのものが商行為となっています。

(3) 請負人の義務

(a) 請負人は，適当な時期に建築工事に着手し，契約に定められた内容（たとえば，設計図）の仕事を完成する義務を負います。注文者は，仕事のやり方について指図をすることはできますが，その指図が不適当なものである時は請負人は注意を与える義務があります。請負人はこの義務を怠る時は，注文者の指図に従っただけでは，それに起因する建築の瑕疵については自己の責に帰すべきものとしての責任を免れません。請負人は建物建築についての専門的知識を持つものだからです。

完成した建物を注文者に引き渡すことも仕事完成の義務の中に含まれる。したがって完成された建物の引渡しと報酬の支払いとは，原則として同時履行の関係にたつものです。

(b) 完成した建物の所有権の帰属については，注文者が材料の全部または主要部分を供給した場合には，完成された建物の所有権は原始的に注文者に帰属します。

建築請負人が材料の全部または主要部分を調達する場合には，完成したものは，原則として請負人の所有に帰属し，引渡しによって注文者の所有に移ります。

(c) 下請負　請負人の債務は仕事を完成することであるからその完成に

必要な仕事をするための労務は自分で供給する必要はありません。これは雇用や委任と異なる点です。したがって建築請負の場合に，第三者に請け負わせることができ，これを下請負といいます。大きな建物の工事になればなるほど下請負が使われる場合が実際には多くなります。

(4) 危険負担

完成前に建築中の建物が滅失または毀損した場合に，その損失ないし報酬請求権はどのようになるのかという問題です。

(a) 建物の完成前　(i) 請負人の故意または過失による場合　請負人は新たに仕事を完成しなければ，それまでの報酬を請求することはできません。そのために仕事の完成が遅れた場合には，遅滞の責任を免れません，また，注文者は契約を解除することもできます。

(ii) 注文者の故意または過失による場合　請負人は仕事を完成すべき義務を負い，また報酬の増額を請求する権利は取得していません。しかし，注文者は損害賠償の義務を負います。そのために仕事の完成が遅れても請負人は遅滞の責任を負いません。

(iii) どちらの故意または過失にもよらない場合　請負人は仕事を完成すべき債務を免れず，それまでは報酬を請求することはできません。そのために仕事の完成が遅滞した場合でも遅滞の責任は負いません。

(b) 建物完成の後引渡しの前　原則として履行不能となり，請負人は再び建物を完成する債務は負いません。それは請負の性質上，仕事の完成を主要目的とし引渡しは従たるものに過ぎないからです。そうすると請負人は，その滅失毀損が自分の故意または過失にもとづく場合には債務不履行の責任を負い，注文者の故意または過失にもとづく場合には，注文者に対して損害の賠償を請求することができ，両当事者のいずれの故意または過失にももとづかない場合には請負人はそれまでの報酬額を請求することはできません。

(5) 請負人の瑕疵担保責任

(a) この請負人の瑕疵担保責任は無過失責任です。注文者は，請負人に対して相当の期限を定めてその瑕疵の修補請求することができます（民法634条

1項本文）。ただしその瑕疵が重要でない場合で，過分の費用を要する時は修補請求することはできません。その場合には損害賠償請求しかできないという意味です。

　また注文者は，引渡しを受ける際に，瑕疵の修補を請求して，修補されるまで請負代金の支払いを拒むことができます。また注文者は瑕疵の修補に代え，またはその修補と共に損害賠償を請求することもできます（民法634条2項）。この場合に注文者の損害賠償請求権と請負人の報酬請求権は，同時履行の関係に立ちます。

　他の請負契約と異なり，建物建築請負においては注文者は完成された建物に瑕疵があっても契約を解除することはできません。ただし建物完成前であれば契約を解除できる場合もあると考えられます。

　なお建物の瑕疵が注文者より供したる材料の性質または注文者の与えた指図によって生じた場合には，原則として担保責任を生ぜず，請負人がその材料または指図の不適当なことを知って告げなかった場合にだけ担保責任が生ずるとしています（民法636条）。

(b)　瑕疵担保責任の存続期間　　建物建築請負契約においては引渡しの時から原則として5年ですが，石造・土造・煉瓦造または金属造の建物瑕疵については10年です。

(6) 注文者または建築業者の破産

(a)　注文者の破産　　請負人または破産管財人は請負契約の解除をすることができます。請負人は，すでになした仕事の報酬および費用につき財団の配当に加入することができます。ただし損害賠償を請求することはできません（民法642条）。

(b)　請負人の破産　　破産管財人は，必要な材料を供して破産者（請負人）に仕事を完成させて報酬を請求することができます（破産法64条）。

　破産管財人は，仕事を完成させる意味がないと考える場合には，建築請負契約を解除することもできます。注文者の方から契約を解除することはできません。

2 建築紛争の解決方法

紛争解決の方法としては一般的な裁判手続による紛争解決と建築紛争に特有な建設工事紛争審査会による解決の2種があります。

(1) 裁判手続による紛争解決

建築紛争について，建設工事紛争審査会の斡旋，調停または仲裁によって解決する旨の仲裁契約がない場合には，裁判所での調停または訴訟によって解決することになります。

ここでいう調停は民事調停であり，話合いによる解決方法です。ここでお互いが譲歩せず話合いで解決することができない場合には，最終的に訴訟で白黒をつけることになります。建築紛争においては，調停前置主義が取られていませんので，民事調停手続を経由せずに直接裁判所に訴訟を起こしてもかまいません。

(2) 建設工事紛争審査会における斡旋・調停・仲裁

(a) 昭和31年の建設業法改正により建設工事紛争審査会が創設されました。この審査会の特色は，事件処理の簡易性，迅速性，専門性，法的効果の強化，公正さにあります。

審査会は，建設大臣あるいは都道府県知事の付属機関であり，自主性および公正さが特徴です。また斡旋・調停・仲裁のうち，仲裁の判断が裁判における確定判決と同じ効力を認めており，この意味で非常に強力なものとなっています。また弁護士等の法律専門家と共に建築士等建築技術の専門家が一緒になって解決に当たるので，専門的な事柄の心配は不要となっています。

なお裁判所における訴訟は公開となっていますが，民事調停手続および審査会の手続は非公開となっています。

(b) 建設工事紛争審査会には，中央建設工事紛争審査会と都道府県建設工事紛争審査会の2種類があります。前者は建設大臣の下に設置され，後者は各都道府県に設置されているもので，いずれも準司法的機関です。

(c) 斡旋　両当事者に対して話合いの機会を作り，言い分を公平に聞き，斡旋案を出し，合意が成立すれば和解協定書を作成し，合意が不成立の場合

§10 建築と紛争解決

は斡旋打ち切りとなります。

(d) 調停　斡旋と同じく，話合いによって円満に紛争の解決を図ろうとするものです。調停が成立した場合には和解協定書を作成しますが，裁判所における民事調停の調停調書と異なり，法的な執行力や強制力はありません。当事者が調停に合意できない場合には調停の打ち切りとなります。

(e) 仲裁　仲裁とは，紛争当事者両者の合意にもとづき，裁判所に代わる仲裁人の仲裁判断によって建築紛争を解決する制度です。斡旋調停と異なり，仲裁判断には裁判における確定判決と同一の強い効力が与えられています。

仲裁では，斡旋・調停と異なり，証人尋問や鑑定人の尋問を行うことができ，また建築現場を調査すること等によって事実関係を正確に把握することができます。ただし仲裁の申請をするためには，両当事者間の合意，すなわち仲裁契約が存在することが必要です。

いわゆる四会連合協定の工事請負契約書においては，斡旋・調停の条項はありますが，仲裁については，別途仲裁合意書の締結が必要となっています。

仲裁条項のある場合には，裁判所における紛争解決を除外することになりますが，正確な意味での紛争解決という点では最終的に裁判所における証拠調を行った上で事実認定がなされることの必要性も無視できず，いずれがよいかはなかなか難しい問題といえるでしょう。

3　紛争解決の実際（その１）

建物建築工事の定額請負において，敷地の地盤が軟弱であったため，基礎工事費が当初の見積より嵩んだことを理由として，その増加分相当の代金を請求することができるでしょうか。

(1) ここでは始めに定額請負の意味を明確にすることが必要です。

仕事の完成に必要な材料・労働力その他についての見込額に一定の利潤を加えて算出した総額を請負代金とする請負契約を定額請負契約といいます。この場合には請負人は，実際の費用が見込額以上かかったとしても増額分を

請求できず，また逆に実際の費用が見込額以下で済んだ場合でも減額分を返還する必要がないのが原則です。

　しかし，実際の費用と見込額との食違いが当事者の予想することのできない異常な事態に起因し，当初の報酬額を維持することが契約当事者間の信義公平に反すると認められる場合には，例外的に請負人は報酬額の増額を請求することができるとするのが一般的な考え方です。

　(2)　実際の裁判例（東京高判昭和59年3月29日判例時報1115号99頁）では，次のような事実認定を前提として，建築請負人からの増加分相当の代金請求を棄却しています。

　①　請負人は，見積の段階で敷地の土質調査をしておらず，専門知識を有する建築業者であり，土質のいかんによっては基礎工事費用が増加することも予想可能であること。

　②　本件建物の設計を行った業者は，本件では請負人の履行補助者として設計を行っていること。

　③　本件請負契約の基礎となった契約書添付の設計図から後に設計変更されているが，注文者は右設計変更の必要性を契約締結時には知らなかったこと。

　④　契約締結までの交渉の過程を通じて，請負人は契約で定められた代金額以上の出費をすることが注文者にとって重大な事柄であることを知っていたはずなのに，基礎工事費用が増加することが判明した段階（未だ基礎工事に着手していない）でこれを注文者に通知せず，注文者をして工事を続行するかどうかの選択の機会を与えないまま工事を続行してしまったこと。

　⑤　しかも，工事完成後，請負代金残額の支払いを受ける際にも右残額を受け取り，その後に至って追加工事費用として右増加分に相当する代金を請求したこと。

　このような事実関係においては，上記の基礎工事の仕様変更に伴い生じた費用の増加分は，定額請負の場合における注文者の負担する著しい事情変更にもとづく出費には当たらないと解されるわけです。

4　紛争解決の実際（その２）

　追加工事において報酬額の定めのない場合に報酬額を請求しうるかという問題があります。当事者間に協議が不調である場合にはどうでしょうか。

　この場合に注文者に支払い義務が発生しないものではなく，客観的に相当と認められる金額を請負報酬額として請求することができます（東京地判昭和48年7月16日判例時報726号63頁，東京高判昭和56年1月29日判例時報995号49頁）。

（上田太郎）

第2編 Ⅱ 生　　活

§11　インターネットと紛争解決

　現在，自宅のパソコンを利用して，他人と電子メールを送受信し，即時に情報交換したり，インターネット上に開設されているホームページにアクセスして，物品を購入したり，自らホームページを開設して全世界に情報発信することが可能となっています。

　インターネットは，そもそも，アメリカ国防省のネットワークと他のネットワークを接続し，軍事的通信網を分散するという目的から出発しましたが，その後，商業サービスにも利用されるようになり，平成11年度では，全世界に1億6,000万人の利用者がいるとされ，日本でも1,700万人以上の利用者がいます。利用者の爆発的増加は，パソコンを取り巻く，ハードウエアの技術的進歩や，通信用の共通の規格の確立などが，基礎となっていますが，なんといってもその即時性，簡易性，国際性などの利便性にもとづくものでしょう。

　そして，利用者の増加に伴い，インターネットにまつわる紛争も多く生じるようになっています。インターネットにまつわる主な紛争は，ドメインをめぐる紛争，不正アクセス，プライバシー，名誉権，著作権侵害，詐欺などがあります。これらの紛争については，総合的な紛争解決の機関や制度はなく，個別的な問題ごとに対処せざるをえないのが現状です。

1　ドメインについて
(1)　ドメインの説明

　まず，インターネットでは，TCP/IPという通信用言語を用いることにより世界中のコンピュータを有機的に結合し，相互に情報の送受信が可能になようにネットワークを形成しています。そして，TCP/IPをもちいたネット

§11 インターネットと紛争解決

ワーク上では，個々のコンピュータを個別的に認識する識別子として，IPアドレスというものが用いられています。

IPアドレスは，NIC（Network Information Center）が世界的に一元管理し，日本ではJPNICという組織が割り当て業務などを行っています。IPアドレスは2進法による32桁の数字で現わされますが，このIPアドレスを文字に置き換えたものをドメインと呼んでいます。ドメインは，世界中に1つしかない，いわば，パソコンの住所です。インターネットの利用，とりわけ，ホームページの開設に際しては，ドメインを各国のNICに申請して世界に1つしかないドメインを取得することが必要になります。

(2) ドメインをめぐる紛争

そして，従来，このドメインの取得は，早い者勝ちであり，各国のNICに申請した順に好みのアドレスが取得できました。したがって，先行する者が既に，自分が希望するアドレスを取得していると，後で申請しようとする者はそのアドレスを取得できず，変更しなければならないという事態が生ずることになります。そのため，企業の名称を冠したドメインが高額で売買されたり，ドメインの売買を目的としたドメインの申請が行われるという事態が生じていました。

この点，従来から，商標を有する企業や，著名な名称の個人が希望するドメインを取得できないのは，おかしいことから，日本では，不正競争防止法ないし商標法の解釈として，一定の場合には，先行するドメイン取得者に対して，ドメインの変更を請求できるという立場もあり，最近（富山地判平成12年12月6日判例事報1734号3頁），ドメイン名をめぐる紛争について，下級審の判断ではありますが，法的判断がはじめて下されました。これは，他の会社の商標と同じ表記をしたドメインについて，「金銭を取得する目的でドメイン名を登録したなど」として，不正競争行為に該当するものとして，差止め請求を認めたものです。

アメリカでは，平成11年に，商標権を侵害するドメインの取消請求権を定めた「反サイバー・スクワッティング消費者保護法」が制定されています。

しかし，裁判手続は時間と費用がかかるうえ，全世界的に裁判や立法により解決がはかれるという状況ではありません。この点，ドメインをめぐる紛争については，世界知的所有権機関が仲裁センターを設置し，紛争解決をはかることとなりました。

世界知的所有権機関の仲裁センターによる最近の事案では，女優のジュリアロバーツが「juliaroberts.com」のドメインについて，権利が帰属すると判断されたものや，トヨタ自動車が，「itoyota.com」，および「itoyotas.com」について同社への移転について裁定された事案があり，逆に，日本航空が「JAL.com」のドメインについて敗訴した事案があります。

(3) 日本の事情

日本でも，JPNIC（社団法人日本ネットワークインフォメーションセンター）と工業所有権仲裁センターが末尾にjpがつくドメイン名をめぐる紛争処理について，jpドメイン名紛争処理機関の仲裁制度に従い処理する制度が，2000年11月10日より実施されました。

これによると，他社の会社名や商標をドメイン名として登録し，高額で転売をはかったり，類似ドメインでユーザーの混同を招くなどの不正な登録，使用で権利を侵害された企業が，仲裁センターに対して申立てを行い，これを仲裁センターが審査し，14日以内に裁定を下します。JPNICは，仲裁センターにより，移転または取消との裁定が下った場合には，そのドメイン名登録者がこれを不服として裁定の通知後10日（営業日）以内に管轄裁判所に出訴した場合を除いて，その裁定結果にもとづいて，申立人への登録の移転または登録の取消を行います。登録が不正と裁定された場合には，JPNICがドメイン名を削除します。申立ての理由がないとの裁定が下った場合には，その登録が維持されることになります。

この制度は，不服であれば，本訴訟に移行することになるので，紛争の最終的解決方法ではありませんが，訴訟に移行しなければ，短期間にドメインに関する紛争が解決されることになります。

2 ハッカー（クラッカー）

(1) 不正アクセス禁止法の制定

　ハッカーは，本来は「切りきざむ人」という意味の言葉ですが，多くの場合コンピュータへの不法侵入者という意味でつかわれています。

　コンピュータへの不法侵入は，実際に，大学や国の施設や企業に対して多く行われており，社会問題化しています。また，大学や企業だけではなく個人使用の自宅のパソコン内に不正アクセスされたり，自宅のパソコンを踏み台として，他のパソコンに侵入するという事件も生じています。

　そこで，平成11年8月ハッカーに対する対策として，不正アクセス行為の禁止等に関する法律（不正アクセス禁止法）が制定され，平成12年2月13日から施行されました。この法律では，他人の利用者識別符号（ID，パスワード）を無断で使ってコンピュータ・ネットワークに不正アクセスする行為および他人のIDやパスワードを無断で提供することを禁止し，違反者には懲役ないし罰金が科されることになります（不正アクセス禁止法8条・9条）。対象となるのは，電気通信回線と接続し，ID，パスワードで利用者を制限するアクセス制御機能があるコンピュータです。公衆回線と接続している企業や官公庁などの事業用だけでなく，専用回線と接続している個人用も含まれます。従来は，IDやパスワードをぬすんで他人のコンピュータに侵入しても，業務妨害などの行為がなければ犯罪になりませんでしたが，同法により，侵入行為自体を禁止したのです。

(2) ハイテク犯罪対策センター等の設置

　警視庁は平成12年10日にはにコンピュータ犯罪対策や取締りの拠点となる「ハイテク犯罪対策センター」を発足させました。センターにはハイテク犯罪の被害相談を受け付ける専用電話（03‐3431‐8109）も新設されました。

　また1996年8月8日に通産省よりコンピュータ不正アクセス対策基準が告示され，その中で，コンピュータ不正アクセスを発見した者，またはユーザーからその発生の連絡を受けた者が被害の拡大と再発を防ぐために必要な情報を届け出る唯一の公的機関として，情報処理振興事業協会 IPA(Information-technology Promotion Agency) が指定されました。IPA では，コンピュータ不正アクセスによる被害の届出受理，被害届出情報の公表，相談対応を開始し，併せてコンピュータ不正アクセスに関する調査研究，研究開発，普及啓発を行っています。

したがって，不正アクセスを受けたと思ったら，IPA や警視庁ハイテク犯罪対策センター等に相談を行い，必要があれば，証拠を添えて，刑事告発を行い，捜査機関による刑事処分により解決をはかるべきでしょう。

3 詐欺事件
(1) 詐欺被害

インターネットを利用した物品販売やオークションその他により，物が送られてこないとか，代金が払われないという事案はたいへん多くみられます。通信販売などにおける詐欺自体は，古典的紛争ですが，ネットを利用することにより，容易に行われるようになりました。

詐欺事件は，インターネットの世界が，バーチャルな世界であり，当事者自体の実在や同一性，商品の存在などが，容易に仮想できることから生じたものです。当事者の問題に限ってみても，なりすまし，雲隠れ，すっとぼけといわれる問題に対処するには，取引当事者の本人の同一性確認手段が重要となります。このため，同一性を確認する手段として，電子認証制度が新設されました。

(2) 電子認証制度

電子認証制度とは電子商取引や電子認証において，契約等を結ぼうとしている相手方は本当に申告どおりの本人であるのかまたは，申告どおりの会社であるかどうかを確認するための制度であり，相手方と接してする契約の場合と比較して本人確認の手段が少ない電子取引において有用な制度です。

現在，実用化されている認証局としては米国のベイサリアン社などがあります（日本においては日本ベイサリアン社があります）。ただし，現在では，未だ同一性確認の手段というよりは，電子メールの暗号送信の技術として用

§11 インターネットと紛争解決

いられているようです。

なお,平成12年10月10日より商業登記に基礎を置く電子認証制度の運用が開始されました。

この制度は,もっぱら法人を対象としていますが,インターネットを利用した電子商取引において幅広い利用が期待されます。

(3) その他の手段

電子認証の制度は,まだまだ開始されたばかりであり,利用者もそう多くはないし,相手の同一性は,保障されるとしても,雲隠れ等の被害は防止できません。そこで,詐欺にひっかからないようにするためには,そもそも,信用できる相手としか取引をしないことでしょう。仮に取引する場合には代金引換の制度の利用や,第三者預託機関の利用,クレジットを利用する場合には,クレジット会社へクレームを申し立てて,解決をはかるなどを検討すべきです。

また,国民生活センターの利用により解決する紛争もあります。国民生活センターによれば,メールによる相談は行っていませんが,電話や文書,あるいは各地の消費生活センターに赴くことにより消費者トラブルをめぐる紛争について専門の相談員が受け付け,公平な立場で相談の処理にあたっています。

4 ダイヤルQ^2 国際電話のトラブルの実体

インターネットでいろいろなホームページを見ているうち知らない間に,ダイヤルQ^2や国際電話につながり,意識しない法外なアクセス料が要求されるトラブルもあります。これは接続先を自動的に変更するソフトの取込みが原因です。

ダイヤルQ^2や国際電話は,電話回線を利用したダイヤルアップ方式のインターネット利用者特有の問題ですが,利用者に利用するという認識がなければ,無効であり,代金支払いの必要性はないと考えられますが,そのパソコンからアクセスしたことが明らかな場合,認識がなかったのかどうかの判

定は難しく，事後的な争いになるとなかなか解決しないようです。

そこで，事前にトラブルにならないよう，不用意にソフトのダウンロードをしない，画面の表示を理解しないまま「OKボタン」などをクリックしない，ダイヤルQ^2の利用規制の申込みや，国際電話回線の利用休止の申込みをする，などの対策をとるべきでしょう。また，意に反してダイヤルQ^2を利用したことになっていた場合，NTT地域会社に情報料の回収代行の取りやめ措置を求めることができます。申込先は「ダイヤルQ^2ホットライン」……0120-409-901です。

5 その他の紛争（名誉毀損，プライバシー，著作権侵害等）
(1) その他の紛争の内容

ドメインや不正アクセス以外に，インターネット上では，名誉毀損的内容のホームページの開設，掲示板，住所氏名，電話番号等の個人情報の流出，他人の著作物の盗用，など生じています。これらは，インターネット特有の問題ではありませんが，インターネットを利用した情報発信が容易であることや生じたものと考えられますが，現在のところ，特別な制度はなく，裁判手続等を利用して解決をはかることが必要になります。

(2) 裁判手続の利用

プライバシーや名誉権，著作権侵害の場合刑事事件として告訴を行ったり，民事事件として損害賠償請求や差止め請求をすることが可能な場合があります。これらの場合，相手方が判明していれば，問題ないが，相手方が判明しない場合，前述のIPAや，ハイテク犯罪対策センター等に相談して相手方を特定する必要があります。

(3) 人権擁護機関等の設置検討

インターネットに限らず，名誉毀損，プライバシー侵害等の人権侵害については，新しい，強制調査権限を持つ救済組織や，インターネット上に掲示される人権侵害や著作権侵害など，違法，有害情報をインターネットプロバイダーが削除できる要件を定める法律案が検討されています。この法案中に，

一定の要件を定め，発信者情報の開示も求めることや，苦情処理のための専門機関の設置も検討されています。これらの機関が設置されれば，この機関を利用して，インターネット上でのプライバシー侵害等に対処することが考えられます。

　インターネットの世界は，便利で魅力的ではありますが，実社会と同様，あるいは，それ以上の危険性を有しており，現在発生している以外にも多様な種類の紛争が生じると思われます。
　そして，インターネット上の紛争については，法的な保護なり，救済制度の新設等も徐々に行われていますが，この世界は，技術の進歩が早く，どうしても規制や保護は，後手後手になってしまうのです。また，国境を超えた国際的なトラブルも生じ，現在の国際情勢の下では，グローバルな紛争解決機関の設置は困難な状況です。
　そこで，実社会よりも危険であるということをよく認識して，リスクを意識した自己責任の原則により，インターネットを利用することが望まれます。紛争解決制度の確立とともに，インターネットの利用方法を啓蒙することが重要でしょう。
　一般的には，インターネットを利用する上で，住所，氏名等の個人情報や，電子メールアドレス，ID，パスワードを不用意に開示しない，通信記録等証拠となるものを保存し，捜査機関や，消費者センター等に相談する，ダウンロードしたファイルや添付ファイルにはウィルスチェックを行う，インターネット上での取引や懸賞やモニターに応募する際には，信頼できる相手かどうかの確認を行うなどの注意が必要となります。

（秋山知文）

第2編 Ⅱ 生　活

§12　セクシュアルハラスメント・ストーカーと紛争解決

　AはB会社に入社したての女性（22歳）ですが，その課のコンパでAの上司で妻子のあるC課長はAを隣の席に座らせ肩を寄せたり，酒のお酌をさせたりしている。そしてCはAの家の前の暗闇で，Aの帰宅を待ち伏せし，Aに交際を申し込んだ。Aが拒否したところ，その後毎晩深夜に無言電話がかかってくる。Aはこの無言電話に対して恐怖をいだきノイローゼ気味になってしまった。この場合にAはどのようにすればよいのでしょうか。これが，Aが男性，Cが女性だったらどうでしょうか。

1　セクシュアルハラスメントと紛争解決

　セクシュアルハラスメント（以下セクハラ）という言葉は，英語の「sexual harassment」のことであり，一般的に「相手方の意に反して行われる性的嫌がらせ」と訳されます。この言葉がわが国でよく使われるようになったのが1980年代の後半からで，セクハラは一般に職場，学校（とくに大学，研究機関等）において問題となっていて，特に学校等におけるセクハラは，スクールハラスメント，キャンパスハラスメントあるいはアカデミックハラスメント（アカハラ）などと称されています。

(1)　セクハラの法的規制

　セクハラに関する法的規制は，いわゆる男女雇用機会均等法（正確には「雇用の分野における男女の均等な機会及び待遇の確保等に関する法律」，以下均等法）の改正で，平成11年4月1日から事業主にセクハラ防止の配慮義務を課し，事業主が配慮すべき事項の指針が定められました。事業主は職場の性的な言動に対する女性労働者の対応によって，その女性労働者が労働条件につき不利益を受けたり，セクハラにより女性労働者の就業環境が害され

ないように必要な配慮をしなければならないことになりました。前者を対価型（代償型）セクハラといい，後者を環境型セクハラといいます。前者の例として，性的な関係を要求されたが拒否したため解雇される，性的な発言に対して抗議したことに対して降格等をして女性労働者に不利益を与えること等があり，後者の例として，身体に接触したり，性的にふしだらであるとの噂を流す等の発言をしたり，職場にヌードポスターを掲示する等により女性労働者がそれを苦痛に感じて就業意欲を低下させたり，業務に専念できなくなる等の支障を生じさせること等があります。

　また，「職場」とは通常就業している場所以外でも業務を遂行する場所は職場とされ，たとえば，取引先の事務所や仕事上の打ち合わせのために利用する喫茶店等もこれに含まれます。また勤務時間外の宴会等であっても実質上職務の延長と考えられるものは職場と判断されますし，「性的な言動」とは性的な関係の強要，身体への接触，食事等への執拗な誘い，わいせつな発言，わいせつなポスターの掲示等をいいます。さらに，事業主が雇用管理上配慮すべきであるのに配慮義務等を怠っている場合などは，厚生労働大臣または権限を委任された都道府県労働局長は事業主に対して報告を求め，助言・指導・勧告をすることができます。

　なお，セクハラ防止についての配慮義務等は地方公務員に対しても適用がありますが，国家公務員等（一般職の国家公務員，裁判所職員，国会職員，自衛隊員）に対しては適用がなく，別に人事院規則10—10「セクシュアル・ハラスメントの防止等」に均等法とほぼ同様の内容の規制が定められています。均等法は女性に対するセクハラ行為を規制しているのに対して，人事院規則はそれに限らず，女性から男性そして同性間のセクハラ行為も規制しています。

　また，学校（とくに大学・研究機関等）のセクハラを規制するために，文部省（現・文部科学省）は文部省および国立学校等を対象に文部省訓令第4号として「文部省におけるセクシュアル・ハラスメントの防止等に関する規程」を定めました。この訓令ではセクハラが教員・事務員等の職員から職員，

学生等，関係者（たとえば学生の保護者）に行われる場合だけではなく，反対に学生等，関係者から教員，事務員等の職員に対して行われる場合も対象としていることが特徴的です。もちろん，私立学校，私立大学においてもこの趣旨を踏まえてセクハラの防止等に積極的に取り組んでいるところが多数に及んでいます。これらの規制は，どれも均等法と同じく平成11年4月1日から施行・実施されています。

(2) セクハラに対する法的救済

セクハラに関する均等法等は，あくまでも事業主に対してセクハラ防止についての配慮義務を課すもので，セクハラを直接禁止し，あるいは違法とする法律はまだ制定されていません。現実にセクハラが行われた場合の被害者を救済するための法的手段としては，刑事上のものと民事上のものに分けることができます。

刑事上のものとして，そのセクハラが強制わいせつ罪（刑法176条），暴行罪（同法208条），脅迫罪（同法222条），名誉毀損罪（同法230条），侮辱罪（同法231条）等に該当する場合はこれらの刑法上の犯罪として処罰することができ，民事上の責任として，被害者は加害者に対して不法行為にもとづく損害賠償を求めることができます（民法709条）。この場合，保護される法的利益として「働きやすい職場環境の中で働く利益」（福岡地判平成4年4月16日判例タイムズ783号60頁）や「人格権」（大阪地判平成7年8月29日判例タイムズ893号203頁）などが裁判上認められています。また，被害者はセクハラを行った者と並んでその者を雇用する使用者である会社の責任も求めることができ，この場合多くの裁判例は会社に対する使用者責任（同法715条，また，セクハラを行った者が代表者の場合は同法44条）をその根拠としています。なお，これとは別に労働契約上，雇用主に職場を働きやすい環境に保つよう配慮する義務違反を根拠として債務不履行責任（同法415条）を認めた判例もあります。また損害賠償の額は，精神的苦痛に対する慰謝料として現在までのところ低いもので数十万円，高いもので700万円台です。平均すると百数十万円台になります。

2 ストーカーと紛争解決

ストーカーという言葉は、もともとは英語の「stalk」すなわち「（獲物・人などに）忍び寄る、こっそり追跡する」という言葉から生じた「忍び寄ることや、ひそかな追跡をする者」という意味ですが、一般的には相手方が不安を覚えるような態様で待ち伏せ、監視、つきまとい等をする者という意味で用いられていて、その行為自体を「stalking」といいます。

(1) ストーカーの実態

ストーカーによる犯罪としては、平成11年10月の埼玉県桶川市で女子大生が刺殺された事件、平成12年8月の茨城県で以前の交際相手にストーカー行為を繰り返されたうえ女性が刺殺された事件等が多数発生しています。

警察庁の調査によると、全国の警察に寄せられたストーカー行為に関する相談は平成10年は6,032件、平成11年は8,021件、平成12年は2万件を超えたといわれています。

では、実際にどのようなストーカー行為の被害が問題となっているか等についてみると、ある調査では被害者は女性が約83％、男性が約17％となっています。被害の内容としては、「つきまとい」、「無言電話・ファックス」、「待ち伏せ」、「面会・交際の要求」の順となっており、その他では住居侵入、郵便物の盗難・開封、墓石の破損等があります。さらに、相手方との関係は、知人・友人、元交際相手、勤務先関係者、同級生等の面識がある場合が大多数を占めています。

(2) ストーカーに対する法的救済

このようなストーカー行為に対してどのような法的救済手段が可能であるかについては、たとえば、犯罪として明白なものは、殺人罪（刑法199条）、脅迫罪（同法222条）、強要罪（同法223条）等の刑法上の犯罪として処罰することができますが、単なる「つきまとい」、「待ち伏せ」等は場合によっては軽犯罪法1条28号の追随等の罪の「……不安もしくは迷惑を覚えさせるような仕方で他人につきまとった者」で、また住居内を直接あるいは、カメラ・ビデオ等で覗き見られた場合あるいは盗写等がなされた場合は、同法23号の盗

第2編 Ⅱ 生　　活

視の罪で「……人の住居，浴場，……人が通常衣服をつけないでいるような場所をひそかにのぞき見た者」として刑罰を科すことが可能です。しかし軽犯罪法は反復・継続されるストーカー行為を念頭において立法されていないということと，たとえ類似の行為があったとしても罪刑法定主義の原則からすると刑罰を科すことができない場合も多く，さらに，たとえこの法律により刑罰が科せられたとしても，拘留（1日以上30日未満の期間，拘留場に拘置される刑罰）または科料（1000円以上1万円未満の金銭を支払う刑罰）という刑法上最も軽い罪となっているため，ストーカーに対してどれだけの効果があるか疑わしいといえます。

　ストーカー犯罪の問題はわが国だけではありません。アメリカでは，1989年に女優がストーカーに射殺された事件を契機として，1990年にカリフォルニア州において初めてストーカーを対象とする法律が制定され，現在では，すべての州でストーカー行為に対する法律が制定されています。

　またイギリスでも，1997年に The Protection from Harassment Act 1997（わが国では「ストーカー法」あるいは「ストーキング防止法」と訳されていますが，ストーカー以外にも人種的虐待者等も含んだより広い者を対象としています）が制定され「何人も，他人に嫌がらせを被らせるもので，かつ他人の嫌がらせになることを知っているか又は当然知っているべきであるという一連の行為」を禁止し，これに違反した場合は最高で5年の拘禁（imprisonment）もしくは無制限の罰金，またはその両方が科せられ，場合によっては民事的救済として被害者に損害賠償が認められたり，違反行為に対して差止命令が出されることもあります。なお，下記のわが国のストーカー行為等を規制する法律は，このイギリス法をモデルにしたといわれています。

　わが国では，「ストーカー行為等の規制等に関する法律」が平成12年11月24日から施行されています。

　この法律は「ストーカー行為を処罰する等……必要な規制を行う……ことにより個人の身体，自由及び名誉に対する危害の発生を防止し，あわせて国民の生活の安全と平穏に資すること」を目的とし，これまで曖昧であったス

§12 セクシュアルハラスメント・ストーカーと紛争解決

トーカー行為について「つきまとい等」の行為を同一の者に対して反復して行うことを「ストーカー行為」と定義し，つきまとい等の行為とは，①つきまとい，待ち伏せ，見張り等をすること，②行動を監視していると思わせるような事項を告げること等，③面会・交際等を要求すること，④著しく粗野または乱暴な言動をすること，⑤無言電話・連続してファックス等をすること，⑥汚物・動物の死体等を送付等すること，⑦名誉を害する事項を告げること等，⑧性的羞恥心を害する事項を告げること等，またはそのような文書・図面等を送付する等，と定めていますが，これらは，あくまでも「特定の者に対する恋愛感情その他の行為の感情またはそれが満たされなかったことに対する怨恨の感情を充足する目的」でなされる必要があり，たとえば，取材活動，労働運動等の場合は対象とならず，またここでいう「特定の者」とは恋愛感情等の対象となっている者のみならず，その者の配偶者，親族，あるいは社会生活において密接な関係がある者をいい，「反復する」とは，つきまとい等の行為を2回以上繰り返すことをいいます。

次に，このような行為に対してどのような規制が定められているかというと，まず，ストーカー行為の被害者から被害を自ら防止するための援助を受けたい旨の申し出がある場合には，警察署長等は必要な援助をします。また，警察は被害者からの申し出に応じて行為者に「警告」をすることができ，警告を受けた者がそれに従わずにストーカー行為をし，さらにそれを反復するおそれがある場合は，公安委員会が行為者から聴聞を行い「禁止命令」を出します。また，緊急の場合に警察は，聴聞等を行わないで「仮の命令」をすることができます（その効力は15日）。もちろん，ストーカー行為に対して警告等のステップを踏むことなく直接犯罪として取り締まることも可能です。ストーカー行為をした者は6カ月以下の懲役または50万円以下の罰金という罰則が定められていますが，これは親告罪とされています。加えて，一定の禁止命令等に違反してストーカー行為をした者は，1年以下の懲役または100万円以下の罰金が科せられます。

（櫻本正樹）

第2編 Ⅱ 生　活

§13　借地，借家と紛争解決

　Aは，Bに対してアパートの1室を，期間2年間，賃料1カ月10万円として賃貸しました。Bは，最初の数カ月は賃料をきちんと払っていましたが，その後は，賃料を払ってくれません。Aは，賃料を払わないBにアパートから退去して欲しいと思っているのですが，Bは退去しないので，AとBの間に紛争が起こっています。この紛争は法律上どのような方法で解決されるのでしょうか。

1　契約解除と話合いによる解決

　この場合のAとBの間には，賃貸借契約が成立しており，AはBに対してアパートの1室を貸す義務を負い，BはAに対して賃料を支払う義務を負っています。

　しかし，Bが賃借人の義務である賃料の支払いをしないというのですから，Aとしては，賃料を払ってくれないBにアパートから退去してもらい，きちんと賃料を払ってくれる他の人に貸したいと考えるでしょう。

　そのためには，まずAとしては，Bに対し，賃料の支払いを催促し，もしBが依然として賃料を払ってくれない場合には，Bとの間のアパートの賃貸借契約を解除することが必要となります。このような場合の契約解除のためには，まずは，履行をしない相手方に対して相当の期間を定めて履行の催告をしなければなりません（民法541条）。

　この催告は通常，相手方に対し，〇月〇日までに賃料を支払って下さいという趣旨の内容証明郵便を送る方法で行います。「相当の期間」とは，実務上，10日ないし2週間程度の期間を設けるのが普通です。もし，この郵便を受け取ったBが，従前の態度を改めて，その期間内に未払いの賃料をすべて

§13 借地, 借家と紛争解決

支払えば, AとBの賃料未払いをめぐる紛争は一応解決することになります。

また, Bが賃料について, Aとの話合いで解決したいと希望し, Aもそれに応じて, 両者間での話合いの機会が設けられることもあります。この場で, 両者間に一定の合意ができれば, 両者間の裁判外の和解が成立し, 紛争が解決されることになります。このようなケースでは, 当事者間の合意内容を明確にするために, 賃料支払いの和解契約について公正証書を作成する場合もあります。

このような意味で, 相手方に対する内容証明郵便は, 解除の要件である催告の効果とともに, 相手方に紛争解決のための交渉の窓口を提供する効果もあるといえるでしょう。

2 紛争解決機関の利用——調停

では, 賃料の催告に関する内容証明郵便を受け取ったBが, その後も賃料の不払いを続けた場合には, どのような方法で紛争が解決されるのでしょうか。

当事者間で自主的に解決できないのであれば, 第三者である紛争解決機関にその解決を委ねる方法が考えられます。Aとしては, 民間の紛争解決機関に相談してBとの紛争解決を依頼することもできますが, その解決には強制力がありません。強制力のある解決を求めるのであれば, 裁判所の力を借りるしかありません。

裁判所を利用する方法として, まずAは, Bを相手方として, 紛争の目的である不動産の所在地を管轄する簡易裁判所等に民事調停の申立てをすることが考えられます。この種の調停は, 宅地建物調停事件として扱われます(民事調停法24条)。

調停制度は, 裁判官と調停委員で組織される調停委員会が, 両当事者の意見を聞いたり, 証拠となる書類を検討したりして, 当事者間での合意による条理にかない実情に即した解決をはかることを目的とする制度です。宅地建物調停事件を担当する調停委員は, 経験豊富な弁護士や, 不動産の専門家で

ある不動産鑑定士等で構成されることが多いようです。

　AがBの住むアパートの所在地を管轄する簡易裁判所に、Bを相手方として民事調停の申立てをしてそれが受理されると、調停期日が指定され、裁判所からBに対し、Aから調停の申立てがありましたので、○月○日午後○時に裁判所に来て下さいという内容の呼出状が送られます。

　調停期日には、調停委員会がA、Bそれぞれの意見を聞いて、理にかなった妥当な解決のために両者を説得し、あるいは解決案を提示するなどして両者間での合意を目指します。

　両者間で一定の合意ができると、その内容を調停調書に記載して調停成立となります。

　調停調書の記載は、確定判決と同一の効力がありますので、これに対して不服申立てはできません。しかし、調停手続はあくまで当事者間での合意が基本となりますから、どうしても当事者間の合意ができない場合や、一方当事者が調停期日に出頭しないというような場合には、調停不成立として、原則として調停手続は終了します（同法14条）。

3　紛争解決機関の利用——裁判

　当事者間でこのような話合いによる解決できないのであれば、Aとしては、Bに対し強制的にアパートを明け渡させる手続を取るしかありません。

　そこで、Aは、Bを被告として、建物明渡しの民事訴訟を管轄のある地方裁判所または簡易裁判所に起こすことができます。

　原告Aの訴状が裁判所に提出され、それが受理されますと、裁判所から第1回口頭弁論期日が指定されます。すると、被告BにもAの訴状のコピーと期日の呼出状が送付されます。その期日までにBは、Aの訴えの内容を検討し、答弁書を作成して裁判所に提出します。そして、第1回口頭弁論期日において、裁判所の法廷で原告Aは、訴状を陳述し、それに対して被告Bは答弁書を陳述します。

　BがAの主張を争う場合には、Aは、Bとの賃貸借契約を解除したことを

§13 借地，借家と紛争解決

主張立証しなければなりませんから，Bとの賃貸借契約書やBに対し賃料の催告したことを証明する先程の内容証明郵便のコピーなどを証拠として提出します。

なお，法律の条文にはないのですが，不動産の賃貸借契約を賃貸人が解除するためには，通常の解除の要件に加えて，解除の原因（本件ではBによる賃料不払い）が，賃貸借契約の基礎にある信頼関係の破壊に当たるといえる程度でなければならないというのが確立した判例法理です（最判昭和39年7月28日民集18巻6号1220頁）。これは，信頼関係破壊の法理などと呼ばれています。

したがって，Aとしては，たとえばBの賃料不払いが長期間に及んでいるなど，賃貸借当事者間の信頼関係が破壊したといえるような事実も主張立証しなければなりません。

裁判官が原告と被告双方の主張と証拠を検討して，原告の請求に理由があると認めれば，被告Bは本件アパートを明け渡せという原告Aの請求を認容する判決が下されます。

判決が確定し，Bがそれに従って自主的にアパートを明け渡してくれればよいのですが，もしそれでもアパートから出ていかない場合には，Aとしては，裁判所の執行機関により強制的にBを追い出し，そのアパートを明け渡させることができます。これは，民事執行手続といわれるもので，最終的には，本件のような場合には，裁判所の執行官が強制的に，Bを建物の外に出すとともに，その建物内にある動産類をアパートの外に運び出します。

最終的には，このような強制力によって，Aの権利を実現するのです。

4 賃料の増減の請求

(1) 上記の例で，AがBに対して家賃の増額を求めたいときはどうすればよいでしょうか。

賃貸借契約上の地代や家賃の定めについて，その額を規制する法律はありませんから，原則として当事者間の合意でいかようにも決めることができます。いったん当事者の合意で決まった賃料額である以上は，一方当事者が安

易に変更することを認めるべきではないといえるでしょう。しかし，とくに借地の場合には，存続期間が長期間となるので，その間に経済事情が変動することもありますが，どんな場合でも従前の額をまったく変えることができないというのでは，不合理な場合があります。

そこで，借地借家法は，土地・建物に対する租税等の増減，土地・建物の価格の上昇や低下その他の経済事情の変動により，近傍類似の地代・家賃に比較して不相当となったときは，当事者の一方が相手方に対し，賃料の増額または減額を請求できると規定しています（借地借家法11条・32条。賃料増減請求権）。

したがって，本件のAは，Bに対して〇年〇月分から地代を〇円に増額するという請求をすることになります。この請求は，Aが請求したことの証拠とするため，通常は内容証明郵便で行います。そして，その請求が相手方Bに到達したときから，賃料増額や減額の効果が発生すると解釈されています（最判昭和45年6月4日民集24巻6号482頁，ただし旧借家法）。

(2) 借主にとっては賃料がいくらであるかは大変重大な問題であり，賃料額をめぐって当事者間に紛争が発生することは少なくありません。

この紛争が当事者間で解決できないとすると，それが裁判所に持ち込まれることになるのですが，民事調停法は，賃料の増減額に関する紛争は，原則としてまず調停に付さなければならないと規定しています（民事調停法24条の2）。これを調停前置主義といいます。

したがって，賃料の増減に関する紛争は最初から訴訟となるのではなく，まずは調停による解決が試みられるのです。

調停の方法は，上記の民事調停とまったく同じで，調停委員会が両当事者から意見を聞いたり，証拠を検討したりして，そのうえで必要があれば当事者を説得し，当事者間で合意ができるように調整する手続です。

調停手続で一定の合意ができれば，これが調停調書に記載されますが，その記載は確定判決と同様の効力を有しますので，これに対して不服申立てはできません。

§13 借地，借家と紛争解決

他方，調停が不成立の場合で，なお賃料増減の請求をしたい場合は，賃料増額確認請求訴訟などの通常の訴訟手続によることになります。

5 更新の拒絶——事前告知と正当事由

(1) AがBにアパートの一室を貸していますが，Aは契約の期限で賃貸借を終了させ，契約の更新をしたくないときは，どのようにすればよいのでしょうか。

建物の賃貸借において，当事者が更新を拒絶しようとする場合は，当事者が期間満了の1年前から6カ月前までの間に相手方に対して更新をしない旨の通知をしなければ，従前の契約と同様の内容で更新がなされたものとされます（借地借家法26条1項）。しかも，この通知をした場合でも，期間満了後も賃借人Bがその建物の使用を継続する場合において，賃貸人Aが遅滞なく異議を述べなかったときも，従前の契約と同様の内容で更新がなされたものと見なされます（同条2項）。

また，建物の賃貸人Aによる更新拒絶の通知は，建物の賃貸人Aおよび賃借人Bが建物の使用を必要とする事情，建物賃貸借に関する従前の経過，建物の利用状況，建物の現況，建物の賃貸人が建物の明渡しの条件としてまたは建物の明渡しと引換えに建物の賃借人に対して財産上の給付をする旨の申出をした場合（いわゆる立退料を支払うことや代替土地・建物を提供することを申し出た場合など）におけるその申出を考慮して，正当の事由があると認められる場合でなければすることができない，とされています（借地借家法28条）。

(2) 更新拒絶をしたいというAは，まず，期間満了の1年前から6カ月前までの間にBに対して，更新を拒絶する旨の内容証明郵便を送ります。それでも，あくまでBが従前の賃貸借を継続したいと考え，Aと対立するようであれば，Aは，Bを相手方として裁判所に調停を申し立てるか，Bを被告として建物明渡請求訴訟を提起することになります。とくに民事訴訟となれば，上記の正当事由がAに認められるかどうかが最大の争点になると思われます。

ので，裁判では，Aとしては，その建物をどうしても利用しなければならないことなど，更新拒絶に正当事由があることを主張立証することになります。

そして，裁判所がAに正当事由があると認めた場合は，Bは本件建物を明け渡せという内容のAの請求を認容する判決をします。

6 定期借家権

なお，最近の法改正で，いわゆる定期借家権制度が創設され，平成12年3月1日から施行されています。この定期借家権とは，期間の定めのある建物賃貸借をする場合において，公正証書等の書面によって契約する場合に限り，正当事由がなくても期間が満了すれば自動的に賃貸借が終了する制度です（借地借家法38条）。

この制度は，上に述べた正当事由を解約申入れや更新拒絶の要件にすることによって賃借人を保護してきた法の趣旨とは逆に，賃借人の保護を弱めるものであるため，賃貸人がこの制度を利用するには種々の規制があります。

たとえば，賃貸人はあらかじめ賃借人に対し，期間の満了により賃貸借が終了し，更新がないことを書面をもって交付して説明しなければならないほか，賃貸期間が1年以上である場合，期間満了の1年前から6カ月前までの間に，賃貸借が終了する旨の通知をしなければ，その終了を賃借人に対抗できないことになっています。

この定期建物賃貸借契約を締結した場合は，賃貸人は，正当事由がなくても期間満了だけで賃借人との間の賃貸借契約を終了させることができます。

(早坂英雄)

III　社　会

§1　情報と紛争解決

　新聞や雑誌の記事やテレビ番組で，真実に反して読者や視聴者に誤解を与える報道をされたため，事業の信用が失墜し，また，個人の名誉が毀損された場合に，信用や名誉を回復するためにはいかなる条件が必要なのでしょうか。

1　報道が名誉毀損行為となるおそれのある場合

　新聞や雑誌記事の場合，記事の本文に用いられた文言のみならず，記事の見出し，活字の大きさ，リード部分，文脈など，記事全体について，当該記事の執筆担当者および新聞発行会社の視点でまとめられ，表現されています。そのため，まとめ方によっては，読者に対して客観的事実を超えた一定の印象を与える場合があります。

　また，テレビ報道には，一定の特集番組のように，取材した客観的事実に報道する側の主観的判断や評価を加え，その事実に，対応する映像のみならず，これを加工し，また，他の関連する（と，報道側が判断した）映像を編集して報道する番組があります。

　正確な裏付け取材をした事実およびこれに対応する映像を報道する限り，報道内容が事実に反する場合を除き，信用や名誉の毀損として問題となることは少ないでしょう。しかし，事実を淡々と報道するだけではなく，報道する側の設定した一定の角度（通常は，視聴率を上げるために有効な刺激的な

角度)から，映像や音声の編集・加工を施す場合があります。テレビ報道については，新聞や雑誌などとは異なる特殊性があります。具体的には，映像と音が加わる分，新聞記事よりも情報を受け止める側に対して刺激的な印象を与えること，全国ネットによる報道の場合など強い伝播力を有すること，さらに，新聞等の文字による報道と異なり，情報を受ける側がその内容を理解しながら読み進むということができず，視聴者は流された情報を瞬時に捉えてその内容を判断するしかないことなどです。このような特性から，テレビ報道には新聞記事よりも深刻な名誉毀損行為を構成する危険性があるともいえます。

2　報道側に名誉毀損による損害賠償責任等を負担させるための要件

判例は次の3つを設けています (最判昭和41年6月23日民集20巻5号1118頁参照)。

(1) 名誉毀損行為に該当するか。

(2) 名誉毀損行為に該当したとしても，その報道が公共の利害に関する事実について，もっぱら公益を図る目的でされた場合に，報道において摘示された事実が真実であると証明されたか。

(3) 真実であることが証明されなくても，真実と信じたことについて相当の理由があるか。

3つの要件について検討すべき点は次のようなことです。

(1)　そもそも名誉毀損といえるかについて

人の名誉を毀損する行為とは，人の社会的評価を低下させるような内容を報道することをいいます。その判断は，通常，新聞記事やテレビ番組の情報を受け止める平均的な読者や視聴者の視点でなされています。

(a) 新聞記事の場合　新聞記事について古くから判例は，「たとえ記事を精読すれば別の意味に解することができないことはないとしても，一般読者の普通の注意と読み方を基準として解釈した意味内容に従う」としています (最判昭和31年7月20日民集10巻8号1059頁)。また，直接に人の社会的評価を低下させる言葉を用いていなくても，報道当時の社会情勢や一般読者が有し

ていた知識や経験等を踏まえた上で，記事の構成が全体として読者に与える印象，具体的には，記事の前後の文脈，修辞上の誇張ないし強調，比喩的表現方法，第三者からの伝聞内容の紹介や推論の形式などの間接的ないし婉曲な表現方法，さらには，前後の文脈等の黙示による表現方法をも検討して，全体として読者が受ける印象を基準に判断しています（最判平成9年9月9日民集51巻8号3804頁）。

具体的に問題になった新聞記事として，「病院経営者である甲野太郎が，無資格で診療行為を行い，健康なのに病院の医師に開腹手術をさせていた。今後の捜査によっては同病院の医師らが医師法違反の共犯になる可能性もある。」等の新聞報道の例があります。この事案では，病院長医師の甲野花子が，「同病院の院長である医師甲野花子が医療行為の名の下に傷害罪に該当する行為を行ったという趣旨の記事である。」と主張し，自己に対する名誉毀損であるとして同記事を掲載した新聞社を訴えました。新聞社は，「原告の氏名は掲載していない。原告が手術したとは記載していない。傷害罪に該当する行為を行ったとも記載していない。読者にそのように読ませる記事内容でもない。」と反論しました。裁判所は，「傷害」という文字は一言も使用されておらず，直接には甲野太郎に関する報道であり甲野花子の行為を報道したものではなくても，記事の内容，配列，文言，衝撃的な大見出しともあいまって，通常の読者は，甲野太郎および同病院に勤務する原告ら医師が健康体ないし手術の必要のない患者に開腹手術をするという刑法上の傷害罪に該当する行為を病院ぐるみで行っていたとの印象を受けるのが一般的である，として，同記事により，甲野花子の名誉が毀損されたと認定しました（東京地判平成8年2月28日判例時報1583号84頁）。

(b) 写真週刊誌の場合　写真週刊誌の場合には，記事の本文よりも，むしろ頁の見開きに大きく配置された写真の内容および写真に付した見出しによって読者に訴えかける形態をとっているといえます。したがって，写真週刊誌による名誉毀損の成否は，本文の記載内容よりも，まず，写真と見出しによって一般読者に与える印象を基準に，摘示した事実内容を認定していま

す。

　具体的には，見開きの右頁の大半を乙野次郎の写真が占め，その右側に大文字で「『払ってもらうのは当たり前』とは某理事長に赤坂接待漬けされた大蔵エリート官僚」との見出しが付され，本文中に「某氏が大蔵省関東財務局出身の官僚を東京赤坂の高級料亭やクラブで接待した。」，「リストに名前が載っていたのは甲野太郎と乙野次郎の二人である。」，などの内容を掲載した例があります。写真の人物である乙野次郎は，「某氏から多数回接待を受けた事実も，『払ってもらうのは当たり前』と発言した事実はない。某氏と会食したのは一回だけである。」等を主張し，「同記事により乙野次郎の公務員としての廉潔性，職務の公正を疑われ，名誉を毀損された。」等と主張しました。これに対し，出版社は，「見出しは本文と一体となって読者に読まれ理解されるものであって，見出しのみで読者に何らかの印象を与えるものではなく，本文を読めば，『払ってもらって当たり前』と発言したのは甲野太郎であると読者に分かるはずである。」，「『甲野太郎と乙野次郎の氏名が接待先として資料に記載されていた』旨の事実を摘示しただけで，『乙野次郎が某氏から多数回にわたり接待を受けていた』旨の事実を伝達したものではない。」等と反論しました。

　裁判所は，本件記事が全体として原告（乙野次郎）の写真を中心とした原告を主要人物とする紙面構成になっていることを前提として，本文の文脈をたどれば，「払ってもらうのは当たり前」と発言した人物が甲野太郎であると理解することはできるものの，同誌が記事とともにいわゆる写真を売り物とした週刊誌であることから，「本文を読み終えた一般読者が，本件記事の右側七六頁の大半を占め，かつ，ことさらに傾斜させた構図で配置してある原告の写真を目にすることによって，原告もまた，『払ってもらって当たり前』という考え方を持った傲慢な人物であるとの印象を抱くのはきわめて自然」であると認定し，また，当時，某氏は乱脈融資により某信用組合の経営を破綻させた人物であるという社会的認識があったので，乙野次郎が某氏から多数回接待を受けていたとの事実を摘示することは乙野次郎の社会的評価

を低下させるものである，と認定し，そのような事実摘示は，乙野次郎の社会的評価を低下させるとしています（東京地判平成10年3月3日判例時報1652号89頁）。

(c) テレビ報道の場合の具体例　テレビ報道では，前述のように，視聴者は流された情報を瞬時にとらえてその内容を判断しますから，放送された人物の名誉が毀損されたか否かは，一般視聴者がその放送を一見して通常受けるであろう印象によって判断されています。

具体的に問題となった例として，いわゆるバブル経済崩壊後の不況を背景とする首都圏不動産不況の実体をドキュメンタリーとして編集した番組があります。

問題となった番組では，甲不動産会社の所有する商品物件が販売中止となっている事実について，同物件の映像に「今売れる価格では原価割れ。売るだけ損と判断したからだ。これまで売れたのは33戸のうちわずか8戸。値が上がるのを待つしかない。」とのナレーションをかぶせ，また，甲社代表者の甲野太郎に対するインタビュー映像では，甲野太郎の「私も業界に17年おりますけども，ま，初めての体験でね。本当にまあ悲惨な状況でしたね。みなさん在庫はさばけない。借入金はむしろ減るよりも増えるという状況じゃないですかね。」との発言を放送した番組があります。しかし，実際の本件番組製作者による甲野太郎の取材では，前記発言部分の前に，商品および販売方法に工夫を凝らして『不況を乗り切りながら不動産事業を推進している』主旨の発言が続いていました。本件番組で放送された前記の発言部分は，甲社のことではなく，あくまでも一般論として回答された部分でした。

そのため，甲社は，「同番組において自分の会社は『不動産不況を商品及び販売方法に工夫を凝らして乗り切っている会社』との位置付けがされるとの認識において取材に応じたにもかかわらず，右番組においては，同社の経営状態が非常に悲惨な状況であることを印象付ける内容になっており，ダンピング競争にも耐えきれず，在庫もさばけなくなり，借入金が増えている会社であるとの印象を視聴者に抱かせた。番組のディレクターやプロデュー

サーは，ことさらに，取材内容と異なる編集を施して放送した」等と主張して，甲社に対する信用毀損行為であると主張しました。これに対し，テレビ局側は，「不動産市況が回復するまで販売を中止するということは，甲社が直ちに売らなくてもいいだけの体力を有している会社であることを示すものであり，視聴者もそのように判断するはずである。」甲野太郎のインタビュー放映については，「バブル崩壊後の一般的な不動産不況について述べたものにすぎず，甲社が悲惨な状況にあるという内容にはなっていない。甲野太郎も『みなさん』と表現しているから，視聴者から見ると甲社の経営状態を述べているものとは判断しないはずである。」と反論しました。

裁判所は，「テレビ放送の内容に挙がった何人かの名誉が毀損されたものといえるかどうかは，一般視聴者がその放送を一見して通常受けるであろう印象によって判断すべきである。」との基準にもとづき，「これら一連の映像を見，ナレーションを聞く視聴者は，甲社も在庫がさばけずに販売中止に追い込まれるマンションを抱え，苦しい経営状況にある業者であって，その代表者自ら，一般的な表現を取りつつも，自らの厳しい状況を率直に語っていると受け取れる」とし，また，番組作成者らは甲社の経営状況が，とくに悪いものではないことを知りながらも，甲野太郎のインタビューを合成・編集し，甲社についての発言と取られる内容としたとして，「番組制作従事者は，本件番組の編集に当たり，甲社の信用を毀損しないようにすべきテレビ放送における注意義務を怠ったものといえ，編集上の過失がある」と認定しました（東京地判平成6年11月11日判例時報1531号68頁）。

(2) 意見表明および論評について

　名誉毀損行為は，一定の表現によって被告との社会的評価を低下させる場合であれば，事実を摘示することによっても，また，意見ないし論評を表明するものであっても成立します。証拠等をもってその存否を決することが可能な他人に関する特定の事項を主張している場合には事実摘示となりますが，事実摘示なのか，あるいは意見ないし論評の表明であるかの区別についても，一般読者の普通の注意と読み方とを基準に判断されます。

名誉毀損の成否が問題となっている部分に用いられている語だけを通常の意味に従って理解した場合には，事実の摘示とは解しがたい場合であっても，間接的・婉曲に事実を摘示していると認定される場合もあります。ここにいう間接的・婉曲な表現方法には，修辞上の誇張ないし強調，比喩的表現方法，第三者からの伝聞内容の紹介，推論形式，前後の文脈等からの黙示による表現などが挙げられます。当該問題となる部分のみならず，前後の文脈や当該報道当時に一般読者が有していた知識や経験をも考慮して，一般読者の通常の注意と読み方で，当該問題となる部分から受ける印象により「摘示された事実」や「表明された意見ないし論評」を特定することになります（最判平成9年9月9日民集51巻8号3804頁）。

　たとえば，同判例は，「甲野は極悪人，死刑よ」，「Bさんも知らない話…警察に呼ばれたら話します」，「この元検事にいわせると『知能犯プラス凶悪犯で，前代未聞の手ごわさ』という」など，専ら娯楽を目的とした夕刊紙の見出し部分につき，上記見出しと一体となっているその他の見出し，記事本文，当時甲野に対する殺人未遂罪のみならず殺人罪の嫌疑が存在していたことを考慮して，各情報提供者の談話を紹介する形式により，甲野がそれらの犯罪を犯したと断定して事実摘示するとともに，同事実を前提にその行為ないし人格の悪性を強調する意見ないし論評を公表したもの，と認定しています。報道側は，「実際に伝えたいこと」が読者に伝わるように表現方法を駆使して紙面構成をしているのですから，摘示された事実を特定するためには，用いられている言葉だけにとらわれずに，実際に報道された事実を認定する必要があり，上記各判例の基準は，この必要性に応じるための道具として用いられるものといえるでしょう。

3　真実性の証明または真実であると信ずる相当な理由について

(1)　「名誉毀損行為が成立する場合であっても，摘示した事実が公共の利害に関する事実であり，専ら公益をはかる目的で報道された場合には，摘示された事実が真実であることが証明されたときは右行為には違法性がなく不

法行為は成立しないものと解するのが相当であり，もし，右事実が真実であることが証明されなくても，その行為者においてその事実を真実を信ずるについて相当の理由があるときには右行為には故意もしくは過失がなく結局不法行為は成立しないものと解するのが相当である」(最判昭和41年6月23日民集20巻5号1118頁)，と判示されています。上記のとおり，真実性証明の立証責任は報道した側（名誉毀損の行為者側）にあります。

以下，各要件についての具体例を挙げてみます。

(2) 真実性証明について

(a) 公共の利害に関する事実とは，多数一般の利害に関する事実を指し，とくに国家ないし社会全般の利害に関する事実がこれに当たります。具体的には，大蔵官僚が金融機関から接待を受けた事実（東京地判平成10年3月30日判例時報1652号89頁），犯罪行為に関する事実（東京地判平成6年2月15日判例時報1520号124頁），水質汚染等の公害に関する事実（大阪地判昭和49年6月5日判例時報758号88頁等），医療行為の適切性等に関する事実（最判昭和58年10月20日判例時報1112号44頁，東京地判平成8年2月28日判例時報1583号84頁等），また，邦人による某国のテロ行為ないし工作活動の幇助という公安秩序に関する事実（横浜地判平成7年7月10日判例タイムズ885号124頁等），社会に及ぼす影響が大きい宗教団体の活動状況（福岡地判平成5年9月16日判例タイムズ840号152頁）などが，公共の利害に関する事実と認定されています。

(b) 「専ら公益を図る目的」について　判例では，主要な動機が公益のためであれば，その動機に多少私的な動機が混入していても差し支えないとしています（大阪高判昭和55年9月26日判例時報991号37頁）。人間の内心は複雑多岐に亘るから，という理由です。たとえ，行為者の内心において，報道対象者を攻撃する目的，対立者の利をはかる目的などを有していたとしても，公表した事実が公共の利害に関する事実である場合には，報道の体裁や内容から客観的に悪意が看取できる場合でなければ，被害者側が「目的の公益性」を否定することは，実際には困難なことが多いでしょう。

(c) 真実性の証明対象たる事実の特定方法　名誉毀損行為を行った報道

側は，公表された事実の内，主要な部分または重要な部分について真実であることを証明すれば足るものとされています（最判昭和58年10月20日判例時報1112号44頁）。

　主要な部分の特定方法が問題となりますが，名誉毀損の違法性が阻却されるか否かの問題である以上，やはり，一般読者が通常の注意と読み方で読んだ場合の印象を基準として判断する（大阪地判平成7年10月25日判例時報1574号91頁）ことになります。したがって，名誉毀損行為と認定された摘示された事実の主要部分または重要な部分ということになります。

　実際の裁判では，報道側としては自己の名誉毀損行為の成立を否定しなければなりませんから，報道側が真実であるとの証明が可能な事実をもって「主要事実」であると主張し，真実性の証明ができない事実は「本件報道全体から見れば枝葉であり主要部分ではない」などと主張する場合があります。逆に，被害者側からすれば，虚偽の部分（報道側が真実であることを証明できない部分）をもって主要なまたは重要な部分である（虚偽報道をされたが故に名誉が毀損された）などと主張することが少なくありません。前述の，「摘示された事実」の特定において，報道側と被害者側の主張が食い違うのは，真実性の証明を前提とするからということができます。判決においては，前記基準に照らし，一般読者または視聴者が通常の注意と読み方または見方で受けた印象から，摘示された事実およびその主要または重要部分を特定することになります。

　(d)　意見ないし論評の真実性証明対象　　前記のとおり，名誉毀損は事実摘示のみならず意見ないし論評の表明によっても成立しますから，意見ないし論評の表明による名誉毀損の場合における真実性証明が問題となります。判例は，「右意見ないし論評の前提としている事実が重要な部分について真実であることの証明があったときには，人身攻撃に及ぶなど意見ないし論評としての域を逸脱したものでない限り，右行為は違法性を欠く」（平成9年9月9日判例時報1618号52頁）ものとしていますので，前提事実を特定するに際しては，摘示された事実の特定のために前述の基準を用いることになるでしょ

(3) 真実と信ずる相当な理由

　報道機関がその報道した事実の重要部分において真実であることの証明ができなかった場合であっても，真実であると信じるにつき相当な理由があれば名誉毀損行為は成立しません。どの程度の調査を尽くせば右相当な理由があるといえるかに関し，大手新聞社を被告とした判例では，「今日の社会において被告新聞社のような大新聞社の発行する新聞に対する一般読者の信用は大きくその記事の影響力も計り知れないものがあり，その紙上に掲載された事実は一般の読者に真実であると受け取られるのが通常である。したがって，……たとえ新聞報道における報道の自由や迅速性の要請を考慮にいれても，より一層慎重な取材を行い，可能な限り内容の正確性を保つための確認作業をすることが要求され，かりそめにもこれを怠り誤った報道によって人の名誉，信用を不当に毀損しないよう十分に注意すべきいわゆる裏付け調査義務があり，かかる業務を尽くしたうえで初めて，記事内容を真実と信ずることに相当性，合理性があるといわなければならない」(福岡地判平成5年9月16日判例タイムズ840号152頁)との基準を立てています。この判例では，「原告宗教団体が，入信した母親の連れてきた子供らを監禁している」などとの印象を読者に与える内容の記事について名誉毀損の成否が争われ，かかる事実はなかった（真実性の証明がなされなかった）と認定された事案です。同記事を作成した記者は，子供らの父親から依頼を受けた弁護士3名から，「原告宗教団体に対し不法行為に基づく損害賠償請求訴訟を提起する予定であり，また，監禁罪で告訴する予定である。」との電話取材を行っただけで，原告宗教団体の外報部にも，母親や子供らも事情を全く確認せず，父親にも直接取材する努力をしていず，さらに，弁護士からは「訴え提起後の記者会見まで記事にするのは待ってくれ。」との要請されたにもかかわらず記事としたものです。かかる事実の下では，客観的な裏づけのないまま緊急性もないのに記事にしたものとして，真実と信じるにつき相当な理由があったとはいえないと判断しています。

（三角元子）

§2　環境と紛争解決

　環境に関する紛争というとどんな争いを思い浮かべるでしょうか。環境といっても地球環境から私たちの日常生活の環境まであります。環境はひとたび重大な破壊があると，取り返しがつかなくなる危険があります。環境保全の大切さは，そこにあります。

　自分の住んでいる家の近くの工場の煙突から出る排気が原因で呼吸器系の病気になってしまった。工場側に対策を求めたが応じてもらえず，こじれています。この場合にどうしたらよいでしょうか。

1　環境問題と紛争

　この事例に挙げられているように，近所の工場から出る有害物質を含む排気や排水，あるいは，騒音や振動などが原因となって紛争になることもありますが，交通量の多い道路沿いに住んでいて，走行中の自動車から排出されるガスに含まれる有害物質により健康を害し，損害賠償や差止めを求める裁判を起こすこともあります。今は被害が発生していなくても，自宅の近くに新しい施設を建設する計画があり，その施設が完成して操業が始まると，施設から排出される有害物質による健康被害が発生する危険性の高いことが明らかになったり，道路やダムなどの施設を建設すること自体で自然が破壊され，貴重な動物や植物を滅ぼしてしまう可能性が高いことを示すデータが公表されたりすることなどをきっかけとして，紛争が起こることもあります。

　私たち自身も，日々の生活において，環境にさまざまな影響を与えるようになってきました。道路を走る自動車やトラックと関係のない生活は考えられませんし，不要になってしまった物については，リサイクルなどで活用で

きなければ，焼却や埋立処分をしなければなりません。そして，それらの過程でさまざまな形で環境に影響を与え，そのことが紛争の要因になってしまうこともあります。

環境に関する紛争の内容は，社会の変化にも対応しています。日本における環境破壊をめぐる初めての大きな紛争は，足尾鉱毒事件であるといえるでしょう。殖産興業の政策がとられた明治の時代から，足尾銅山の精錬所の排煙による大気汚染や，排水による渡良瀬川の水質汚濁により，農業や漁業に大きな被害を出し，紛争は拡大しました。田中正造が議会で政府を追及し，明治33年（1900年）には，農民と官憲が衝突する川俣事件が発生しました。時が移り，第二次世界大戦が終わると，日本では石油化学や重化学工業を重視する産業政策をとったため，昭和30年代ころから工場の操業を原因とする公害が社会問題となり，昭和42年には公害対策基本法が制定されました。いわゆる四大公害訴訟が裁判所に係属していたのはそのころです。環境破壊は各国でも問題となり，昭和47年（1972年）には，スウェーデンのストックホルムで国連人間環境会議が開かれ，人間環境宣言が発表されました。その後も日本においては経済の成長に伴い，物を大量に生産し，これを大量に消費し，さらに大量に廃棄するという生活が定着し，都市部を中心に市民が日々の生活のなかから排出する廃棄物が激増しその処理をめぐるさまざまな問題や紛争が発生してきました。また，フロン類などによるオゾン層の破壊，炭酸ガスなどの温室効果ガスによる地球の大気の温度の上昇というような地球環境に関する問題，あるいは動植物の種の絶滅がすすみ生物の多様性が失われるという問題などを深刻に考えなければならなくなってきました。

平成4年（1992年）にはブラジルのリオデジャネイロで地球サミット（環境と開発に関する国連会議）が開催され，そこで出されたリオ宣言では，持続可能な発展のためには環境保護と開発が不可分であるという理念が唱えられました。日本では，平成5年11月19日，環境保全に関する基本法として，環境基本法が施行され，公害対策基本法は発展的に廃止されました。環境破壊の未然防止の方向に大きく踏み出したといえます。そのことは，環境をめ

ぐる紛争の予防にもつながります。平成12年6月2日には循環型社会の形成をめざす循環型社会形成推進基本法も施行されました。

2 公害の定義と公害・環境紛争

　公害紛争とか環境紛争とかいう場合の公害とか環境はどのようなことを指すのでしょうか。環境基本法は，環境とは何かということについては定義をしていませんが，公害については，「この法律において『公害』とは，環境の保全上の支障のうち，事業活動その他の人の活動に伴って生ずる相当範囲にわたる大気の汚染，水質の汚濁（水質以外の水の状態又は水底の底質が悪化することを含む。〔中略〕），土壌の汚染，騒音，振動，地盤の沈下（鉱物の掘採のための土地の掘削によるものを除く。〔中略〕）及び悪臭によって，人の健康又は生活環境（人の生活に密接な関係のある財産並びに人の生活に密接な関係のある動植物及びその生育環境を含む〔中略〕）に係る被害が生じることをいう。」と規定しています（環境基本法2条3項）。この規定は，公害対策基本法を引き継いだものです。ここでは，公害として，大気汚染，水質汚濁，土壌汚染，騒音，振動，地盤沈下，悪臭の7つの類型が掲げられています。これを典型7公害といいます。この7つの類型だけが公害であるというわけではありませんが，紛争解決手続の観点からみると，環境基本法が公害に関して7つの類型を掲げていることは重要です。というのは，公害・環境紛争については，後で述べるように，紛争解決機関として通常の裁判所の他に国（総務省）の公害等調整委員会と都道府県の公害審査会が設けられていますが，それらの機関において扱うことのできる紛争は，環境基本法の定義規定にある公害に関係するものに限られているからです（公害紛争処理法2条）。

3 環境紛争解決の機関

(1) 自治体の苦情相談

　事例にあるように市民が近くの工場から出てくる煙や騒音，あるいは悪臭

に困っているとき，まず何をしようと考えるでしょうか。その工場に行って何か対応してもらうことを考える場合もあるでしょうが，こじれてしまうとそこで解決できることはほとんどないでしょう。次の段階としては，市町村の役場の窓口に相談に行くことが多いのではないでしょうか。

自治体は，公害や環境破壊に関する市民の苦情相談にのってくれますが，これは，環境基本法にもとづいています。環境基本法は，国に対して公害に係る紛争の円滑な処理を図るために必要な措置を講じる義務を負わせており（同法31条1項），自治体にもこれに準じた義務があります（同法36条）。これらの規定を踏まえ，公害紛争処理法49条1項は，「地方公共団体は，関係行政機関と協力して公害に関する苦情の適切な処理に努めるものとする。」と規定しており，都道府県や市町村（特別区を含む）には，公害苦情相談員を置くことができることになっています（同法49条2項）。公害苦情相談員は，住民の相談に応じ，苦情の処理のために事実関係を調査したり，紛争当事者が話し合いによる解決をすることを援助するための助言もします（同項1号・2号）。平成10年度に全国の地方公共団体の公害苦情相談窓口で取り扱った苦情件数が9万件以上に達していますから（平成12年版・公害紛争処理白書126頁），自治体の苦情窓口は，私たちの身近な存在として機能しているといえるでしょう。

(2) 公害紛争処理法による紛争の解決

環境に関する紛争のなかには，発生源と住民の被害との間の因果関係が明確でない場合や，加害者側が公共機関であったり，被害の規模が大きかったりして，自治体の苦情窓口における対応では解決をすることが困難なことも少なくありません。一般に紛争がこじれた場合，紛争解決機関として頭に浮かぶのは裁判所でしょうが，公害・環境に関する紛争については，司法機関の他に行政機関による解決制度も設けられています。

公害や環境破壊の被害者が紛争を裁判所で解決しようとすると，解決までに長時間かかり，因果関係を科学的に証明する負担が重く，あるいは訴訟費用が高額になるなどの問題に直面します。そのため，昭和42年に制定された

§2 環境と紛争解決

公害対策基本法には，政府が公害紛争を解決するための制度を確立するための措置を講じることを求める規定が設けられ (21条1項)，昭和45年には公害紛争を行政委員会において迅速かつ適正に解決する手続を定める公害紛争処理法が成立しました。同法にもとづいて，都道府県には条例を制定することにより公害審査会が設置され，国には総理府（当時）に中央公害審査委員会が設置されました。さらに，昭和47年には，公害等調整委員会設置法が成立し，中央公害審査委員会の代わりに，新たに国家行政組織法3条2項の規定にもとづく権限の強化された公害等調整委員会が設置され，裁判所以外の公害・環境紛争の解決手続が整備されました。

環境基本法の公害の定義に当たる紛争が発生すれば，市民は，裁判所に訴えることも国か自治体の行政機関による解決を求めることもできることになりました。冒頭の事例の場合も同様です。もちろん，いったん行政機関による解決の道を選んだとしても，紛争がそこで最終的に解決しなければ，裁判所に訴えることはできます。なお，公害紛争処理法によれば，防衛施設に関する公害紛争の解決は，公害紛争処理法以外の法律により定められることになっていますから (同法50条)，基地公害については，公害紛争処理法上の紛争解決制度を利用することはできません。

公害紛争処理制度の仕組みは次の図のとおりです。この図は，平成12年版公害紛争処理白書の11頁に掲載されているものです。この白書には，公害苦情や，公害紛争処理法の仕組み，さらには，実際の事件の解決内容（たとえば，後記の豊島事件）や統計数値が公表されています。公害紛争処理制度については，このほかにも公害等調整委員会ホームページ http://www.soumu.go.jp/kouchoi/ も参考になります。

行政機関が行う公害・環境紛争の解決制度の手続には，裁定，あっせん，調停，仲裁の4種類があります。このうち，裁定は，国に設けられている公害等調整委員会のみに与えられている権限ですが，あとの3種類は，公害等調整委員会と都道府県の公害審査会の双方が持つ権限です。事件の内容によって管轄が分かれますが，国の機関と都道府県の機関との間に上下関係は

公害紛争処理制度の仕組み

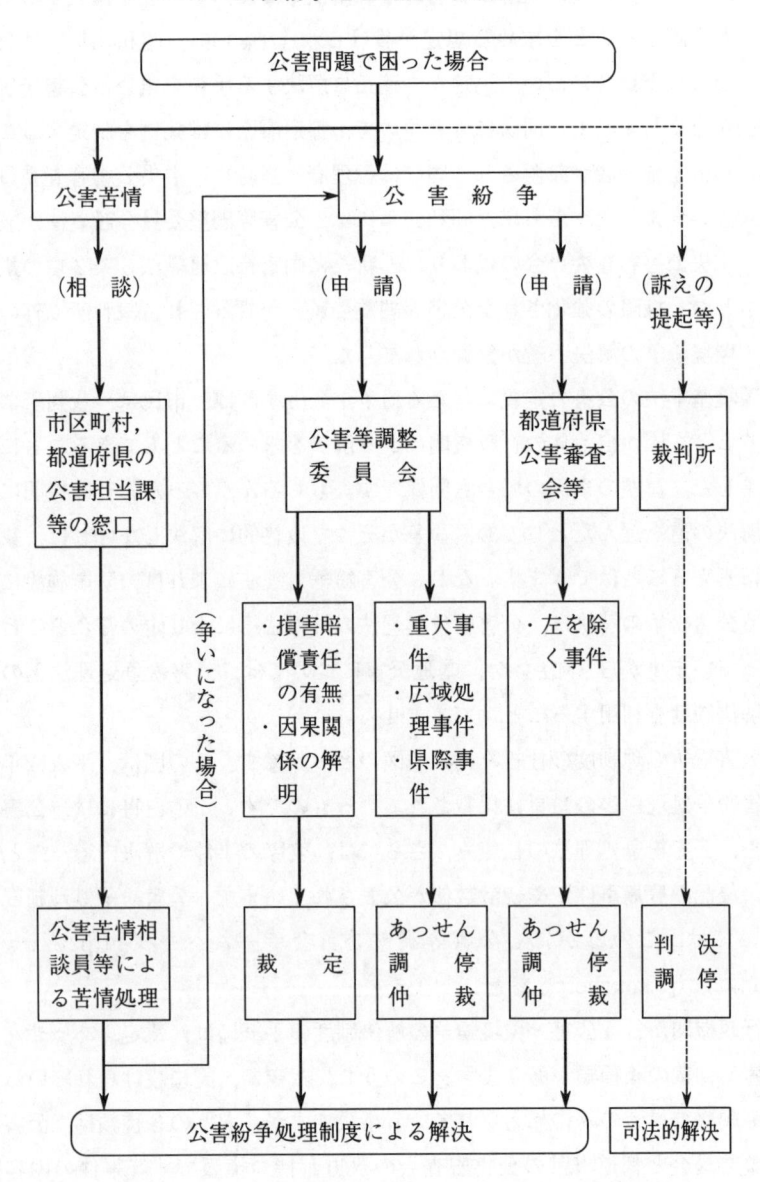

```
                    ┌──────────────────┐
                    │ 公害問題で困った場合 │
                    └──────────────────┘
          ┌────────────┼────────────────────────┬─────────────┐
          ▼            ▼                        ▼             ▼(点線)
    ┌─────────┐   ┌─────────┐
    │ 公害苦情 │   │ 公害紛争 │
    └─────────┘   └─────────┘
       (相談)      (申請)        (申請)        (訴えの提起等)
          │          │            │                │
          ▼          ▼            ▼                ▼
    ┌─────────┐ ┌─────────┐ ┌─────────┐      ┌───────┐
    │市区町村，│ │公害等調整│ │都道府県  │      │ 裁判所 │
    │都道府県の│ │委 員 会 │ │公害審査  │      └───────┘
    │公害担当課│ │         │ │会 等    │
    │等の窓口  │ │         │ │         │
    └─────────┘ └─────────┘ └─────────┘
                ┌─────────┐ ┌─────────┐ ┌─────────┐
                │・損害賠償│ │・重大事件│ │・左を除 │
                │ 償責任  │ │・広域処 │ │  く事件 │
                │ の有無  │ │  理事件 │ │         │
                │・因果関 │ │・県際事 │ │         │
                │ 係の解  │ │  件    │ │         │
                │ 明     │ │         │ │         │
                └─────────┘ └─────────┘ └─────────┘
(争いになった場合)
          │          │            │            │            │
          ▼          ▼            ▼            ▼            ▼
    ┌─────────┐ ┌─────┐ ┌─────┐ ┌─────┐ ┌─────┐
    │公害苦情相│ │裁 定│ │あっせん│ │あっせん│ │判 決 │
    │談員等によ│ │     │ │調 停 │ │調 停 │ │調 停 │
    │る苦情処理│ │     │ │仲 裁 │ │仲 裁 │ │     │
    └─────────┘ └─────┘ └─────┘ └─────┘ └─────┘
          │          │            │            │            │
          └──────────┴────────────┴────────────┘            ▼
                    ▼                                ┌──────────┐
              ┌──────────────────────┐              │ 司法的解決│
              │ 公害紛争処理制度による解決 │              └──────────┘
              └──────────────────────┘
```

ありません。いずれも，迅速で適正な紛争の解決を目指しており，経費の面で利用者の負担が軽くなっています。また，公害等調整委員会については，国の費用で科学的な調査を行うことができる調査委託制度（公害等調整委員会設置法16条）や専門委員を任命して調査させる制度（同法18条）が設けられており，大規模な環境破壊に関わる被害者にとって，立証の負担や，経費の負担において特別の配慮がされています。わが国の環境に関する紛争のうちで，廃棄物や循環型社会のことを深く考えるきっかけとなっている香川県豊島における産業廃棄物の不法投棄をめぐる紛争は，裁判所ではなく，公害等調整委員会の調停委員会が調停事件として平成12年6月6日に解決に導きましたが，そこに至るまでには，専門委員や調査委託制度が活用されました。

(3) 司法機関による解決

　公害・環境に関する紛争の解決は，全体としてみれば，司法権に属する裁判所における解決が主流です。裁判所における解決については，民事訴訟手続（民事保全や民事調停を含む）と行政訴訟手続による解決があります。民事訴訟手続のうちの判決手続による解決では，口頭弁論を開き，証拠調べを行うといった厳格な手続が行われます。平成10年1月から施行された新しい民事訴訟法においては，大規模訴訟に関する特則が置かれています（同法268条・269条）。大規模な公害・環境訴訟の審理については，この特則は有用でしょう。もちろん，判決手続の途中で，裁判所が和解を試み（同法89条），和解が成立することもあります。

　公害や環境破壊の被害者が起こす民事訴訟には，損害賠償を請求する場合と差止や原状回復を請求する場合があります。損害賠償訴訟のうち，過去の損害の賠償を求めるものは，過去の損害を金銭的に回復させるものです。四大公害訴訟はすべてこのタイプの訴訟です。そこでは，因果関係の立証や加害企業の過失の立証が問題となりました（イタイイタイ病事件については，鉱業法109条にもとづく無過失責任でしたので，過失の有無は問題になりませんでした）。被害者が因果関係の立証をすることには多くの困難が伴います。高度な科学知識や大規模な調査を必要とするからです。そのため，疫学

的因果関係の証明という手法も取り入れた因果関係の認定もされるようになりました。

公害の被害者等にとっては過去の損害の賠償もさることながら，継続的に行われている加害行為の差止めや，将来の被害の防止がより大切です。そこで，加害者に対して公害等の発生を防止させる措置をとらせ，あるいは，将来の発生の防止を求める差止訴訟が重要となります。

差止請求については，その法律上の根拠が問題となりますが，今日では，人格権にもとづく請求権として構成する説が有力です。また，抽象的差止請求訴訟では，その適法性が問題となっています。抽象的差止請求訴訟とは，「被告は，××工場を操業することにより，原告に対し，同原告の居住地において，左記の方法（省略）において，左記方法（省略）によって浮遊粒子状物質につき1時間値の1日平均値$0.15mg/m^3$を超える数値が測定される大気汚染を形成してはならない。」という判決を求めるというように，差止めの方法を指定しないで差止めを求める訴訟です。判例・学説上適法性が争われてきましたが，平成12年1月31日，神戸地裁は，尼崎大気汚染公害訴訟において，一定濃度を超える浮遊粒子状物質の排出の差止を命じるという抽象的差止を認める判決をし（判例時報1726号20頁），同年11月27日には，名古屋地裁が名古屋南部大気汚染公害訴訟において，同様に抽象的差止めを認める判決をしています。

公害・環境に関係する行政訴訟としては，行政事件訴訟法が定める抗告訴訟のなかの取消訴訟（同法3条2項），あるいは無効確認訴訟（同法3条4項）が重要です。産業廃棄物処理施設の設置や，原子炉の設置については，行政庁が許可をして初めて実施できることになっていますから，これらの施設が環境へ悪影響を与えたり，健康被害を与えるおそれがあることが明らかになり，設置を中止させようとするためには，行政庁の許可処分を取り消し，あるいは許可処分の無効を確認すればよいからです。しかし，行政事件訴訟法は，原告適格を厳重に定め，「法律上の利益」を有する者が取消訴訟や無効確認訴訟を起こせると規定しています（同法9条・36条）。環境に関する行政

訴訟では，開発行為をする事業者のような行政処分の相手方ではなく，開発行為によって環境が悪化することを防ごうとする住民が訴えを提起しますので，そのような住民に原告適格が認められるかどうかが大きな問題となります。最近では，裁判所はこの要件をやや緩やかに考えるようになっているといえます。その例として，高速増殖炉もんじゅ事件に関する最判平成4年9月22日（民集46巻6号571頁）を挙げることができるでしょう。

（六車　明）

第2編 Ⅲ 社　会

§3　労働と紛争解決

　下記の行為を行った職員・役員に対する会社からの損害賠償請求または退職金の減額の可否について考えてみましょう。
(a) 融資専決権限を超え，かつ，架空名義の定期証書を出捐者(しゅつえん)に無断で担保として手形貸付を行った支店長。
(b) 部下である部長から，抵当権設定登記手続をしないまま1億1,950万円を貸付してしまった旨の報告を受けながら，同部長による代表者への報告をさせなかったために保全の法的手続を不能とし，約950万円の回収不能の損害を与えた常務取締役。
(c) 使用者たる会社と同種の事業を営む新会社の設立を計画し，従業員の勧誘や書類等の持ち去りを行った元取締役と元次長。

1　会社側の採りうる手段の種類

　会社と職員との関係は，通常，労働契約であり，職員は会社に対し，賃金の支払いの対価として就業規則等に従った労務を提供する義務があります。また，役員等の場合は会社との関係は委任契約となりますから，報酬の対価として善良なる管理者の注意義務を尽くして受任した業務を遂行する義務があります。

　いずれにせよ，職員ないし受任者が，事業の執行について加害行為を行ったために，使用者に損害を与えた場合には，職員らが会社に対して負担していた契約上の債務の不履行に該当しますから，使用者は職員に対し，これによって被った損害の賠償を請求することができます。ただし，この損害賠償請求の範囲は，諸般の事情を勘案して一定限度に制限されます。検討される事情として判例は，「使用者の事業の性格，規模，施設の状況，被用者の業

務の内容，労働条件，勤務態度，加害行為の態様，加害行為の予防もしくは損失の分散についての使用者の配慮の程度」などを挙げています。これらの事情に照らして，「損害の公平な分担という見地から信義則上相当と認められる限度で，使用者は被用者に対し損害賠償を請求することができる」とされています（最判昭和51年7月8日民集30巻7号689頁）。

また，使用者が被用者を雇い入れるに際し，身元保証人との間において身元保証契約を締結している場合には，身元保証人に対しても一定の限度で損害賠償請求が認められます。その際に斟酌される事情は法律に規定（身元保証に関する法律5条）されていますが，具体的には，会社が身元保証をどの程度重視して職員を雇っているか，雇用期間，職員の地位・責任の変化を身元保証人に通知したか，身元保証人の資力，身元保証するに至った経緯，などが考慮され，身元保証人の責任の範囲が認定されます。

更に，使用者は，加害行為を行った職員に対し就業規則等に従って懲戒処分を行う権限があり，また，職員が任意に退職したとしても，就業規則や退職金規程などにもとづいて退職金を減額または，場合によっては不支給とすることも可能となります。

職員を解雇する場合，就業規則上の解雇制限の適用があります。他方，商法上の支配人と同様の包括的且つ定型的な代理権を有する農業協同組合の参事の場合，参事職を解くについてかかる解雇制限はありませんから，解任権を有する理事会の決議により解任することができますが，通常は職員たる身分を失うものではありません。ただし，参事という職務上の地位を特定して雇用されたなどの特別な事情がある場合には，理事会による解任決議によって雇用関係は終了します（岡山地判昭和59年12月26日労働関係民事裁判例集35巻6号697頁）。

2 不利益処分の相当性を判断するに際し考慮された事情

前記各事例は，使用者が職員に対し懲戒処分を行ったり，職員や身元保証人に対する損害賠償請求をしたり，退職金の減額または不支給を行った事案

です。各事案について，処分の相当性を判断する際に考慮された事情はいかなるものか，以下，掲記します。

(1) 具体例(a)の支店長およびその身元保証人に対する銀行の対応について

（大阪地判昭和47年3月27日判例タイムズ282号353頁）

支店長Aは，自己の貸出専決権限を超えて，架空名義の定期預金を担保として同架空名義人を形式上の借主として実質的には甲製作所に対し計8,595万円を自ら貸し出し，また，Aが本店副部長となった以降は他の支店長Bに指示して，AおよびBの貸出専決権限を越えて，架空名義の定期預金を担保として同架空名義人を形式上の借主として実質的には甲製作所に対し計8,730万円を貸し付けました。原告銀行は，AおよびBに対し，担保物件の処分や預金との相殺等により甲製作所からの回収措置を講じましたが，回収できなかった約5,800万円のうち3,000万円を損害賠償請求しました。

これに対しAおよびBは，甲製作所や連帯保証人からの回収が不可能に帰したことが明らかでない以上，また，損害が発生したとはいえない等を反論しましたが，裁判所は，上記各違法貸付によって原告銀行が各弁済期に返済を受けられなかったことにより同銀行に対して各貸付金相当額の損害を与えたと判断しました。

さらに，本件では，Aの実母と姉婿も身元保証人としての責任を追及されましたが，おおよそ次のような事情を考慮して，請求額の1割を身元保証人により損害賠償されるべき金額と認定しました。①Aは本件不正貸付により利益を得ていない。②原告銀行の業務検査が形式的に添付書類具備のみであったため不正の発見が遅れ，不正発見後も即時適切な手段をとらなかった。③原告銀行の資金量に照らせば，預貸率の悪化から本件不正の早期発見が可能だった。④預金証書や印鑑を職員が預かることを不問に付していた。⑤Aは入行後10年以上経過していた。⑥Aの原告銀行における地位，業務内容の変更を身元保証人に通知していない。⑦身元保証契約が何度か更新されていた。⑧Aが身元保証人の元を訪れるのは年2回ほどで身元保証人がAを監督注意することは非常に困難であった。⑨身元保証人には資産がない。

(2) 具体例(b)の事案（大阪地判平成3年10月15日労働判例598号62頁）

金銭の貸付を主たる業務とする会社の常務取締役であったAは，同貸付の担当者であった部下のBから，訴外某に対する1億1,950万円の貸付につき同人所有の土地に抵当権を設定するとの貸付条件に違反して同抵当権設定登記手続をしないまま貸付を実行してしまった旨の報告を受けたにもかかわらず，これを使用者に報告せず，また，弁護士に相談したBが自ら使用者にすべてを報告しようとしたにもかかわらずこれを制止して使用者への報告を2日遅らせたことによって，貸付金保全措置を不可能としたという事案です。

使用者は債務者との間の和解と預り金の相殺により約1億1,000万円を回収しました。使用者はAに対し，Bから報告を受けたのに，(i)Bが本件貸付につき抵当権設定登記を了した旨の虚偽の報告をすることを黙認し，(ii)直ちに報告しなかったことによって印鑑証明書の有効期限を徒過させ同設定登記申請手続を不可能とし，(iii)Bが使用者に報告しようとしたのを押しとどめたために抵当権設定仮登記仮処分手続を不能ならしめたとして，Aを懲戒解雇処分とし，さらに，貸付金との差額約950万円の損害賠償請求をしました。

これに対しAは，貸付業務の最高責任者はBであって自分ではなく，自分はBの上司たる立場にないからBから相談を受けた内容を使用者に報告する義務はないし，また，抵当権設定登記がなされていない事実はAが報告しなくても使用者の管理体制が整っていれば分かるはずであり，さらに，他の貸付担当者が使用者に重大な過失によって損害を与えても懲戒解雇された例はないから懲戒解雇は権利濫用であるなどと反論しました。

裁判所は，Aは貸付業務統括者であり従業員を管理する立場にあり，Aには前記(i)ないし(iii)の各行為があったと認定して，職務上の義務に著しく怠って損害を発生させたものであるから就業規則上の懲戒解雇事由に該当する，としました（Aは常務取締役という役員であるにもかかわらず，解雇を認定しているので，使用人を兼務しているのかとも思われますが詳細は不明です）。しかし，Aに対する未回収分の損害賠償請求については，次の理由から請求額の3分の1相当額に制限しました。①金銭貸付を業務とする企業の

従業員は，その給与からみて容易に返済できない額の貸付をしているのが通常であり，従業員の落ち度で未回収となった金銭のすべてを当該従業員個人が賠償すべきとすることは従業員にとって余りにも酷な結果をもたらすこと，②企業の側でも，第一次的には懲戒権を行使することにより企業秩序の維持をはかり，損害賠償の請求はこれにより秩序の回復ができない例外的な場合にのみで満足するべきと考えられること，③使用者の就業規則の規定からも従業員が使用者に損害を与えた場合でも全額請求することが原則であるとは定められていないこと，④使用者はAを懲戒解雇した時点ではAに対して損害賠償請求する意図を有していたとは認められないこと，⑤使用者が受け取っていた貸付の利息は利息制限法に違反し，同法の制限をかなり上回るものであった疑いが強いこと，⑥本件貸付金全額を回収する可能性がなかったとは言い切れないこと，⑦Aに対する懲戒解雇が有効でありAはこれにより十分な制裁を受けたと評価できることなどです。本件では，①の金融業者の特殊性が重視されているようですが，②のとおり，「懲戒権を行使することだけでは企業秩序の回復を得られない例外的な場合」に限って，使用者が懲戒処分に加えて被用者に対し損害賠償請求することができるとした点も注意が必要でしょう。

(3) 具体例(c)の事案（大阪地判平成8年12月25日判例時報1986号132頁，大阪高判平成10年5月29日判例時報1686号117頁）

会議等の企画・運営を主たる業務とする甲社の幹部職員Aが，取締役支店長とともに甲と同種の業務を目的とする乙社の設立を企図し，甲社の従業員に対し積極的に勧誘行為を行い，また，設立した乙社に移るに際し甲社支社で保管する請求書などの書類や物品などを持ち出したものと認定され，懲戒解雇事由に該当すると認定された事案です。甲社は，退職金の不支給条項（「懲戒解雇により退職となる場合には，退職一時金の全部または一部を支給しないことがある。」との規程）にもとづき，Aおよび同様の行為を行って解雇した従業員に対して，懲戒解雇を理由として退職金の支給をしませんでした。

§3 労働と紛争解決

　これに対し，Aらは，甲社に対し，前記退職金の不支給条項は就業規則変更手続を履践しておらず，従業員に対する周知もなされていないから無効であるとして，変更前の退職金規程にもとづく退職金の支払いと違法な懲戒解雇処分を受けたことによる慰謝料の支払いを請求しました。
　これに対し甲社は，仮に退職金不支給規程が無効であったとしても，Aらには著しい背信行為があったから，退職金請求は権利濫用であると主張しました。
　裁判所は，甲社による退職給与規程の変更は，法定の手続を経ておらずまた従業員に対する周知もなされていないことを理由に，Aらに対する関係において無効であるとしました。そして，甲社における退職給与規程によれば，退職金の支給額は，退職時の基礎賃金と勤続年数によって決まり，支給条件や支給額について裁量の余地がほとんどないことから，一定期間継続的に勤務したことに対する賃金としての面を有するとした上で，甲社のような退職金制度に照らせば，退職金全額の不支給は，労働者の権利に重大な影響を与えるものであるから，「単に懲戒解雇事由があるというだけで退職金全額の不支給が認められるわけではなく，更にそのことが労働者のこれまでの功績を失わしめるほどの重大な背信行為と評価されることを要する」とし，退職金全額不支給が可能となる場合を制限しました。Aに対する退職金の不支給について，一審（大阪地裁）と控訴審（大阪高裁）で判断が分かれました。
　一審では，Aらが行った甲社従業員に対する乙社への勧誘行為，乙社設立行為および甲社の資産書類物品の持ち去り行為が懲戒解雇事由にあたるとした上で，Aが甲社支社の次長という要職にあり，在職中には取締役支店長の下で実戦部隊の中心となって従業員の勧誘や乙社の設立準備行為を積極的に行って，甲社の業務を混乱させたとして，これをAの甲社におけるこれまでの功績を失わしめるほどの重大な背信行為であると認定し，Aの退職金請求は権利の濫用に当たると判断しました。これに対し，控訴審では，同じく，Aらの従業員移籍勧誘行為，乙社設立準備行為や資産・書類・物品の持ち去り行為は懲戒解雇事由に該当するとしましたが，Aの退職当時における甲社

の退職金制度は，従業員に重大な背信行為があると否とを問わず，また，退職の形式が任意退職であると懲戒解雇であるとを問わず退職金を支給する内容であったと認定し，更に，Aが乙社の設立準備行為に関与した事実があるにせよ，それはAらが退職の意思を表示した後のわずかな期間のことであるから，Aの永年の功績を失わせるほどの重大な背信行為ということはできないとして，Aから甲社に対する退職金請求を認めました。控訴審も，Aの懲戒解雇を適法と認め，Aから甲社に対する慰謝料請求を否定していますから，「永年の功績を失わせるほどの重大な背信行為」か否かの判断が分かれたものです。また，控訴審では，甲社のAの退職当時における退職金規程の趣旨解釈が，前記のとおり，背信行為の有無，任意退職と懲戒解雇とを問わず支給する制度だった，と認定されたことが大きく影響しているでしょう。

（三角元子）

§4 倒産と紛争解決

　Aは小規模自動車部品メーカー（B有限会社）を経営している。しかし不況から受注が激減し、それまで運転資金として借入した銀行からの融資金の返済や従業員の給料の支払等が来月分からは支払えない状態に陥った。債権者は銀行を入れて30社、総負債は1億5,000万円ある。銀行の債権は1億円で自宅兼工場（名義はB会社）に抵当権が設定されている。この評価額は約4,000万円程度である。この状態でB会社の社長Aはどのようにしたらよいでしょうか。

　この問題を考えるについて、まず倒産手続（倒産処理手続ともいう）にはどのような種類があるかをみてみましょう。

1　倒産手続の種類

　倒産手続には、大別して法定手続によらないものと法定手続によるものとに分けることができます。前者は私的整理（任意整理または内整理）と呼ばれるものであり、この手続は債権者と債務者が協議して、整理案を作成し、それに基づいて債務者の財産関係を処理するもので、自然人・法人の両者の利用が可能であり、整理案の内容により清算型あるいは再建型に分けられます。私的整理がどのくらい行われているかに関する統計はありませんが現実にはかなりの件数に及ぶものと思われます。後者には6つの制度があり（表1）、そのうち清算型の制度として、第1に破産があり、これは自然人・法人両方を対象とするものです（後述）。第2に清算手続中の株式会社に債務超過の疑い、あるいは清算の遂行に著しい支障をきたすべき事情があると認められる場合に債権者、清算人、監査役等の申立により裁判所の監督の下で行われる特別清算があります。再建型の制度として、第3に自然人・法人両方

表1　倒産手続の種類，対象，新授件数

	種　類	法　律	手続の対象となるもの	平成11年の新授件数
清算型	破　産	破産法	自然人および法人	128,488件
	特別清算	商法431条〜456条	清算中の株式会社	343件
再建型	民事再生	民事再生法	自然人および法人	804件（他の倒産手続からの移行含め平成12年4月から13年3月までの件数）
	強制和議	破産法290条〜346条	自然人および法人	14件（強制和議による破産終結件数）
	会社更生	会社更生法	株式会社	37件
	会社整理	商法381条〜403条	株式会社	12件

を対象とする民事再生手続（後述），第4に破産宣告後に破産的清算を回避するために破産債権者の譲歩による破産者の再建を目的とする強制和議，第5に窮境にあるが再建の見込みのある株式会社について，債権者等の利害関係人の利害を調整しつつ，その事業の維持更生を図ることを目的とする会社更生手続，そして第6に株式会社に支払不能または債務超過の疑いがあるか，あるいはそれに陥るおそれがある場合に取締役，監査役等の申立てにより裁判所の監督の下で会社の再建をする会社整理があります。さらに，民事調停の一類型として，いわゆる債務弁済協定調停の有する倒産処理機能を強化した「特定債務等の調整の促進のための特定調停に関する法律」（後述）その他があります。

2　民事再生法による解決

上記の設例で，Aがまず考えるのは民事再生手続によるB会社の再建です。そこで，この制度の概要をみることにしましょう。

民事再生法（以下民再法）は，長期化，深刻化する経済不況の下で中小企

業の倒産が激増しておりそれに緊急に対応する必要があるために立法され，平成12年4月1日から施行されています（ちなみに，初の再生手続開始決定は同年4月5日午前10時に大阪地方裁判所でA産業株式会社に対してなされたものです）。従来からも再建型の倒産手続として会社更生，会社整理がありますが，これらは株式会社のみを対象としており，有限会社に対しては適用することができませんでしたが，民再法は自然人・法人が対象となっていますので，Aの経営する有限会社Bも適用が受けられるわけです。民事再生手続は施行後1年間で利用件数が800件あまりに達しています。たとえば，大手百貨店の「そごう」が負債総額約1兆8,700億円で平成12年7月12日にこの手続の申立てをし，同7月26日に再生手続開始決定がなされています。

　民再法は，破産の原因たる事実が生ずるおそれ（民再法21条）があれば手続開始の申立てを認め，開始時期の早期化を認めています。つまり弁済期が到来した債務を一般的に支払えない支払不能（破産原因）状態に陥る以前に，そうなるおそれがあれば申立てができます。この法律においては，B会社の担保権者である銀行に一定の場合に担保権の実行手続として競売手続の中止を命ずることを裁判所に認め（同法31条），加えてAがB会社のスポンサーを探して，そのスポンサーがB会社の債務を銀行に支払うとか，B会社の営業譲渡先が支払うとかする場合に再生債務者等に裁判所の許可を得て，B会社に対して銀行が有する担保権の消滅を認める担保権消滅制度を設けました（同法148条）。民事再生手続では債権者集会に出席した議決権を行使することができる再生債権者の過半数および議決権総額の50％以上を有する者の賛成で，B会社の再建計画である再生計画案が可決され，裁判所がそれを認可すると再生計画が成立して再建のスタートができるわけです。

　担保権者である銀行が再生計画とは別の支払案の提示をして競売などしてこれないようにされているところがポイントです。また，上記のスポンサーなどが銀行分を支払うとか引き受けるとか保証することも考えられます。

　また，この手続による再生計画案が認可された場合であっても，AがB会社の保証人であるような場合は再生計画の効力は保証人等には及びませんか

ら（民再法177条），Aに支払能力がない場合は，後述する破産を選択するかA自身も民事再生手続の申立てをすることになりますが，加えてAはBと異なり個人であるため平成13年4月1日より施行されている民事再生手続の特則である小規模個人再生手続か，あるいは場合によっては給与所得者等再生手続の選択も可能です（ちなみに，初の小規模個人再生手続開始決定は同年4月4日午後3時に名古屋地裁で，給与所得者等再生手続の開始決定は同年4月5日午後5時に静岡地裁で下されました）。これらの手続は通常の民事再生手続を簡易・軽量化したもので，前者は「将来において継続的に又は反復して収入を得る見込み」がある場合，後者は「給与又はこれに類する定期的な収入を得る見込みがある者であって，かつ，その額の変動の幅が小さいと見込まれるもの」の場合ですが，さらにAが必要な要件を満たせば再生計画案が裁判所により認可され，原則として3年間でその再生計画を履行するものです。

　再建型倒産手続として，民事再生とは別に会社整理があります。これは全債権者の同意が必要である点で，B会社としては担保権者の銀行以外の他の債権者が全員，整理案という再建計画を承諾しなければなりませんが，十人十色というようにおのおのの債権者には各別の立場がありますし，2人や3人の反対があるのが通常ですから，会社整理によることはまれであるということになりますし，そもそもB会社は有限会社ですからこの申立てをすることができません。

3　特定債務等の調整の促進のための特定調停に関する法律

　これはAの経営するB会社が，倒産手続で処理をうけるのではなく担保権者等と調停をすることで解決をはかろうとするものです。

　この法律（以下特定調停法）は，平成12年2月17日から施行されていますが，これは民再法と同時期に公布・施行されており，また，経済的に困難な状況にある債務者の観点からすれば両法律とも利用が可能であるにもかかわらずあまり知られていませんが，この法律は調停であるという点において民

再法に比べてよりフレキシブルであり，予納金の必要はなく，手続に必要な費用も安く，何にもまして民再法の適用が倒産であると認識されるのに対してこれはあくまで調停であり，倒産には至っていないと考えられる点にメリットがあります。

　この法律は，支払不能に陥るおそれのある債務者等の経済的再生に資するため，このような債務者が負っている金銭債務に係る利害関係の調整を促進することを目的としていますが（特定調停法1条），従来も民事調停において，いわゆる債務弁済協定調停により経済的困難に陥った債務者が債権者等との話合いにより分割弁済をしてする再建の方法がありましたが，倒産手続類似の機能をより一層充実させるためこの法律が制定されました。特定調停法は民事調停の一種で，金銭債務を負っていて，債務超過に陥るおそれのある法人，または，支払不能に陥るおそれ，もしくは，事業の継続に支障を来たすことなく弁済期にある債務を弁済することが困難である自然人あるいは法人をその対象としています（同法2条）。この法律を民事調停の債務弁済協定調停と比べた場合の主な特徴として，まず，民事執行法による執行の停止を条文上明記し，無担保による停止を認める等その要件が緩和されたという点（同法7条）や，民事調停委員は裁判所が事案の性質に応じて法律・税務・金融等の専門的知識経験を有する者を指定するという点（同法8条），さらに調停委員会が調停条項案を提示する場合は，「公正かつ妥当で経済的合理性を有する」内容のものでなければならない旨規定し（同法15条），遠隔の地に居住している等の事由により出頭することが困難なものに対しては，書面による調停条項案の受諾の制度を新設した点（同法16条）等において工夫がなされています。

　もっとも，この手続も調停の一種ですから，特定債務者と債権者の合意がなければ債権者の権利を一方的に変更することはできませんし，合意はそれをした特定債務者と債権者間においてのみ効力があり，それ以外の者には及びません。この特定調停法は，担保権者が上位から下位までいて，担保目的不動産の評価を調停委員会で評価して，その価格を弁済することで担保権者

第2編 Ⅲ 社　会

との間の担保権を全額抹消するというときなどに有効です。B会社についてみれば，調停委員会の評価額に相当する融資金をB会社のスポンサーが支払って担保の抹消を受けるとか，またはスポンサーが立て替えて弁済した上で同一目的物に担保を設定するときに有効です。

4　破産手続による解決（グラフ1）

上記のB会社が民事再生手続で法定多数の同意が得られないときや，それが得られても担保権者との話合いで担保権の抹消や不行使などの合意ができないとき，または特定調停法で裁判所の評価する担保目的物の価格を提出す

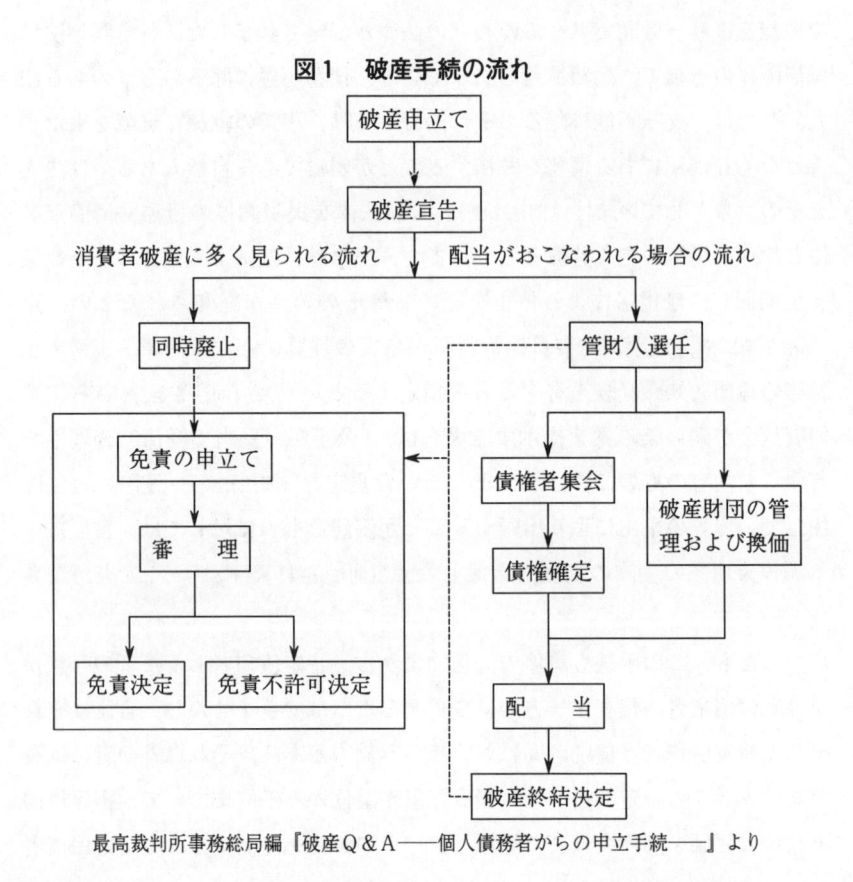

図1　破産手続の流れ

```
            破産申立て
                │
            破産宣告
     ┌──────────┴──────────┐
消費者破産に多く見られる流れ   配当がおこなわれる場合の流れ
     │                        │
  同時廃止                 管財人選任
     │                  ┌─────┴─────┐
  免責の申立て ←┄┄┄  債権者集会    破産財団の管
     │                  │           理および換価
   審　理              債権確定
     │                  │
  ┌──┴──┐            配　当
免責決定 免責不許可決定    │
                     破産終結決定
```

最高裁判所事務総局編『破産Q&A──個人債務者からの申立手続──』より

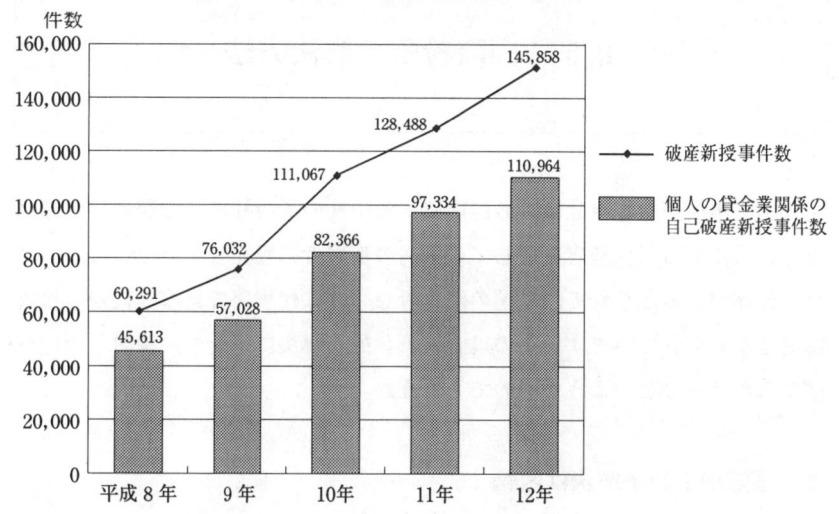

グラフ1　最近5年間の破産新授事件数の推移

年	破産新授事件数	個人の貸金業関係の自己破産新授事件数
平成8年	60,291	45,613
9年	76,032	57,028
10年	111,067	82,366
11年	128,488	97,334
12年	145,858	110,964

るスポンサーなどが見つからないとき，そしてB会社が再建するための運転資金（事業資金）の手当がつかないときは，いずれの方法によってもB会社の再建は断念せざるを得ないことになります。

　そうするとB会社はやむなく破産宣告を受けることになります。この場合，債権者は裁判所へ債権の届出をし，債権調査を受けて確定した債権額に対して破産管財人がB会社の破産宣告の時点における全財産を管理し，換価して配当金にして，それでその債権額に応じた割合的弁済（配当）を行いますが（図1），これによってB会社は消滅することになります。AがもしB会社のために保証人となっているとBの破産手続が終了してもAは保証人として債権者に払う義務が残ります。その場合Aは協議により分割弁済をするか，究極は自己破産をして，免責を受けることにより再起することとなります。

（櫻本正樹）

§5　国際紛争の解決方法

　A国に本店のある甲社は、B国内にある甲社の子会社乙社で製造した商品を、C国にある丙代理店を通じてC国内の消費者に販売していたところ、商品に欠陥があるとされて、C国の消費者ならびに代理店である丙社から損害賠償を求められています。この場合に具体的な解決に当たり、検討しなければならない点はどのようなものでしょうか。

1　国際取引紛争解決は困難

　上記のように国際取引の紛争の場合には純粋な国内取引と違って、当事者が外国人（法人）であり、また外国で事業を行っているわけです。取引に関係する要素が複数国にわたっているため、法律上重要な点について渉外的要素（外国との関係があることです）が含まれるものを国際取引として、一般の国内取引とは異なる観点から紛争の解決を考えなければならないことになります。純粋に国内の問題であればすべての当事者が1つの司法権の下に紛争が解決されるので、紛争解決にあたっては日本であれば日本の国内法、日本の裁判所の手続のみを検討すればよいことになるのとは対照的です。

2　解決に向けて検討すべきポイント

　国際間の取引の紛争においては、国際間を束ねる1つの司法権は存在しませんから、国際間においてどのように紛争を解決するかについて、以下の要素を検討しなければなりません。
　(1) 紛争解決のために、どの国が裁判権を行使することができるか。当然複数の国において提起が可能となることを考えなければなりません。
　(2) 複数国の内の一国で、裁判が起こされたり、判決が下されたり、さら

に強制執行されたりするなどの裁判権を行使された結果を，その国以外の他国でも，当の外国の裁判の内容や結果を通常の国内裁判と同様に取り扱うことが可能でしょうか。
(3) 手続法の問題があります。裁判権を行使する裁判所において適用される手続法は，どこの国の法律が適用されるのでしょうか。
(4) 準拠法の問題があります。当該裁判で適用される実体法は，いかなる国の法律か，1つの国の実体法か，多数の国の実体法の適用が考えられるのでしょうか。
(5) 外国での裁判は，日本ではどのような場合に認められるのでしょうか。
(6) 裁判以外の紛争解決手段は存在しないのでしょうか（ADRの問題）。そのADRは，当の国または他の国では，どの程度の法的効力があるのでしょうか（ADRの承認の問題）。
(7) 国家間での商事紛争になることもあります。国際取引においても関係する国の政策が，他国の人（法人に）対し不公平な取扱いをするものであるとすれば，これについてどのような対応，解決手段があるのでしょうか（WTOその他の問題）。ただし，これは個々の取引の問題を超えた国家の政策の問題ですので，本稿では省略します。

3 各ポイントへの解決方法
(1) 裁 判 籍
当の紛争を解決する裁判所は，どの国のどの地域のどの審級にある裁判所がこれを取り扱うのでしょうか。各国間の調整は，本来国際条約によって取り決めなければならないのですが，現在のところ，世界のすべての国が締結し批准している国際紛争を統一的に扱う条約または取決めは存在していません。現実には，各国がそれぞれの自国法の制度の下にどのような国際的取引を自国の裁判所で取り扱うのかを決めているのが現状です。ところが，法制度としても，英米法系と大陸法系で大きく内容も制度も異なり，同じ法体系の国の中でも，各国の法制度は区々であり，現実には無数の法制度がある以

上，無数の裁判の可能性があることになります。裁判を起こす側からすれば，いろいろな国のいろいろな裁判所に裁判を起こせるかもしれないし，また相手方にとってはどこの国のどの裁判所で起こされるかの統一的なルールがないことになります。これが今日の国際取引紛争の裁判の実際です。

　国によって法制度が異なる顕著な例は，アメリカのカリフォルニア州のロングアームス法があります。この法律によると，ほぼあらゆるカリフォルニア州に関連する国際取引紛争の事件がカリフォルニア州で裁判することができる建て前となっています。ただし，台湾で，台湾の国内航空会社の遠東航空の旅客機が墜落し日本人乗客が死亡，日本人乗客が事故機を製造したボーイング社および遠東航空に航空機を販売したユナイテッド航空に対し，カリフォルニア州の連邦裁判所に訴えた事例では，カリフォルニア州の連邦裁判所は，「本件事例については適切な法廷地は台湾である」として，フォーラム・ノン・コンビニエンス（不便宜な法廷地）の法理を適用して，訴えを却下しました。

(2) 国際的二重訴訟

　次に，異なる国にそれぞれ同一内容の訴訟が提起された場合，たとえば外国と日本で，同一事件に対し別々に裁判が起こされた場合，一方の裁判が法律上禁止されることができれば同一事件について審理は1つとなり，裁判内容が抵触する可能性は排除されますが，しかし現実には他国で裁判が起こされてもそれを積極的に排除する法制度であればともかく，現在のところ，国際間の二重訴訟を排斥する立法はありません。したがって現実に，外国と日本で同一事件につき訴訟が競合する場合があります。その場合に二国の判決がそれぞれに相反する判断が生じた場合に，どちらの判決を優先するのかという問題が生じます。これは本来国際的な訴訟において民事訴訟法142条の二重起訴の禁止（裁判所の係属する事件については，当事者は，さらに訴えを提起することはできない）の趣旨を単純に国際訴訟の競合の場合には適応できないという問題から出発します。すなわち，先に起こされた裁判を優先するということが，必ずしも国際裁判管轄の観点から最初の裁判地が適切で

あると判断しきれないものであっても，形式的に後発の訴訟を不適法として却下するわけにはいかないことになります。

　以上のところから導かれることは，外国での裁判の他に，わが国で独自に訴訟手続が並行的に進行することを許すことになり，またわが国で同一事件につき，これと抵触する外国判決を執行しようとしても，すでに日本で抵触する確定判決がある場合には，外国での判決が承認・執行されることができない結論になり，いわば外国判決を空洞化させることが可能となってしまいます。そこで，戦術として，外国で訴訟を提起されたら，わが国で同一事件について訴訟を提起して対抗する方法をとることが，用いられます（関西鉄鋼所事件（大阪地判昭和52年12月22日判例タイムズ361号127頁））。しかし，このような方法を無制限に認めることは，外国判決の承認・執行を予定した民事訴訟法の意図とは言い難いとも考えられます。したがって方法論については立法上もまた解釈上もまた制約を加える必要があるとする学説もあります。

　一方，日本では制定法としては国際裁判管轄を定めたものがない（後述の倒産関連法規の改正を除く）ので，判例では国内の裁判管轄を定めた規定から裁判所は一定の場合には，国際紛争を日本の裁判でできることを認めています。先例もいくつか判例集に登載されています。国内では，管轄地に営業所を有する法人に対して，主たる事務所，営業所（民訴法4条4項の普通裁判権）または当の営業所に係わる取引については，当の営業所を管轄する裁判所に管轄権がある旨の民訴法5条5号を根拠に管轄権があるのですが，外国法人が，日本国内に営業所を有していた場合には，当の営業所の営業か否かに係わりなく，また財産があれば日本に裁判管轄を認めています。判例には遠東航空機事件判決（東京地判昭和61年6月20日判例時報1196号87頁），マレーシア航空事件（最判昭和56年10月16日民集35巻7号1224頁）があります。日本に営業所を有する外国企業は，当該営業所に係わりのない事件でも，日本の裁判所に相手方外国企業を提訴することが可能となりました。

(3) 手　続　法

　裁判所が決まったとしても，そこでの裁判手続がどの国の法律によって行

われるのか，また裁判の内容をなす実体法はどこの国の法律が適用されるのかが問題になります。通常は手続法は法廷地の手続法が採用されるべきであると判断され，実際に裁判が行われる裁判所の所在国の手続法が適用になります。これは，当該裁判所がその国の司法権の行使として判断する以上，当然でありかつ合理的であるという判断によるものです。多数の国では，互いに諸外国との間で裁判手続に関しいくつかの条約を締結し，国際間で裁判手続について共助を行っているのが現状です。これは，当の裁判を自国で行うとしても，裁判書類の送達，証拠調べの一部などを外国にいる相手方に対して行う場合に，相手方国の司法機関の協力が不可欠であるからです。日本も多くの国々との間で司法共助に関する条約・協定を締結しています。

(4) 準 拠 法

　紛争の実体を判断するために適用される法律は，当の紛争にとっていかなる国の実体法を適用することが適切でしょうか。裁判地の法規がこれを定めています。これが，抵触法（コンフリクト・オブ・ロー）の問題です。米国のように連邦法の管轄以外は，各州の立法府が自治的に定めているため，各州間にまたがる紛争においては，その法律の適用の基本ルールを定める抵触法規を国内においても必要とする国もあります。日本においては，「法例」という名の法律が，裁判手続における抵触法の基準を定めています。これは，国家間の取決めを扱う国際公法と区別して，国際私法と呼ばれています。国際取引においては，多くの場合判断基準たる準拠法は，当事者の合意で定められています。各国の抵触法規は，準拠法指定の合意に効力を認めています。ただし，労働法，消費者保護立法などの社会政策的法律は，当事者が適用を免れる合意をしても効力を否定されます。日本で，外国人を雇用する場合に厳しい日本の労働基準法の適用を免れるため，当の外国人の母国の労働法の適用を合意する等の例が考えられます。もし，このようなことを認めると，外国人労働者が，日本国内での過酷な労働条件の下に労働を強いられることを日本が国家として容認する結果となってしまいます。その不合理性は明らかですから，このような合意は認められていません。

(5) 外国判決の承認・執行（民事訴訟法24条）

　日本では，他国の手続にもとづく判決等につき，いかなる効力を認めているのでしょうか。他国の裁判の尊重と自国民の保護をどのようにバランスを取っているのでしょうか。国際取引紛争について外国における訴訟で何らかの結論が出た場合に，当事者が任意に履行されれば問題はありません。被告が判決に従わなかった場合には，この判決をした国以外で強制執行する必要もあり，また逆に敗訴した被告から見れば，当の判決が行われた国に資産等があればそこで強制執行されることになることはやむをえないとしても，被告が裁判の行われた国以外にも資産を有する他国においては，その外国判決の効力が，どのような効力を有するかが問題となります。もちろん諸外国での法制度は区々ですが，日本国内では，外国の判決がわが国でどのような効力を生じるか，またそのような場合に日本ではどのように自国民の保護を考えているのでしょうか。理論的には外国判決は外国の判決であり，日本で効力を有するためには日本で実体的な問題について審理をし，その上でわが国なりに判断するという方法もありますが，わが国ではそのような実体的内容に立ち入らずに手続面で，一定の要件のもとにその外国の判決に執行力を与える手続を採用しています。

　これは通常外国判決の承認と呼ばれ，具体的には判決の効力を求める側が執行判決を求める訴えを提起することになります。裁判所は民事訴訟法118条の要件を具備していれば，民事執行法24条2項で外国判決についてその実体的な審理，すなわちその内容に立ち入ることなく，わが国の裁判所が当の外国の判決によって強制執行をすることができる旨の宣告をすることになります。

　民事訴訟法118条は，外国裁判所の確定判決は，次に掲げる要件のすべてを具備する場合に限り，その効力を有するとします。
　(a)　法令または条約により外国裁判所の裁判権が認められること。
　(b)　敗訴の被告が訴訟の開始に必要な呼出し，もしくは命令の送達（公示送達その他これに類する送達を除く）を受けたこと，またはこれを受け

なかったが応訴したこと。
(c) 判決の内容および訴訟手続が日本における公の秩序または善良の風俗に反しないこと。
(d) 相互の保証があること。

(a) 裁判管轄

裁判所は実体的に裁判の内容について再度審査することができませんので（民事執行法24条2項），外国判決がわが国から見て正当な管轄権を有する裁判所によって下されていることが必要です。民事訴訟法はこれを積極的な要件として掲げています。これを間接的国際裁判管轄の存在といい，外国の裁判所が，わが国の国際裁判管轄の準則に従って国際裁判管轄を有することを要件とします。

(b) 敗訴被告への訴訟開始文書の現実送達または応訴

裁判の起こされたことを知らずにされた当事者に対してこの判決の効力を及ぼすことは妥当ではありませんが，公示送達（相手方が所在不明で裁判所にしかるべき方法で公告，ないしは掲示することにより相手方が当の文書を了知したものとみなす法制度）では，その判決を知ったことになりません。ここで注意すべきは，送達は日本の民事訴訟法では，送達について厳格な手続を要求していますが，当の外国手続においては適法な送達であればよいとされています。とくに日本のように裁判所が職権で行う召喚状を送達するような法制度をどの国もとっているわけではなく，英米法系の法制度のように召喚状の送達をいろいろな方法，たとえば多くは弁護士が相手方に直接手渡す等の方法をとっている法制度の下においては，この送達が直接送達されたのかどうかという解釈については後述するような問題もあります。

(c) 公序良俗

わが国の基本的な制度は，上記のとおり，外国判決の内容の当否についてはこれを審査しないことを原則としていますが，判決内容を無制限に認めているわけではありません。諸外国はおのおのその求める法的正義が異なり，わが国とはかけはなれた判決内容を目ざす場合もあるからです。不法な犯罪

§5 国際紛争の解決方法

取引にもとづく代金決済を命じる判決が認められた場合や賭博が適法な国（ラスベガス州）で多額の負けを喫し，多額の支払義務を負った場合に，それぞれその支払いを命じた判決を日本で執行できるか，という問題があります。米国独占禁止法違反のように懲罰的な賠償義務が課せられている判決の執行が求められてきた場合なども同様です。そこで，日本の公序良俗に反するときは外国判決の効力がわが国では生じないことにしてあります。むしろ，この公序が実体方面の審査を禁じた原則との兼ね合いでどの範囲の事柄を公序の審理の対象とするのか，またその公序の基準は何をもって公序とするのかなど議論が分かれています（最判平成9年7月11日）。

(d) 相互保証

　これは当の外国判決を下した国が，わが国と同等の条件で，わが国の判決を承認・執行してくれることを要件としたものです。しかし現実問題として条約等で外国が，わが国と完全に同一の条件で，わが国の判決を承認・執行を要求することは，各国法制度が異なる以上全く同一の条件で判決が下されるということを期待することは難しいので，この要件を厳格に解すると外国判決の承認・執行を得ることは実際上不可能になります。そこで解釈としてはこの要件を広く解釈することになります（最判昭和58年6月7日民集37巻5巻611頁）。外国の法律によっては，訴訟開始の文書を送達された被告が裁判所に出頭しない場合に，無条件で原告の請求を認める法制度もあれば，原告の請求について一応証拠調べをする法制度もあるなど，個々の内容に異なった手続が考えられます。日本の判決が当の外国で承認・執行された事例があれば日本でも認められやすいのですが，ほとんどの外国ではそのような実例を見出すことは難しく，本当に承認・執行が現実にできるかどうかの確認の方法はありません。したがって制度上，お互いの国が相互に相手国の判決を承認することについて保証があると解釈できる内容であればよいでしょうが，この相互の保証の範囲，程度について最高裁判所の判例では全体的な評価として重要な要件に同一性があれば充分であると解釈範囲を広げています。

(6) ＡＤＲ

近時，裁判外紛争処理機関（Alternateve Dispute Resolution；ADR）の活用が国内においても注目され，利用者も増加し，評価を受け始めています。しかし，国内のADR利用以前から国際取引においては広くADRの活用が用いられてきました。国際仲裁をADRの中に含めるか否かという定義の問題はありますが，日本における代表的な組織としては，社団法人国際商事仲裁協会，また海運関係では1926年に設立された常設の海事仲裁機関，社団法人日本海運集会所が国内のみならず，国内外の海事仲裁・調停・鑑定・海難救助報酬の斡旋などの業務を行っています。これらのADRは，通常の裁判機関があらゆる紛争全般を対象にすることを前提に設置されているものである以上，裁判所は専門的な紛争についてその知識・判断の正確性において劣るものではないとしても，迅速性においては専門家の判断よりも著しく劣り遅い点が自覚され，それを専門的に特化した専門家の組織ADRによる解決が注目されています。

(7) 国際仲裁

国際仲裁にもとづく仲裁が行われた場合は，外国で行われた仲裁判断についての効力を定めた直接の規定はありません。そこで，国内仲裁を対象とする「公示催告手続および仲裁手続に関する法律」800条以下が対象とする国内仲裁判断の定めが，国際条約等が適用される外国仲裁判断にも，一定の要件の下で認められるというのが多数説です。これに対して，外国仲裁判断について直接の規定がないことから，法の欠缺として条理にもとづいて解釈すべきとする説があり，この両説が対立しています。両説の違いは，前者は，①仲裁判断が仲裁の準拠法上有効であること，②わが国の公序良俗に違反しないこと，③当事者が審尋され適当に対峙されたことを要件としています。しかし実際は，わが国は世界の大多数の国と条約をはじめとする各国の外国の仲裁判断の承認・執行のための多国間条約に加盟し，かつ通常通商条約の中に外国仲裁判決の承認・執行のための条項が含められていますので，現実に問題となった場合には，条約にもとづき外国の仲裁判断の承認・執行の問

題が処理され、その対立は解釈上の問題に限定されることになります。

4　サイバー法上のトラブル

　国際間の取引における問題解決の困難性は、インターネットを利用した取引（以下サイバー取引という）において、さらに一層増大します。国内取引においても、サイバー取引について従前の民商法がそのまま適用されるか否か、その妥当性に疑問が投げかけられています。契約の成立時期の問題について日本民法は遠隔地においては発信主義を原則としている以上、サイバー取引において原則の適用を認めるか否か、いつ意思表示が到達したかという基本的問題すら解決していないという困難な問題が多数提起されています。

　それに加えて、前述したように国際取引においては、各国の法制度が異なる以上、たとえば英米法のように書面性を要求されている国ぐにとのサイバー取引において、サイバー上の文字は英米法上の書面取引の要件を充足するか否かという問題も存在します。さらに、サイバー取引においては、その取引を解釈すべき法律は一体いかなる国の法が適切であるのかについて統一的なルールは存在しません。

　したがって、従前は国内取引と国際取引が明確に区別されていたはずの、たとえばサイバー上に商標などを使用した場合は、これを閲覧することができる者は世界各国に存在し、別の言葉でいえばホームページ上に商標を掲載することは世界各国でその商標を掲載するのに等しいとされています。そうしてみると、すでに類似または同一の商標がある国で登録され排他的効力を有していたとすれば、その商標とサイバー上の商標はどちらが優先的な効力を有するのでしょうか。また、優先的効力を有するものは、他の商標を排斥できるのでしょうか。もし排斥できるとした場合には、どこの国の裁判所がどのような法律にもとづき、また具体的にサイバー上の取引について他国のサーバー内にある商標を掲載したホームページのデータをどのように排除する具体的な方法があるのかなどという問題が山積していることが容易に理解されるでしょう。

(1) サイバー取引解決への法則

　まず，サイバー取引については国内法上の法整備が先決問題となります。また，国内の一国の法制度は他国の法制度と矛盾するものであっては，サイバー取引がいわゆる国境のない取引であるために，インターネットで接続される国ぐにが統一的ないしは同一の思想の下に取引に対する規制を加えなければ，解決への道はほど遠いということになります。すなわち，サイバー取引については従前の取引とは全く異なったサイバー世界における統一法を施行しなければなりません。このためにWTO・WIPOはモデル試案を作り，各国においてこれを採用するように推奨していますが，未だその途上です。

　今後は各国が積極的に統一法を採用するか，ないしは諸国間においてサイバー取引における法規制について二国間条約もしくは多国間条約を締結する等の方法によって解決することになるでしょう。また，予防法学的に見ればサイバー取引において，そのアクセスが世界に存在するネットでつながっているコンピュータ全部であることを前提にしつつ，そのうちターゲットとなる顧客をその法制度の観点から限定してこれを提供するなど（たとえば，この商標を日本国内向けの顧客のために使用している旨表示することなど）検討されるべきです。

　しかしながら，このような方策をもってしても，諸外国の強行法規が規制する領域（たとえば公法・行政法規の一部など）では，その強行法規が優先されることになります。たとえば，猥褻図画を陳列するホームページをそのような規制の全くない外国のサーバー内に設置し，ターゲットとしている顧客の国からでも容易にアクセスできるようにすることは，そのサーバーが外国にあるとしても，それを企図した行為者が国内にあり，その顧客をもっぱら日本国内に限るときは，わが刑法上の罪に問われてもよいと考えるべきでしょう。また，日本国内の労働市場を念頭において，労働者との雇用契約に至るプロセスをサイバー取引上において行うときは，派遣業法，人材紹介業等の日本の規制から免れることは不可能でしょう。これは行政法規上の制約といえます。

§5 国際紛争の解決方法

また,それらマーケットを限定せずに,ホームページ上で何らかの法律行為を行えば,そのホームページにアクセスした国の法律上,種々の行政法規に反する場合には,諸外国における裁判管轄の規定によっては,その国にサーバーが設置されていなくても,またその設置者が当該国に存在しなくても,その国で損害が発生するとすれば刑法の域外適用,行政法規の域外適用をもって処罰の対象となることも十分考慮されなければならないかもしれません。

(2) ADR の活用

以上のように,国際取引に対する解決の道筋を1つ1つ作り上げてきた過去の各国の判例,およびわが国の判例および立法作業は,近年急速に広まっているサイバー取引においては,国際的サイバー取引に関する法律の整備が急務とされています。したがって現時点においては,ADR によって紛争解決を目ざすことが取りあえずの解決手段として有効なものになります。(World Intellectuarl Property Organization・世界知的所有権機関)が知的財産権の紛争解決のために専門化されたサービスを提供し,調停・仲裁・簡易仲裁などを広く手がけています。

5 国際倒産処理に関する対応

世界の企業が多国籍化といわれて久しくなりますが,当然に,企業の発展に伴って,多国籍企業が倒産をする事態が予想されていました。しかし,現実問題となるまで,法的には事前に何ら対応処置がとられていませんでした。外国に,不動産を所有した日本企業が(外国においては,必ずしも本国会社が直接所有せず,子会社,支店等を通じて所有している場合が多い),倒産した場合に,わが国では,2001年から普及直前に改められたものの,一般的には倒産法は属地法を基準に制定されている立法が多い以上,多国籍企業が同時に破産するという事態について,効果的な法制度が準備されていませんでした。1997年国連国際商取引委員会(UNCITRAL)が,国際倒産法モデルを採択し,これに準拠した国際倒産法の整備が各国で進められているであ

223

ろうことをふまえ，2001年4月から「外国倒産処理手続の承認援助に関する法律」および「民事再生法の一部を改正する法律」や破産法，会社更生法の国際倒産法規定が，国際的な経済活動を行う債務者について，公平かつ適正な倒産処理を実現するための法整備が行われました。国際紛争の解決にあたっては，国際倒産法の処理についても，その内容を知る必要があります。ここでは，前述のような判決や仲裁手続の承認と同じく，任意の倒産処理ではなく，法的整理が行われた場合に，法制度上どのように取り扱われるかについて簡単に述べましょう。

　一般的に倒産処理手続の効力がいかなる場所的範囲にあるかについては，手続が開始された一国内にある財産に限定する属地主義と，手続開始国に限定することなく，普遍的なあらゆる国の財産に効力が及ぶものとする普及主義という2つの考え方が存在します。従前の破産法および会社更生法は，厳格な属地主義を採用しており，日本で開始された手続は国外に対する財産に及びません。また外国で開始された破産，更生手続の効力は日本にある財産に及ばないことが明文の規定（破産法3条，会社更生法4条）に記されていました。上記の新法は，このような国際間，他国籍にわたる債務者について，国際間で公平妥当な財産の清算，経済的再生を図るために，外国倒産処理手続の承認申立てについての裁判，ならびに，債務者の日本国内における業務財産に関する援助のための処分をする承認援助手続を創設することにより，外国倒産手続の効力を，日本国内においても，一定範囲で実現する方策を設置しました。

　すなわち，外国管財人等による承認の申立てを受けた裁判所は，外国倒産処理手続に，日本において援助を与える適格性があると判断をすれば，判断が適格性を備えている場合には，承認の決定をし，承認の決定をされた場合には，必要に応じて援助のための処分を行うことができるようになりました。具体的には，債権者の個別的な権利とすると，債務者の財産の管理の処分権を制限することになります。国内の債権者を保護するためには，援助の処分を受けた債務者または管財人が，国内の資産を海外に持ち出す場合には裁判

所の許可を得なければならないものとし，同一債務者について，国内，国外の倒産処理が併存した場合には，どちらを優先すべきか整理する規定を設けています。

次に民事再生法の改正により，どのような事件が日本裁判所において破産の申立てをすることができるか。これについては解釈論で行われていましたが，2001年4月1日から改正され，破産事件の国際管轄についての規定を新設し，債務者が個人である場合には，日本国内にその営業所，住所，居所，財産を有する時に限り，債務者が法人その他社団，財団である場合には，日本国にその営業所，事業所，または財産を有している時に限り，日本の裁判所に破産の申立てができることを明記しました。さらに，日本と外国で破産手続が同時進行する，いわゆる並行破産状態が生じた場合の特則を設けています。また，同様の規定は，民事再生法においても，国際管轄の規定を新設し，いかなる事件が日本の裁判所において再生手続が行われるかを明記し，また，会社更生法においても属地主義が撤廃され，日本で開始された更生手続の効力についても，更生手続の効力が外国にある会社の財産に及ぶことを明記しました。

6　モデルケースに対する回答

本問のモデルケースで関係する国は，親会社甲社が所在するA国，甲会社の子会社乙社が製造を行うB国，さらに実際に消費者の手に渡るC国の三国が，裁判籍を有するか否か検討されるべき国となります。したがって，A国，B国，C国の各国の裁判籍に関する国内法，もし国際裁判管轄に定めのある法制度が整備されていれば，それぞれの調査を行い，どの国における裁判が当事者に有利であるかで裁判管轄を選択します（「フォーラム・ショッピング」。自分にとって都合のいい裁判籍（フォーラム）を選別することを揶揄する表現）。さらに，消費者からすれば，どの当事者から賠償金を回収することが確実であるか，執行の容易さを検討しなければなりません。この場合には，それぞれのA国，B国，C国の外国判決の承認の規定の調査が必要と

なります。さらに損害を容認してもらうためには，また損害賠償を否定するためには，どこの国の法律が自分にとって有利であるかを検討することになります。

いずれにしても，国際取引において，多くの選択肢の中から，訴訟当事者がその実現に向けて，どのような戦略をもって訴訟を遂行するかということがより重要，かつ必要なものであり，そのような戦略なしに訴訟を提起すること，ないしは訴訟に応訴することは，はなはだ危険といわなければなりません。

（鹿内徳行）

§6 犯罪と紛争解決

　Aは，深夜，自宅に帰るために歩いていたところ，突然，暗がりからBが飛び出してきて，Aの腹部をナイフで突き刺してその場に転倒させたうえ，Aが持っていた財布を盗んで逃走しました。Aが持っていた財布には，現金が約5万円入っており，また，Aは，ナイフで刺されたことにより，全治約3カ月を要する傷害を負いました。
　このような場合のAとBとの間の紛争はどのように解決されるのでしょうか。

1　民事事件と刑事事件

　この事例でAの腹をナイフで突き刺し，財布を盗んだBには，強盗傷人罪（刑法240条前段）が成立すると考えられます。その法定刑は，無期または7年以上の有期懲役とされています。Aは，わが国の刑罰法規を犯したわけですから，法律に従った刑罰を受けるのは当然のことです。しかし，これはいわば，法秩序を犯された国家と加害者との関係であり，不幸にも被害者となったA（Aが死亡した場合にはその遺族）と加害者との関係とは別個のものとして扱われます。
　すなわち，前者は，国家機関である裁判所が，刑罰法令の適用や実現を問題とする刑事事件として，後者は，私法によって規律される対等な私人間の法律関係を問題とする民事事件としてそれぞれ扱われるのです。
　わが国では，原則として刑事と民事は分離されていますので，たとえば，刑事裁判で加害者が一定の刑罰を受けることが判決で確定したとしても，そこからただちに民事責任まで発生するわけではありませんし，逆に，民事裁判で，加害者の民事上の責任を認める判決が確定したとしても，ただちに刑

事責任の存否まで確定するわけではないのです。たとえば，交通事故の事案で，法律上，加害者に過失責任を問えるかどうかが微妙な場合や，加害者が，無罪を主張している場合などには，刑事事件での結論と民事事件での結論がまったく異なることさえあります。これに類似のケースとして最近注目を集めたものとして，いわゆる草加事件があります。この事件では，加害者とされた6人の少年達は，裁判の段階においては，一貫して無実を主張していたのですが，家庭裁判所は，有罪（保護処分）の決定を下しました。この事件は，最終的に最高裁判所まで争われましたが，少年審判の制度的な問題もあり，少年達の有罪が確定してしまいました。

しかし，この事件の被害者の遺族が，加害少年らを被告として提起した損害賠償の民事裁判において，最高裁判所は，加害少年らが犯人であることを前提とした被害者の遺族の請求を認容した原判決を破棄しました（最判平成12年2月7日民集54巻2号255頁）。

これにより，民事裁判における少年らの無実は事実上確定したといえ，少年らを有罪（保護処分）とした少年審判の決定と相反する結論となったのです。

ここでは，犯罪の加害者と被害者（およびその遺族）との間の民事上の紛争が，法律上どのように解決されるかということや犯罪被害者の救済という問題を中心に解説します。

2　不法行為責任

上記の事例において，まず被害者であるAは，加害者Bに対し，民法上の不法行為にもとづく損害賠償請求をすることができます（民法709条）。

加害者に不法行為責任が発生するための要件は，大まかにいえば，①加害者の行為が故意または過失にもとづくこと，②他人の権利を侵害したこと，③相手方に損害が発生したこと，④侵害と損害の間に因果関係があることです。

上記の事例では，加害者Bは，故意にAにけがをさせ，Aの身体の自由と

財産権を侵害し，それにより相手方Ａに治療費等および奪われた財産分の損害が発生したということができ，さらにＢの行為とＡの損害との間の因果関係は明白ですから，Ｂには民法上の不法行為責任が発生しますので，Ａに対し損害賠償責任を負うことになります。

この場合，Ａに生じた損害の内容は，大きく財産的損害と精神的損害とに分けられます。前者の財産的損害は，治療費，入通院費等Ａが現実に支出を余儀なくされた費用（積極損害）と，この事件がなければＡが得たであろう利益（消極損害）の2つに分類できます。後者の精神的損害とは，慰謝料のことです。Ａは，財布を奪われたことによる財産的損害に加え，これらの損害をも算定して，加害者であるＢに対して請求することになります。

3　請求権の実現──示談，調停，裁判，執行
(1) 示　談

では，Ａのこの権利は，どのような方法で実現されるのでしょうか。

第1に，当事者間での話合いによる解決が考えられます。たとえば，Ｂが自己の責任を認めたうえで相当金額の支払いを申し出て，Ａがこれに納得する場合などです。このような当事者間での合意は，示談と呼ばれており，たとえば交通事故の案件において，加害者の代理人である保険会社と被害者との間でよく行われています。通常，示談は，両当事者間（または代理人間）で，合意内容を記載した示談書に署名，押印をするという方法で行われます。示談は，法律上，裁判外の和解契約としての効力があり，原則として示談内容を後から一方的に変更することはできません。

しかし，示談はあくまで当事者間での合意にすぎませんから，加害者が自主的に金銭の支払いをしない場合に，被害者が支払いを強制することができません。被害者は，加害者が任意に支払いをしないときには，改めて民事訴訟を提起して確定判決を得てから強制執行をするしかありません。これは，被害者にとっては，過分の負担となってしまいます。

このような現状に鑑み，平成12年5月に公布された犯罪被害者等の保護を

図るための刑事手続に付随する措置に関する法律4条では，刑事被告人と被害者等との間における民事上の争い（当の被告事件に係る被害についての争いを含む場合に限る）について合意が成立した場合は，その刑事事件を審理している裁判所に対し，弁論終結までに，公判期日に出頭し，共同して当該合意の公判調書への記載を求める申立てをすることができることとし，この合意が公判調書に記載されたときは，その記載は裁判上の和解と同一の効力を有することとされました。

裁判上の和解は，確定判決と同一の効力がありますから（民事訴訟法267条），その調書の記載をもとに，ただちに強制執行手続を取ることができるようになりました。

(2) 調　　停

第2に，当事者間で自主的に話合いができない場合には，裁判所の民事調停制度を利用することが考えられます。裁判所の民事調停制度とは，裁判所の調停委員会の仲介により，当事者間での合意を形成して紛争を解決することを目的とする制度です。

当事者間で一定の合意が形成されれば，その内容が調停調書に記載されます。この調書の記載は，確定判決と同じ効力がありますので，後からその内容について不服申立をすることはできません。

(3) 民事裁判，強制執行

第3に，話合いで解決できないのであれば，裁判所で民事裁判をすることになります。

この場合は，管轄のある裁判所に対して被害者が原告となって訴状を提出し，証拠調べを経て，裁判所が判決を下すことになります。ただ，通常の民事訴訟では，費用や時間がかかり，とくに損害額が小さい場合などには，裁判は割に合わないと思うこともあるでしょう。

そのような場合のために，少額訴訟という手続があります。これは，30万円以下の金銭支払請求の場合に限り，原則として1日で審理を終え結審し，直ちに判決を下すという制度です。

§6　犯罪と紛争解決

　調停や裁判で当事者間に一定の合意ができたとしても，その合意内容を相手方が任意に履行しない場合にはどうすればよいのでしょうか。

　民事調停の調停調書や民事裁判の確定判決中，一定の金銭的給付を内容とする条項がある場合には，それを元に強制執行の申立てをすることができます。簡単にいえば，強制執行手続は，債務者の財産を差し押え，その財産を換価して金銭化を行ったうえで，債権者に分配する手続です。こうして最終的には，BがAの賠償請求に応じなくても，Aが強制的にBから一定の給付を受けることができるのですが，それまでには多大な時間と費用が必要となります。また，殊に窃盗や強盗などに代表される財産犯の場合，犯人は，自分にお金がないからこそ法を犯してまで金銭を奪ったという場合が大半ですので，犯人には，財産がまったくないということもよくあります。前述の強制執行手続でも，債務者に財産がない場合には，無力なのです。しかし，これでは被害者にとって，その被害がまったく救済されないことになってしまいます。

4　犯罪被害者等給付金支給法

　このような犯罪被害者に対し，その経済的救済を公的に実現する制度を確立することが「社会秩序の維持」という刑罰制度の存在意義を確保するためにも必要であるという問題意識のもとに，わが国では，1980年に犯罪被害者等給付金支給法が成立し，1981年年1月1日から施行されました。

　この犯罪被害者等給付金の支給対象となる犯罪は，①日本国内における，②故意に人の身体生命を害する罪にあたる行為による死亡または重傷害であり，給付を希望する場合には，給付を申請する者の住所地を管轄する都道府県公安委員会宛の申請書を，警察本部または警察署に提出する方法で申請を行います。給付額は，被害者の収入日額に100分の70（障害給付の場合は，100分の80）を乗じた額をもとに給付基礎額を計算し，これに被害者と遺族との生計維持関係などの事情により定まる一定の倍数を乗じて算出されることになっています。現在，被害者1人当たりの遺族給付金（被害者死亡の場

合）の最高額は1079万円，最低額は220万円で，障害給付金（被害者が重傷害を負った場合）の最高額は1273万円，最低額は230万円となっています。

ただし，故意に人の身体生命を害する罪にあたる行為による死亡または重傷害の被害者（あるいは遺族）であっても，被害者と加害者との間に親族関係がある場合や，被害者が犯罪を誘発したとき，労災保険等の給付を受けた場合や加害者からの損害賠償が現実に行われた場合などには，給付金が支給されない場合があります。

上記の給付金額は，被害者の損害をすべて補塡するにはとうてい及びませんが，少なくとも金銭面における被害者救済の一助として機能しているといえるでしょう。

なお，平成13年4月，犯罪被害者給付金支給法の一部改正が行われ，障害給付金の支給対象範囲を拡大する等，より一層の犯罪被害者保護への前進を見ました。

5 真の被害者救済を目指して——犯罪被害者救援プログラム

広く見れば，犯罪被害者が負う被害や損害とは，この他にも，事件に遭ったことに対する精神的ショック，警察署，検察庁での捜査や裁判の過程における精神的，時間的負担，周囲の人々の無責任な噂話などに翻弄される危険，マスコミの取材，報道によりストレスや不快感などがありえます。

現に，事件から長期間が経過した後も，これらのストレスに悩まされる日々を送っている犯罪被害者も少なくありません。

被害者の加害者に対する民事責任の追及といっても，金銭賠償の原則，つまり被害者に発生した損害を金銭に換算して賠償を求めることが限度であり，上記のような精神的な被害回復の手段としては必ずしも十分とはいえないと思われます。

これに関連して，被害者の刑事手続における配慮と保護を目的とした刑事訴訟法および検察審査会法の一部を改正する法律と，前述の犯罪被害者等の保護を図るための刑事手続に付随する措置に関する法律が，平成12年5月に

公布されました。

　この新法では，①性犯罪の告訴期間の撤廃（刑事訴訟法235条1項但書），②証人尋問の際の証人への付添制度（同法157条の2），③証人尋問の際の遮蔽措置（同法157条の3），④ビデオリンク方式による証人尋問（同法157条の4），⑤被害者等による心情等の意見陳述（同法292条の2）等多岐にわたった制度の新設および改正が行われました。

　また，現在，日弁連，警察庁，民間団体などにより，従来の金銭給付の枠を超えたさまざまな被害者救援プログラム，具体的には，精神的被害に対する相談窓口の設置やカウンセリング等の設備を設置し，運用することの検討を開始しており，いくつかの民間の被害者支援センターはすでに活動しています。

　不幸にも犯罪被害者となってしまった人にとっては，財産的な回復のみならず精神面でも回復できてはじめて真の紛争解決といえるでしょう。そのために，被害者の精神面での救援体制を確立することが急務となっています。

（早坂英雄）

第2編 Ⅲ 社　会

§7　知的財産権と紛争解決

　Aが夕焼けに映える富士山を見て，それを元に油絵を描きました。Aの家に遊びに来たBがその絵を気に入ったので売って欲しいというので10万円で売り，Bはその絵を持ち帰りました。ある日，AがインターネットでBのホームページを見てみると，AがBに売った絵が掲載されています。その上,夕焼けだったはずの空が青空に変わっています。Aは早速Bに電話をして「自分の絵をホームページに掲載するのはやめて欲しい。それに，勝手に青空に変えないで欲しい。」と伝えたところ，Bは「あの絵は私が買ったのだからホームページに掲載するのも色を変えるのも私の自由だ。」といいます。はたしてこの紛争，どのように解決すべきでしょうか。

1　知的財産権とは？──所有権との違い

　「知的財産権」ということばを聞いて，何を思い浮かべるでしょう。知的財産権とは，人間の知的な創作活動によって生み出されたものや産業上の識別標識の財産的価値を保護するために認められる権利の総称です。さらに，それに付随する創作者の人格的利益を保護する権利も含められます。著作権法，特許法，実用新案法，意匠法，商標法，不正競争防止法，種苗法，半導体チップ法，商法そして民法など複数の法律によってルールづけられています。

　知的財産権の対象は，著作物，発明，トレードマークなどの「無体物（無体財産・知的財産）」です。これに対して，私たちの身の回りにある物，すなわちペン，カバン，コンピュータ，本，いす，木，建物，土地等々のことを「有体物（有体財産）」といいます。両者の違いは，その存在が空間の一部を占めているかどうかにあります。換言すれば，触ることができるかどう

かの違いです。有体物は空間の一部を占めていますから触ることができ，無体物は空間の一部を占めていませんから物として存在しておらず，直接触ることはできません。

たとえばAは，キャンバス（有体物）に油絵の具（有体物）で夕焼けに映える富士山の「絵」（無体物）を描きました。この無体物である「絵」に触ることができると思いますか。残念ながら「絵」に触ることはできません。「絵」に触ろうとしても，触れるのは有体物である絵すなわち油絵の具やキャンバスだけで，無体物である「絵」そのものには触ることができないのです。これが無体物の本質です。そのような観念的な存在に価値を見出しその価値を保護しようとして設けられた権利，それが知的財産権です。したがって，知的財産権に関する紛争は，有体物に関する紛争（たとえば本を盗んだかどうかといった目に見える紛争）とは異なる難しさがあります。

一方，有体物に対しては民法で「所有権」という権利が定められています。これは有体物を全面的に支配することができる権利であり，その物を使用・収益・処分できる権利として規定されています。処分には他人にあげることや売ることが含まれます。このケースでいうと，Aは自分の絵（キャンバスと油絵の具のかたまり）という有体物の所有権をBに売り渡した（譲渡した）ことになります。したがって，Bが「あの絵は私が買ったのだから」と主張している絵とは，無体物としての「絵」のことではなく，あくまでも有体物（つまりキャンバスと油絵の具のかたまり）としての絵に対する所有権を指していて，Bはそれを買ったにすぎないのです。一方の知的財産（無体物）としての「絵」に対する権利（知的財産権）はすべてAが持っているままということになります。

ではこの知的財産権はどのような権利なのでしょうか。もう少し詳しく見てみましょう。

2　2種類の知的財産権

知的財産権を大別すると，2種類の異なる性質を持った権利に分けること

ができます。1つは著作権，そしてもう1つが特許権を中心とした工業所有権です。Aが保有している「絵」の知的財産権はこの2つのうち著作権の方ですが，どちらも大切な権利ですので，最初にそれぞれについて簡単に説明しておきましょう。

著作権とは，「著作物」を創作した人が保有できる権利であり，著作権法で定められている相対的な排他的支配権です。著作物とはアイディアを創作的に表現したものをいい，正確には「思想又は感情を創作的に表現したものであって，文芸，学術，美術又は音楽の範囲に属するもの」と定義されています。この定義に当てはまるものはすべて著作物です。具体的には，小説，随筆，詩，日記，手紙，講演，音楽，歌詞，踊り，パントマイム，絵画，書，彫刻，生け花，舞台装置，建築物，地図，設計図，模型，映画，映像，写真，コンピュータプログラム，ウェブサイト（いわゆるホームページ）など多岐にわたります。「思想又は感情」とはアイディアであり，「創作的に」とは他人の表現を真似したのではなく自分で独自に表現したという意味です。大切なのは，さまざまな形で「表現」されたものが著作物として著作権の対象となるのであって，その元となっている「アイディア」自体は著作物ではなく著作権で保護される対象ではないという点です。

このような著作物を創作した人は自動的に著作権という権利を持ちます。無方式主義と呼ばれており，届け出などの手続や著作権の表示などを一切することなく著作権を保有することができるのです。意外に感じるかもしれませんが，この原則は日本の著作権法のみならずベルヌ条約という著作権の根本を定める条約で定められており，この条約に加盟している世界の130カ国以上で共通です。

Aは，夕焼けに映える富士山を見て「なんて美しいんだろう」という感情を「絵」として表現したのです。それも誰かの「絵」を真似して描いたのではなくA自身の創意工夫で描いた（創作性がある）のですから，この「絵」は著作物であり，それを創作したAは自動的にこの「絵」に対する著作権という知的財産権を保有することになります。

§7 知的財産権と紛争解決

一方，工業所有権とは特許権，実用新案権，意匠権，商標権の総称です。また，工業所有権の保護に関するパリ条約では，商号や原産地表示なども含められます。特許権を例にとって話を進めましょう。特許権は特許法で定められており，発明すなわち「自然法則を利用した技術的思想の創作のうち高度のもの」であって，産業上利用可能で新規かつ進歩的なものに対して認められる絶対的排他的な支配権です。この権利を得るためには著作権とは異なり，厳格な手続が必要です。発明をした者は特許庁に対してその発明の内容を記述した書面（明細書）を提出し（出願），その上で審査をして欲しい旨請求します。これに対して特許庁はその発明が特許権を与えるにふさわしい内容を持ったものであるか否かを審査し，これに通ると初めて特許権が付与されることになります。他の3つの工業所有権も権利の性質は異なりますが，特許庁の管轄下にある点で共通です。

3 知的財産権紛争の発生原因

同じ知的財産権とはいっても，著作権と工業所有権とは本質的に性質が異なりますから，その紛争の発生の仕方も異なってきます。そこで次にどのような原因で知的財産権の紛争が発生するのかを特許権と著作権とについて見てみましょう。

Pがある技術を発明し特許権を得たとして，そのことを全く知らないQが自分で独自に研究開発をしてある技術を発明し，それを製品化して販売したとします。Qの製品を見たPは，それに使われている技術がPの特許発明と同一のものであることを発見したとします。この場合にPとQとの関係はどのようになるでしょうか。当然まずPはQに対して，「あなたの製品に使われている技術は私の特許権を侵害しているのでただちに製造販売をやめるように。」と通告することになるでしょう。これに対してQは，自分は独自に技術開発したのだし，Pの技術を盗んだわけではないのだから，突然Pからそんなことをいわれる筋合いにはないと考えるかもしれません。しかし，この場合，残念ながらQのそのような考え方は通りません。Qが使っている技

術が本当にPの特許技術と同じものであれば，たとえPの技術を盗んだのではなくてもQは製造販売を中止し，Pに与えた損害を賠償する責任を負います。特許権とは「絶対的な」権利であるというのはこのことです。つまり，既存の特許権に牴触する技術を無断で使ってしまったならば，それが既存の特許権に牴触することを知っていようともQのように知らずにやろうとも，絶対的に権利の侵害となるという性質の権利なのです。したがって，工業所有権の紛争は，既存の権利の範囲に牴触するものを無断で実施した場合に発生するのです。

一方，著作権の方はどうでしょうか。Sがある絵を描いたとして，その絵の存在を全く知らないTが独自に絵を描いたとします。その絵が気に入ったTはその絵をある展覧会に出した，あるいは自分のウェブサイト（ホームページ）に掲載したとします。この展覧会あるいはウェブサイトを見たSは，その絵が自分が以前に描いた絵とそっくりであることに気づいたとします。この場合のSとTとの関係はどのようになるでしょうか。状況は前述の特許権侵害のPとQの場合と同じです。しかし結論は，TはSの著作権を一切侵害することにはならず，SはTに対して何も主張することができません。これが，著作権が「相対的な」権利であるといわれるゆえんです。著作権は「表現」を保護する権利であり，その表現を盗んだ，複製した，コピーした者に対して主張することができる権利です。逆に，表現を盗んでいない，複製していない，コピーしていない者に対しては何もいうことができません。TはSの絵を真似して自分の絵を描いたわけではなく，全く独自に描いたのですから，たとえその結果としてできあがった絵がSのものと酷似していたとしても，Sの絵とは一切無関係です。したがって，Sは自分の絵に対する著作権を根拠にTに対して何らかの主張をすることは全くできないのです。このように，著作権に関する紛争は，他人の著作物を権利者に無断で利用・盗用した場合に発生するのです。

以下では，冒頭のケースを中心に，著作権に関する紛争に関して説明しましょう。

4 紛争の分析と解決

　冒頭のケースでは，Aの絵をめぐってAとBとの間で紛争が生じています。まず，この2人の権利の関係を見てみましょう。当初，Aが富士山の絵を描いたわけですから，Aが誰かの絵を真似して描いたのでない限りAにその「絵」の著作権が発生します。Aはその「絵」の著作権を保有するに際して何も手続を必要としないのは前述の通りです。次にAはその絵をBに10万円で売っています。これはどういうことでしょうか。そもそもAがBに売ったのは何かというと，絵という有体物，すなわちキャンバスと油絵の具のかたまりです。これを法的に見れば，Aは自分に帰属していた絵（キャンバスと油絵の具のかたまり）の所有権をBに譲渡したことになります。つまりBに譲渡したのは絵の所有権だけであって，無体物である「絵」の著作権は依然としてAが保有しています。したがって，Aは自分の絵の著作権に基づいて，それを侵害する行為をした人に対して権利を主張することができる立場にあります。逆にBは，確かに絵という有体物の所有権はAから譲り受けましたが，無体物である「絵」に関する権利は一切移転してもらっていないので，著作物である「絵」を利用する権限は全く持っていないのです。

　判例も最高裁1984年（昭和59年）1月20日判決（民集38巻1号1頁）で「美術の著作物の原作品は，それ自体有体物であるが，同時に無体物である美術の著作物を体現しているものというべきところ，所有権は有体物をその客体とする権利であるから，美術の著作物の原作品に対する所有権は，その有体物の面に対する排他的支配権能であるにとどまり，無体物である美術の著作物自体を直接排他的に支配する権能ではないと解する」べきであるとしています。

　では，著作物の利用とはどのような行為でしょうか。これは著作権法の21条以下に規定されており，著作物を複製，上演，演奏，上映，公衆送信，送信可能化，口述，展示，頒布，譲渡，貸与，変形，翻訳，翻案などする行為です。そしてある著作物についてこれらの行為をすることをその著作物の著作権を有している人（これを著作権者といいます）だけに限定する権利，そ

れが著作権です。著作権者以外の人は，著作権者から利用の許諾をしてもらった場合に限り，その利用ができるのです。

　冒頭のケースではAが著作権者であり，BはAからその著作物である「絵」の利用を許諾してもらってはいません。したがってBは複製等の行為をする権限は持っておらず，もしこれらの行為をしたとするとAの著作権を侵害したことになります。そこで，Bのした行為を見てみると，BはAに無断で，Aの絵を自分のホームページに掲載しています。ホームページに掲載するということは，そのためにまず絵をスキャナーで読みとったりデジタルカメラで撮影したりしますから，このような行為は明らかに「複製」にあたります。次に，ホームページに掲載する行為は，他人がそのページを閲覧したいと要求したときにはいつでもそのデータを自動的に送信するような状態におくことですから，インターネット上のサーバーにその「絵」のデータを置いた（アップロードした）ことは，「送信可能化」にあたります。これらの行為はまぎれもなく，Aの著作権を侵害する行為に該当することになります。

　さらに冒頭のケースでは，Aが描いた夕焼けが青空に変更されています。これはやはり「変形」あるいは「翻案」に該当する行為ですから，この点においても，BはAの著作権を侵害しています。また，著作物の表現に変更を加えることはそれが著作者の意図に反した変更であると，著作者人格権の1つである同一性保持権（20条）を侵害することになります。著作者人格権とは著作者自身に認められる権利で，著作者がその著作物を創作したことによって得られる人格的な利益を保護する権利です。

　では，このような著作権の紛争が生じたときに権利者であるAはどのような対処をすればよいでしょうか。冒頭のケースで，AはBに電話して自分の著作権を侵害するような行為をやめて欲しいと伝えていますが，これは最初にとる手段としては最も適切であるといえましょう。それでもやめない場合，電話で警告してもその証拠が後に残りませんから，文書で，それも内容証明郵便のような書面で警告するのがよいでしょう。このあたりまででBがやめ

§7 知的財産権と紛争解決

てくれれば，当事者同士で話合いの上，Aに生じた損害を支払ってもらうことで折り合いを付けることが可能です。しかし，Bがやめない場合は裁判に訴えることになります。

Aは，訴訟において，自分の絵が著作物であること，自分がその著作者であって著作権・著作者人格権があること，Bが自分の著作物に依拠して侵害行為を行っていること，損害が発生していることなどを主張・立証して侵害行為の差止め，損害の賠償を請求します。また著作者人格権の侵害があるときには名誉回復措置（謝罪広告など）の請求などをします。裁判所がこれらを認めれば，Bはそれに従うことになり，紛争は解決されます。なお，とくに工業所有権紛争に関しては，機密の保持や長期にわたる訴訟の回避などを目的に裁判外の紛争解決手段（ADR）が利用されることも多いですが，これについては別項にゆずります。

インターネットの充実に伴い，今後ますますこの種の知的財産権紛争が生じてくるでしょう。権利の所在を明確にし権利の管理を怠らないことによって，紛争の予防ができ，あるいは紛争の拡大を回避することができます。権利者は自分が権利を有することを自覚して，上手にそれをマネージメントしてゆくことが大切です。

（塩澤一洋）

§8 競争法と紛争解決

　あなたが競争法違反行為により被害を受けているのではないかと感じたときに，どのような救済を求めることができるでしょうか。

　たとえば，複数の事業者がある製品の価格を共同して同一の価格に設定していると思われる場合（価格カルテル）や，ある商品のカタログやジュースのラベルの表示に偽りがあると思われる場合，人気のあるゲーム・ソフトが人気のないソフトとセットでのみ販売されている場合，他社の牛乳や新聞の料金が不当に安く設定されていると思われる場合や，取引先との契約において取引の条件について他社とは差別的に扱われていると思われる場合，などにあなたはどのようにしたらよいでしょうか（図1）。

　ところで，一口に競争法といっても，独占禁止法，不当景品類及び不当表示防止法，不正競争防止法，WTO（世界貿易機関。WTOは，紛争処理機関としては国内裁判所ではなく，委員会やパネルによる独自の紛争処理手続において事件が処理され，その場合に，私人が国家へWTO協定違反行為を報告する制度は，わが国においては法的に存在しません）関連といった多くの分野が含まれます。それらの各分野において，規制の対象となる行為の特質に応じて，規制手段や救済制度が異なります（表1）。したがって，各違反行為によって被害を受けていると考えられる場合に，市民は，それぞれの法規を取り扱う機関に救済等を求めなければなりません。

　このように競争法違反行為に対しては，行政規制，民事的救済および刑事規制が用意されています。ただし，独占禁止法違反行為に対しては，行政規制が用意されていますが，不正競争防止法違反行為については用意されていません。これは，独占禁止法は私的独占行為や不当な取引制限行為や不公正

§8 競争法と紛争解決

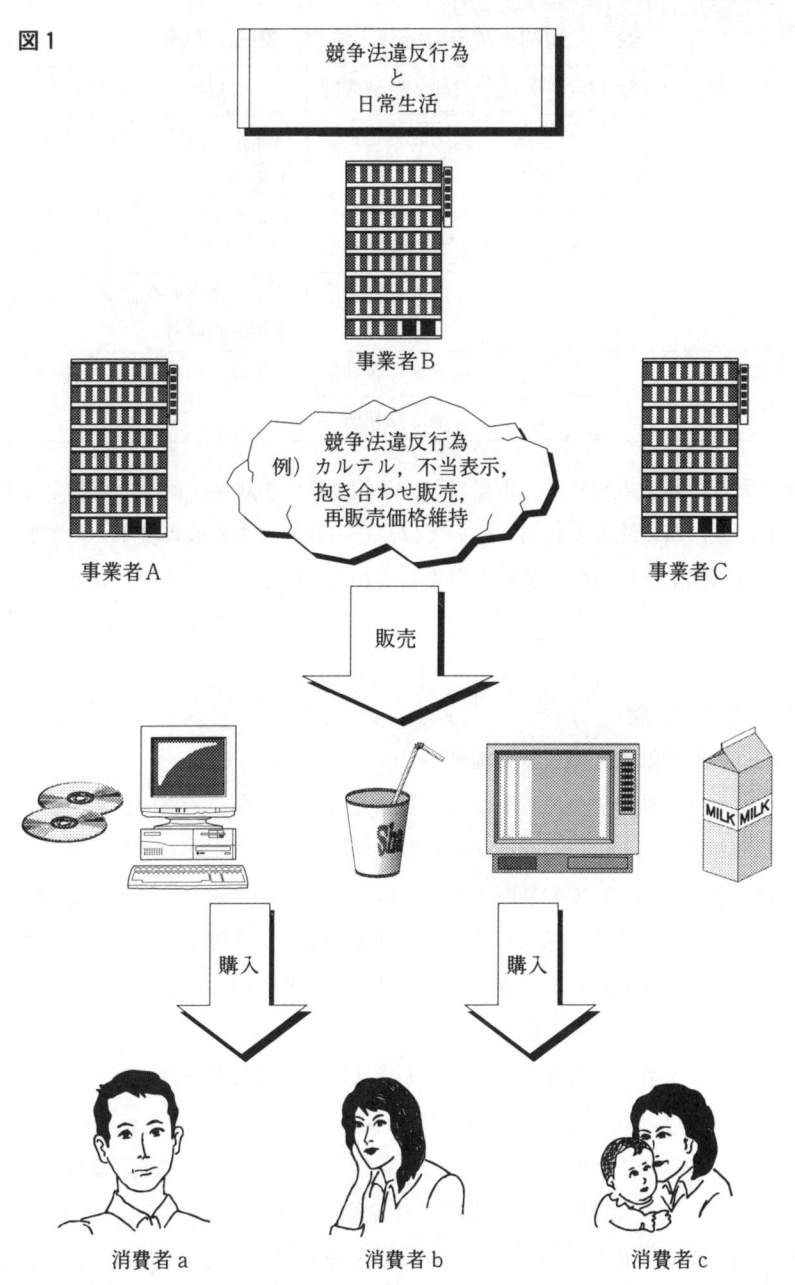

図1

競争法違反行為
と
日常生活

事業者B

事業者A　　　競争法違反行為
　　　　　　例）カルテル，不当表示，
　　　　　　　抱き合わせ販売，
　　　　　　　再販売価格維持　　　事業者C

販売

購入　　　購入

消費者a　　　消費者b　　　消費者c

表1 規制・救済の種類,法規,機関,手段

規制・救済の種類	規制法規	規制・救済機関	規制・救済手段
行政規制	独禁法 景表法	公正取引委員会	排除措置審決,課徴金納付命令審決
民事的救済	独禁法 景表法	各地方裁判所,東京高等裁判所	差止請求,損害賠償請求等
	不競法	各地方裁判所	差止・損害賠償請求,信用回復措置請求等
刑事規制	独禁法	東京高等裁判所	3年以下の懲役または罰金
	不競法	各地方裁判所	

な取引方法等を規制して,市場における競争秩序の維持・回復を目的とするため,独占禁止法違反行為については,その行為による競争秩序への影響を専門機関である行政府の公正取引委員会が判断することが通常必要とされるためです。

1 行政規制

(1) 事件の端緒と報告者の権利

たとえば,独禁法違反行為があると考えられる場合に,市民が裁判所の扉を叩くということは,現在,その重要性が増しています。しかし,独禁法違反行為の存在についての判断のためには,その市場における競争行為が競争秩序に与える影響を考慮しなければなりませんし,一般市民はそのような違反行為を立証するための証拠や知識を持ち合わせていることは稀といえます。そこで,市民は,比較的強力な調査権限と専門的知識を有する行政機関の公取委に事件を報告して調査や処分を期待することになります(図2・公取委のHPは,http://www.jftc.admix.go.jp)。公取委はその事件について何らの処分をとる必要がないと判断した場合には,報告者にその旨の通知をしなければなりません。しかし市民にこの報告をする権利を認めた独禁法45条1項は「公正取引委員会の審査手続開始の職権発動を促す端緒に関する規定」にとどま

§8　競争法と紛争解決

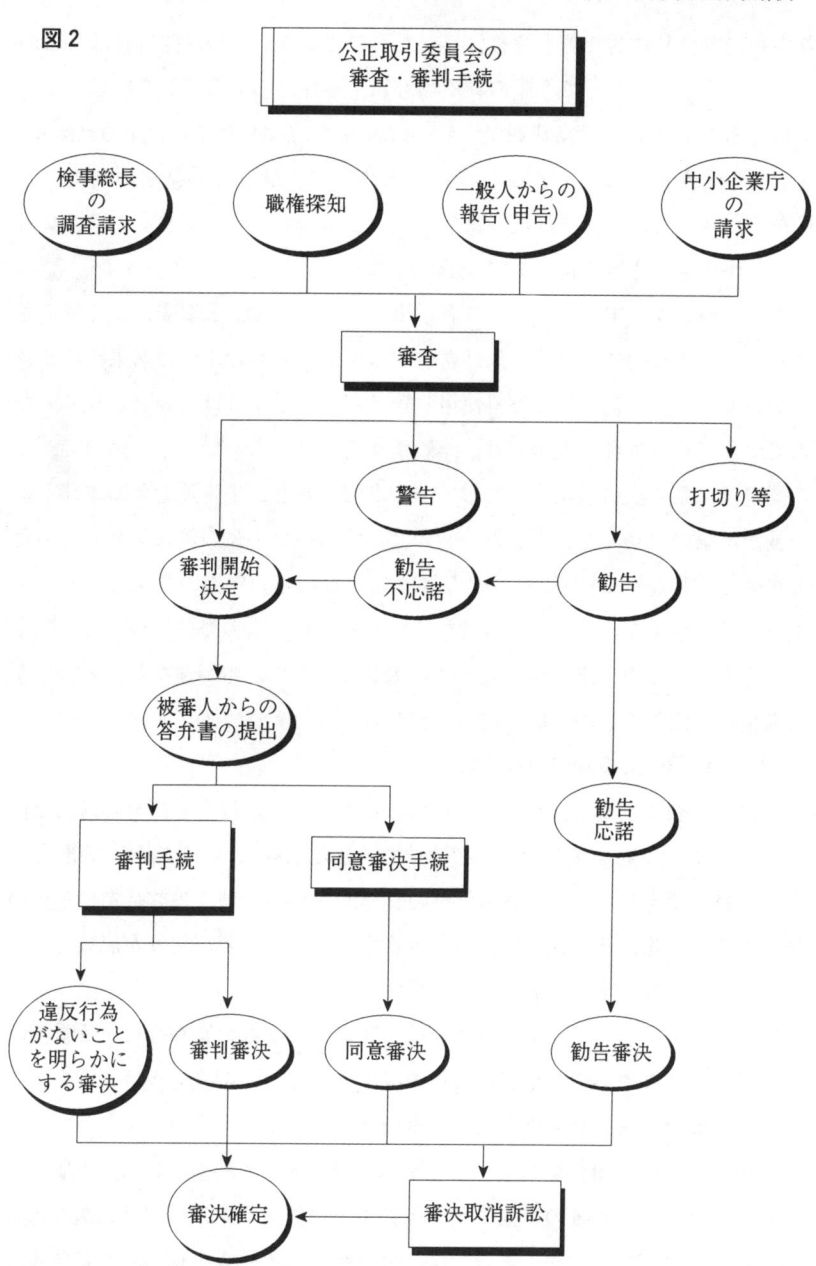

図2

```
                    ┌─────────────────┐
                    │ 公正取引委員会の │
                    │  審査・審判手続  │
                    └─────────────────┘
```

- 検事総長の調査請求
- 職権探知
- 一般人からの報告（申告）
- 中小企業庁の請求

↓

審査

↓

- 警告
- 打切り等
- 勧告

勧告 → 勧告不応諾 → 審判開始決定
勧告 → 勧告応諾 → 勧告審決

審判開始決定 ↓
被審人からの答弁書の提出

↓
- 審判手続
- 同意審決手続

審判手続 →
- 違反行為がないことを明らかにする審決
- 審判審決

同意審決手続 → 同意審決

↓
審決確定 ← 審決取消訴訟

245

り，報告者に具体的な請求権を付与したものではないため，報告者は，このような不問処分に対して不服のある場合に，不作為の取消訴訟を提起することはできないとした最高裁判決（エビス食品事件；最判昭和47年11月16日民集26巻9号1573頁）があります。そこで後述するように，最近の独禁法の改正で市民が自ら裁判所に独禁法違反行為の差止めを求めることができるようになったことが大きな意味を持ちます（独禁法24条）。

また，いわゆる主婦連ジュース表示事件においては，公取委により認定された公正競争規約によると，果汁含有率5％未満のものまたは無果汁の飲料について，「合成着色料」「香料使用」等とだけ表示すればよいとされていたのですが，そのような表示では，一般消費者に誤りなく伝わらないので，この認定は，景表法に違反するとして，公取委に対し，主婦連合会およびその会長が不服の申立てをしました。しかし，最高裁は，景表法により一般消費者が受ける利益は，「同法の規定の目的である公益の保護の結果として生ずる反射的な利益ないし事実上の利益」であるから，当の処分について不服申立てをするための法律上の利益とはいえないとして，主婦連などが原告となる適格を否定しました（最判昭和53年3月14日民集32巻2号211頁）。

(2) 公取委による調査と勧告審決

公取委は独禁法違反行為が認められるときは，当該行為者に対し適当な措置をとるように勧告することができます（独禁法48条）。この場合，公取委は，違反行為を認定した上で，各事件毎の具体的内容および，当該行為の差止め，契約条項の削除，その他当該行為を排除するために必要な措置が記載された勧告書を送付します（平成12年度は18件）。

勧告書が送付される前に，企業等は，通常，公取委の審査官による営業所等への立入検査や参考人審訊や書類の提出命令などの調査を受けます。調査を受ける者が承諾しない場合には，審査官は，提出命令書等を持参して間接強制権にもとづく調査をします。この場合の審査官の調査に対し，不服のある者は，委員会に異議の申立てができます。通常，企業は，容易に調査に応じているのが実情ですが，最近では，公取委の立入検査を違法として争った

事例もあります。

勧告書を送付された企業が、その勧告書の内容に納得し、勧告に応諾した場合は、勧告審決が下されます（独禁法48条4項）。この勧告審決の手続等に不満のある場合には、この審決の名宛人は、審決取消訴訟（独禁法77条）を東京高裁に提起することができます。

(3) 審判手続の開始

勧告書を送付された事業者が、勧告書の内容に不服があるため勧告に応諾しない場合は、審判手続が開始されます（平成12年度まで過去5年間平均年3～4件）。なお、後述するカルテルに対する課徴金納付命令、景表法の排除命令についても、命令に不服のある場合に審判手続の開始を請求できます。

審判手続においては、適正手続を保障するために、被審人となった企業の防御権等が認められ、また通常、裁判官的役割を担う審判官を立てる審判官制度のもとで、審査官（裁判の申立て人にあたります）・被審人（裁判の相手方にあたります）・審判官による裁判に準じた対審構造によって行われます（準司法手続）。この場合に、審判官が当の事件について予断をもつことを排除し、審判手続の公正を確保するため、同じ事件について以前に調査にかかわったことのある審査官が、後に審判官となることは許されません。また、審判官の処分について被審人は委員会に異議を申し立てることができます。

さて、審判手続の途中で、被審人企業から同意審決に関する計画書等が提出され、公取委がその内容を適当と認めた場合には、それと同内容の同意審決が下されます。

審判手続が終了した場合は、審判審決が下されます。審判審決の場合は、審判官は、審決案作成までを行いますが、その間に、被審人は、委員会に対して直接陳述する機会を与えられています。これは、独禁法においては公取委自身が審判手続を行うことが原則とされていることと、適正手続を保障する為に設けられた審判官制度とのバランスをとるものです。さらに、被審人が審決案に異議のある場合は委員会に対して異議を申し立てることができま

す。その後，委員会は審決案にもとづき審判審決をします。なお，東芝ケミカル事件（東京高判平成7年9月25日判例タイムズ906号136頁）において，東京高裁は，事件当時審査部長の職にあり特定の事件に深くかかわった者は，委員として当該事件の審決に関与することはできないと判示しました。

審決で名宛人とされた者は，これらの審決に不服のある場合は，東京高裁に取消訴訟を提起することができます。審判手続において認定された事実は，勧告審決の場合とは異なり，審判手続という前述のような準司法手続において認定された事実です。したがって，裁判所がみて審判手続において実質的な証拠があって審判がなされたと認められる場合は，審判審決の取消訴訟において，裁判所のする事実認定は審判のそれに拘束されるため，裁判所は自ら事実認定をしなおすことはできません（独禁法80条）。

(4) 勧告書送付後の報告者の地位

他方で，問題となった行為を行っている企業に対して公取委から勧告書が送付された場合，通常，報告者には，公取委から勧告書のコピー等が送付されます。そして報告者は，その内容に不満がある場合に，勧告審決により法的利益を害されていると考えられるときは，審決取消訴訟を提起することができます（独禁法77条）。また，報告者は，公取委の要求により，審判開始前において参考人として手続に関与することができます。また，報告者は，勧告を受けた企業が勧告に応諾せず，審判手続が開始された場合には，参考人審訊のほか，公取委によって「審決の結果に関係がある」と判断された場合は，審判手続に参加することができます（独禁法59条）。

名宛人は，このようにして下された各審決に従わない場合は，審決違反の罪に問われます（独禁法97条）。

(5) 刑事罰と課徴金

違反行為が繰り返される場合や行為がとくに悪質である場合等には，私的独占行為および不当な取引制限行為について，違反行為者は，公取委の告発により刑事罰を科されることもあります（独禁法89条）。これにより，違反行為の発生を未然に防止しています。また，不当な取引制限をした場合の一定

の要件を満たした場合には，そのカルテルによって当の事業者が得た不当な利得を公取委が徴収することで，違法なカルテルに伴う事業者の不利益を増大させることにより，その抑止を図るために，事業者に課徴金が課されることがあります（独禁法7条の2・48条の2。1999年度は335社に対して約54億円の課徴金納付命令）。

2 民事的救済制度

(1) 市民が，ある者のする競争法違反行為に対して，民事的救済制度を利用できるのは，現在のところ，前述の各分野のうち，独禁法（景表法含む）および不競法の各違反行為に対するものに限られますが，市民は，違反行為者に対してそれらの違反行為の差止めを求めることや，違反行為により生じた損害賠償を求めることができます（表1）。ただし，不競法上の民事的救済の被害者は「営業上の利益」を害され，またはそのおそれのある者に限定され，一般の消費者は除外されています。ここでは，そのような限定のない独禁法違反行為にかかる民事的救済制度について説明します。

(2) **独禁法違反行為と民事的救済**

(a) 原告（被害者）の立証困難　独禁法違反行為により侵害される者等は，前述のように証拠収集能力や専門的知識が公取委に比べ相当劣っていますが，自己の権利ないし利益を実現するために，損害賠償請求訴訟（独禁法25条，民法709条），差止請求訴訟（独禁法24条）等という形で裁判所の手続を利用することができます。したがって，違反行為や損害等について，被害を受けた原告の立証の困難さをいかに救済するかが重要な問題です。

まず，独禁法上の損害賠償請求訴訟（同法25条）は，上記の確定審決がすでにある場合にだけ訴えることができ，被害者である原告の立証の困難を解消するために，そこにおいては違反行為者の過失を立証する必要はなく，また，公取委に対し，裁判所は損害額について公取委の意見を求めなければなりません。また，このように確定審決がすでにある場合には，損害賠償請求訴訟においてその審決が違反行為の存在を推定させる証拠になります。この

表2　独禁法違反行為と法的手段

	排除措置	課徴金	刑事罰	損害賠償請求	差止請求
私的独占行為	○	×	○	○	×
不当な取引制限行為	○	○	○	○	×
不公正な取引方法	○	×	×	○	○
（上記3類型について）事業者団体の違反行為	○	○（8条1項1号・2号のみ）	○（8条1項1号のみ）		○（8条1項5号のみ）

場合に，審判審決は審判手続を経たものであるので勧告審決等よりも推定力が強いといえることから，違反行為の立証のためによく役立つといえます。

なお，灯油の価格協定について公取委の勧告審決が下された後，消費者1,600余名が原告となり，その協定により協定がなかった場合の価格よりも高額で灯油を購入させられたとして，民法709条により提起された鶴岡灯油事件訴訟があります。これについて，最高裁は，審判審決の場合と異なり勧告審決が事前になされていた場合は，公取委は違反行為を認定しているとはいえないため，その後に提起された損害賠償請求訴訟における違反行為の存在についての推定力は審判審決等に比べ弱いと述べています（最判平成元年12月8日民集43巻11号1259頁）。しかし，前述のように勧告審決においても，公取委は違反行為を認定していますから，この最高裁判決には疑問があるとされています。

上記のうち独占禁止法25条による損害賠償請求訴訟は，東京高裁にしか訴えることができません（独禁法85条2号）。また，最近の改正前は，事業者団体の行為による被害について訴えることはできませんでした。これに対して，独禁法違反行為についてする民法709条による損害賠償請求訴訟では，その前に審決がすでに存在するか否かを問わず可能です。また，このときは管轄裁判所も違反行為の対象も限定されないこともあり，最近はこれが多く利用されています。

§8 競争法と紛争解決

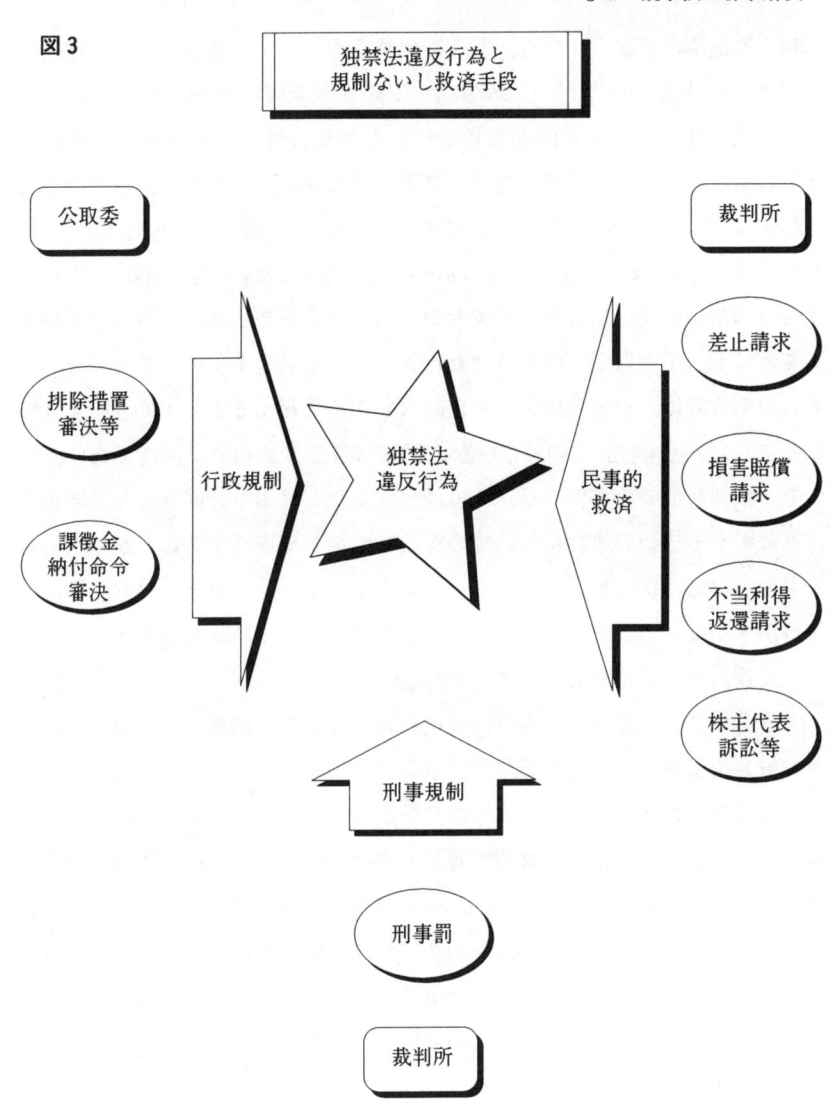

図3

独禁法違反行為と
規制ないし救済手段

公取委

裁判所

排除措置
審決等

差止請求

行政規制

独禁法
違反行為

民事的
救済

損害賠償
請求

課徴金
納付命令
審決

不当利得
返還請求

株主代表
訴訟等

刑事規制

刑事罰

裁判所

(b) 差止請求訴訟　最近，ある卸売業者が，ジーンズメーカーの株式会社Eから仕入れていたジーンズ製品を安売り販売店に卸売りをしていたため，株式会社Eが，その卸売業者に対し継続的に行っていた製品の供給を停止したことが，再販売価格維持行為等に該当するとして差止請求がなされたケース（大阪地決平成5年6月21日判例タイムズ829号232頁）等があります（名古屋生コン仮処分事件；名古屋高決平成8年9月27日公取委審決集43巻483頁等）。そして，近時の独禁法の改正により，事業者の不公正な取引方法ないし事業者団体が事業者に不公正な取引方法をさせた行為によって被害を受け，またはそのおそれのある者は，一定の場合に差止請求訴訟を提起することができるようになりました（法24条）。この差止訴訟の提起は各地方裁判所に可能であり，その際，裁判所間での事件の移送を可能とすることにより，同一または同種の行為にかかる複数の事件についての訴訟を一括して審理することができるなど柔軟な対応が採られるようになっています。また，一般市民の立証の困難を解消するなどの要請から，今後，一定の団体も差止請求を提起することについて検討する必要があります（独禁法24条）。

(c) その他　従来は，独禁法違反行為の民事的救済制度について，消費者が被害を受けた場合の損害賠償請求訴訟が利用形態の中心でしたが，最近は，消費者に比べれば違反行為等の立証が容易であることから，これら以外にも，事業者による損害賠償請求訴訟，事業者が独禁法違反を理由に契約無効を主張し，契約の相手方に直接，不当利得の返還を求める訴訟や，契約存続を主張する請求にかかる訴訟等が多く現れています。そして株主代表訴訟（東京地判平成10年5月14日判時1650号145頁参照）においても独禁法違反行為が問題となっています。また，公共入札の談合事件に関する住民訴訟も多く提起されています。

　以上みてきた独禁法違反行為に対する主な救済や規制手段についてまとめたものが表2，図3になります。

(宗田貴行)

事項索引

あ行

悪 臭 …………………………… 111
悪法も法である ………………… 8
足尾鉱毒事件 …………………… 190
尼崎大気汚染公害訴訟 ………… 196
遺 言 …………………………… 77
　──の無効 …………………… 77
遺言状 …………………………… 34
遺言書の検認 …………………… 77
遺産分割 ………………………… 74
遺産分割審判 …………………… 76
遺産分割調停 …………………… 75
医師会 ………………………… 125
医師賠償責任保険 …………… 125
医事紛争処理委員会 ………… 126
いじめ …………………………… 96
いじめっ子 ……………………… 99
遺族年金 ………………………… 93
イタイイタイ病事件 ………… 195
違反行為の差止 ……………… 249
違約手付 ………………… 145, 147
遺留分の減殺 …………………… 78
医療水準 ……………………… 132
インターネット ……………… 158
訴 え …………………………… 12
請負人の瑕疵担保責任 ……… 152
運行供用者 …………………… 138
遠東航空機事件 ……………… 215
オークション ………………… 162

か行

外国判決の承認・執行 ……… 217
解 除 ………………………… 172

買付証明書 …………………… 144
解約手付 ……………………… 147
加害者 ………………………… 136
価格カルテル ………………… 242
学習権 ………………………… 101
隠れたる瑕疵 ………………… 148
家事審判 ……………………… 20
家事審判官 …………………… 21
家事調停 ……………………… 24
過失責任の原則 ……………… 137
過失相殺 ……………………… 139
課徴金 ………………………… 248
学校長 ………………………… 98
家庭裁判所調査官 …………… 106
家庭内暴力 …………………… 56
株主代表訴訟 ………………… 251
仮の命令 ……………………… 171
カルテル ……………………… 249
川俣事件 ……………………… 190
簡易裁判所 ……………… 13, 18
環境型セクハラ ……………… 167
環境紛争 ……………………… 191
環境問題 ……………………… 189
勧 告 ………………………… 246
関西鉄鋼所事件 ……………… 215
管財人 ………………………… 27
慣 習 ………………………… 49
慣習法 ………………………… 49
間接強制 ……………………… 31
鑑 定 ………………………… 131
鑑定評価額 …………………… 52
鑑定人 ………………………… 131
管理命令 ……………………… 31
危険負担 ……………………… 152

253

事項索引

起訴強制主義 …………………… 107
逆　送 …………………………… 107
給与所得者等再生手続 ………… 208
教育委員会 ……………………… 100
協議事項 ………………………… 41
協議離婚 ………………………… 67
強制執行 …………………… 18, 231
競争法違反行為 ………………… 242
許　諾 …………………………… 239
禁治産 …………………………… 119
禁止命令 ………………………… 171
金融商品販売法 ………………… 86
虞犯少年 ………………………… 105
クーラーの振動 ………………… 116
クーリング・オフ ……………… 86
警　告 …………………………… 171
刑事事件 ………………………… 227
刑事罰 …………………………… 248
契約自由 ………………………… 89
検　証 …………………………… 130
建設工事妨害禁止 ……………… 113
建設工事紛争審査会 …………… 154
建築請負契約 …………………… 150
権利濫用 ………………………… 201
好意同乗 ………………………… 140
合意に相当する審判 …………… 25
公害苦情相談委員 ……………… 192
公害等調整委員会 ……………… 195
公害紛争 ………………………… 191
公害紛争処理制度 ……………… 193
公害紛争処理法 ………………… 192
工業所有権 ……………………… 237
工業所有権仲裁センター ……… 160
後見登記制度 …………………… 124
公示送達 ………………………… 218
交　渉 …………………………… 41
公序良俗 ………………………… 218

更新拒絶 ………………………… 177
公正証書 ……………………… 7, 33
公正取引委員会 ………………… 244
控　訴 …………………………… 17
交通事故 ………………………… 134
交通事故紛争処理センター …… 37
公的年金 ………………………… 94
口頭弁論 ………………………… 14
高齢化社会 ……………………… 118
国際裁判管轄 …………………… 214
国際司法裁判所 ………………… 39
国際商事仲裁協会 ……………… 36
国際仲裁 ………………………… 220
国際的二重訴訟 ………………… 214
国際倒産法規定 ………………… 224
国際取引 ………………………… 39
国際取引紛争解決 ……………… 212
国際紛争 ………………………… 39
国際貿易 ………………………… 39
国民生活センター …………… 38, 85
国連国際商取引委員会（UNCITRAL）…223
心の教室相談員 ………………… 96
個人責任の原則 ………………… 89
戸籍簿 …………………………… 65
子どもの人権救済センター …… 100
ゴミの排出の差止め …………… 111
婚　姻 …………………………… 65
婚姻を継続し難い重大な事由 … 57

さ行

再建型倒産手続 ………………… 208
最高裁判所 ……………………… 17
財団法人交通事故紛争処理センター … 141
財団法人日弁連交通事故相談センター
　……………………………………141
サイバー取引 …………………… 222
サイバー法上のトラブル ……… 221

254

裁判外紛争処理機関（ADR）……… *41,220*
裁判管轄 ……………………………… *218*
裁判システム ………………………… *10*
裁判上の和解 ………………………… *28*
裁判籍 ………………………………… *213*
債務不履行責任 ……………………… *101*
債務名義 ……………………………… *30*
産業廃棄物処理施設 ………………… *196*
参与員 ………………………………… *21*
下請負 ………………………………… *151*
示　談 ………………………………… *229*
自治体の苦情相談 …………………… *191*
執行文 ………………………………… *30*
失踪宣告 ……………………………… *20*
私的独占行為 ………………………… *244*
児童虐待 ……………………………… *56*
児童虐待防止法 ……………………… *63*
児童相談所長 ………………………… *61*
児童福祉施設 ………………………… *63*
児童養護施設 ………………………… *62*
支払命令 ……………………………… *29*
自筆証書遺言 ………………………… *77*
社会保障関係法 ……………………… *89*
借　家 ………………………………… *172*
借　地 ………………………………… *172*
写真週刊誌 …………………………… *181*
社団法人日本ネットワークインフォ
　　メーションセンター（JPNIC） ……*160*
就業規則上の解雇制限 ……………… *199*
住居退去 ……………………………… *59*
重婚的内縁関係 ……………………… *93*
就労可能年齢 ………………………… *139*
主婦連ジュース表示事件 …………… *246*
準拠法 ………………………………… *216*
準禁治産 ……………………………… *119*
準司法手続 …………………………… *248*
少額訴訟 ……………………………*18,230*

小規模個人再生手続 ………………… *208*
上　告 ………………………………… *17*
証拠保全 ……………………………… *130*
使用者 ………………………………… *136*
症状固定 ……………………………… *138*
上　訴 ………………………………… *17*
譲渡命令 ……………………………… *31*
証人尋問 ……………………………… *16*
少年の刑事事件 ……………………… *107*
少年犯罪 ……………………………… *104*
少年法の改正 ………………………… *108*
少年保護事件 ………………………… *106*
消費者契約法 ………………………… *86*
消費者相談 …………………………… *85*
消費者取引 …………………………… *80*
消費者の権利 ………………………… *83*
消費生活センター ……………*38,85,163*
商標法 ………………………………… *159*
証約手付 ……………………………… *147*
条理法 ………………………………… *52*
職　員 ………………………………… *198*
触法少年 ……………………………… *105*
女性2000年会議 ……………………… *58*
女性の人権ホットライン …………… *60*
所有権 ………………………………… *235*
所有権絶対 …………………………… *89*
人権侵害問題 ………………………… *100*
親権喪失宣告申立事件 ……………… *61*
親権停止 ……………………………… *64*
真実証明 ……………………………… *186*
身体的虐待 …………………………… *61*
審　判 ………………………………… *106*
審判官制度 …………………………… *247*
審判審決 ……………………………… *248*
審判手続 ……………………………… *247*
審判前の保全処分申立事件 ………… *61*
信頼関係破壊の法理 ………………… *175*

事項索引

診療録（カルテ）……………………129
　──の情報開示………………………131
スクールカウンセラー………………96
ストーカー……………………………169
ストーカー行為等の規制等に関する法律
　………………………………………170
生活保護受給権………………………90
生活保護法……………………………89
清算人…………………………………27
製造物責任法（PL法）………………38
生存権…………………………………90
性的虐待………………………………61
成年擬制…………………………105, 118
成年後見………………………………20
成年後見制度………………………34, 119
成年後見登記制度……………………119
成文法…………………………………48
性暴力…………………………………57
世界女性会議…………………………58
世界知的所有権機関（WIPO）…40, 222, 223
世界貿易機関（WTO）………39, 222, 242
セクシュアルハラスメント…………166
セクハラ防止…………………………167
接近禁止………………………………59
船舶執行………………………………30
騒音……………………………………115
草加事件………………………………228
相互保証………………………………219
相続放棄………………………………72
訴訟……………………………………7
訴状……………………………………12
訴訟外の和解…………………………51
訴訟上の和解…………………………51
即決和解………………………………54
損害賠償………………………………101
損害賠償請求…………………………198

た行

対価型（代償型）セクハラ…………167
退職金の減額…………………………198
代替執行………………………………31
ダイヤルQ^2…………………………163
立入検査………………………………246
妥当な解決……………………………44
WTO→世界貿易機関
男女共同参画室（男女共同参画局）…59
男女雇用機会均等法…………………166
担任教師………………………………97
担保権消滅制度………………………207
知的財産………………………………40
知的財産権……………………………234
地方裁判所……………………………13
痴呆症高齢者…………………………118
仲裁……………………………………51
仲裁解決事例集………………………51
仲裁契約………………………………35
仲裁手続………………………………7
仲裁人…………………………………7
仲裁判断………………………………155
懲戒解雇事由…………………………203
懲戒処分………………………………199
調停…………………………………7, 51, 230
調停委員………………………………23
調停前置主義……………………23, 25, 66
調停に代わる審判……………………25
著作権…………………………………237
著作侵害………………………………164
賃貸借契約……………………………172
賃料増減請求権………………………176
通告義務………………………………63
鶴岡灯油事件…………………………250
定期借家権……………………………178
抵触法…………………………………216

事項索引

豊島（てしま）事件 …………… 193
手付 …………………………… 147
テレビ報道 …………………… 183
電子認証制度 ………………… 162
転付命令 ……………………… 31
同意審決 ……………………… 247
同一性保持権 ………………… 240
動産執行 ……………………… 30
倒産処理手続 ………………… 205
当事者 ………………………… 136
同時履行 ……………………… 148
答弁書 ………………………… 14
道路交通法 …………………… 134
独占禁止法 …………………… 242
特定調停法 …………………… 208
特別清算 ……………………… 205
独禁法違反行為 ……………… 249
ドメイン ……………………… 158
ドメスティック・バイオレンス …… 56, 59
取消権 ………………………… 86
取立訴訟 ……………………… 30
取引請求 ……………………… 64

な行

中野富士見中学いじめ自殺事件 …… 102
泣き寝入り …………………… 84
二重起訴の禁止 ……………… 214
日照妨害 ……………………… 112
日本医師会医師賠償責任保険 …… 127
任意後見契約に関する法律 …… 123
任意後見制度 ………………… 118

は行

売却命令 ……………………… 31
配偶者からの暴力の防止および被害者の
　保護に関する法律 ………… 59
配偶者暴力相談支援センター …… 60

賠償責任審査会 ……………… 128
ハイテク犯罪対策センター …… 161
売買契約書 …………………… 146
破産原因 ……………………… 207
破産手続 ……………………… 210
ハッカー（クラッカー） ……… 161
パリ条約 ……………………… 237
判決 …………………………… 7, 16
判決手続 ……………………… 19
犯行の動機 …………………… 103
犯罪少年 ……………………… 105
犯罪被害者救済プログラム …… 232
犯罪被害者等給付金支給法 …… 231
判例法 ………………………… 49
PLセンター …………………… 38
被害者救済委員会 …………… 86
非定住外国人 ………………… 92
表現 …………………………… 235
フォーラム・ショッピング …… 225
福祉事務所 …………………… 92
不正アクセス ………………… 158
不正競争防止法 ……………… 159, 242
不当景品類及び不当表示防止法 …… 242
不登校 ………………………… 96
不動産執行 …………………… 30
不動産取引 …………………… 143
不法行為 ……………………… 101
不法行為責任 ………………… 101
プライバシー ………………… 164
文書送付嘱託 ………………… 130
文書提出命令 ………………… 130
紛争 …………………………… 4, 41
紛争解決 ……………………… 5
紛争解決機関 ………………… 45
紛争当事者 …………………… 48
ベルヌ条約 …………………… 236
弁護士 ………………………… 13

事項索引

弁護士会仲裁センター……………37
弁論準備手続……………………16
法定後見制度……………………118
法的な基準………………………48
報道内容…………………………179
法による紛争解決…………………6
法務省人権擁護局…………………60
訪問販売法………………………86
保護命令…………………………59
保佐制度…………………………120
補助制度…………………………122
ホームページ……………………159

ま行

マレーシア航空機事件…………215
身元保証人………………………199
民事再生手続……………………206
民事再生法………………………206
民事事件…………………………227
民事執行手続……………………175
民事訴訟……………………7, 174
民事調停…………………23, 173
民事調停委員……………………209
民事的救済………………………249
民事保全法………………………59
無過失……………………………137
無体物……………………………234
無方式主義………………………236

名誉回復措置……………………241
名誉毀損行為……………………179
名誉権……………………………164
申込証拠金……………143, 145, 147

や行

役員………………………………198
有償双務契約……………………150
有体物……………………………234
養子縁組届………………………71
養子縁組無効確認の申出………71

ら行

リオ宣言…………………………190
リーガルマインド………………53
履行の催促………………………172
離婚………………………………65
離婚原因…………………………65
離婚請求事件……………………56
離婚調停申立……………………58
離婚無効確認の調停……………70
労働委員会………………………36
ロングアームス法………………214

わ行

WIPO→世界知的所有権機関
和解調書…………………………54

258

〈市民カレッジ〉　知っておきたい
市民社会における　紛争解決と法

2001年9月20日　第1版第1刷発行

編者　宗田親彦

発行　不磨書房
〒113-0033　東京都文京区本郷6-2-9-302
TEL(03)3813-7199／FAX(03)3813-7104

発売　㈱信山社
〒113-0033　東京都文京区本郷6-2-9-102
TEL(03)3818-1019／FAX(03)3818-0344

制作：編集工房INABA　　　印刷・製本／松澤印刷
© 著者 2001, Printed in Japan
Eメール：inaba@shinzansha.co.jp

ISBN4-7972-9270-9　C3332

不磨書房の《市民カレッジ》シリーズ

◆市民カレッジ　　　　　　会計検査院長　金子　晃　編著
1　知っておきたい　市民社会の法
◇市民をサポートする、市民のための法律◇　　定価 2,400円（税別）

【発刊にあたって】　「市民社会」とは？　「市民」とは？　そんな問いかけからこのシリーズはスタートしました。私たち「市民」のためのものであるはずの、市民社会の法を、はたして私たちはどれだけ知っているのでしょうか。——「市民生活」になくてはならない法知識を、ビジュアルに、わかりやすく、やさしいことばで学ぶことができる、そんな《市民カレッジ》でありたいと考えています。　　　　　◇消費者相談員資格検定試験　受験者必携！

第1章　市民社会と法［金子晃］　第2章　市民社会における経済生活と法［金子晃］
第3章　市民社会における家族生活と法［山口由紀子（国民生活センター）］
第4章　市民社会における国家の役割［石岡克俊（慶応義塾大学産業研究所）］

2　知っておきたい 市民社会における 紛争解決と法　　宗田親彦（弁護士）編著
3　知っておきたい 市民社会における 行政と法　　　　園部逸夫（弁護士）編著

― 導入対話シリーズ ―

1 **導入対話による民法講義（総則）**〔補遺版〕　　■ 2,900円（税別）
　大西泰博（早稲田大学）／橋本恭宏（明治大学）／松井宏興（関西学院大学）／三林　宏（立正大学）

2 **導入対話による民法講義（物権法）**　　　　　　　2,900円（税別）
　鳥谷部茂（広島大学）／橋本恭宏（明治大学）／松井宏興（関西学院大学）

3 **導入対話による民法講義（債権総論）**　　★近刊　予定 2,800円（税別）
　今西康人（関西大学）／清水千尋（立正大学）／橋本恭宏（明治大学）／木村義和／油納健一

4 **導入対話による刑法講義（総論）**　　　　　　　■ 2,800円（税別）
　新倉　修（青山學院大学）／酒井安行（國学院大学）／高橋則夫（早稲田大学）／中空壽雅（関東学園大学）
　武藤眞朗（東洋大学）／林美月子（神奈川大学）／只木　誠（獨協大学）

5 **導入対話による刑法講義（各論）**　　　★近刊　予定 2,800円（税別）
　新倉　修（青山學院大学）／酒井安行（國學院大学）／大塚裕史（岡山大学）／中空壽雅（関東学園大学）
　関哲夫（国士舘大学）／信太秀一（流通経済大学）／武藤眞朗（東洋大学）／宮崎英生
　勝亦藤彦（海上保安大学校）／北川佳世子（海上保安大学校）／石井徹哉（拓殖大学）

6 **導入対話による商法講義（総則・商行為法）**　　　■ 2,800円（税別）
　中島史雄（金沢大学）／末永敏和（大阪大学）／西尾幸夫（龍谷大学）
　伊勢田道仁（金沢大学）／黒田清彦（南山大学）／武知政芳（専修大学）

7 **導入対話による国際法講義**　　　　　392頁　■ 3,200円（税別）
　廣部和也（成蹊大学）／荒木教夫（白鴎大学）共著

8 **導入対話による医事法講義**　　　　　　　　　■ 2,700円（税別）
　佐藤　司（亜細亜大学）／田中圭二（香川大学）／池田良彦（東海大学文明研究所）
　佐瀬一男（創価大学）／転法輪慎治（順天堂医療短大）／佐々木みさ（前大蔵省印刷局病院）

以下、続々刊行予定

9 **導入対話によるジェンダー法学講義**
　浅倉むつ子（都立大学）／相澤美智子／山崎久民（弁理士）／林瑞枝（駿河台大学）
　戒能民江（お茶の水女子大学）／阿部浩己（神奈川大学）／武田万里子（錦城大学）
　宮園久栄（中央大学）／堀口悦子（明治大学）／橋本恭宏（明治大学）

10 **導入対話による独占禁止法講義**
　金子　晃（会計検査院長）／田村次朗（慶應義塾大学）／鈴木恭蔵（東海大学）
　石岡克俊（慶應義塾大学産業研究所）／山口由紀子（国民生活センター）ほか

発行：不磨書房／発売：信山社

― みぢかな法律シリーズ ―

みぢかな法学入門　慶應義塾大学名誉教授　石川　明 編　■2,500円

有澤知子（大阪学院大学）／神尾真知子（尚美学園大学）／越山和広（近畿大学）
島岡まな（亜細亜大学）／鈴木貴博（東北文化学園大学）／田村泰俊（東京国際大学）
中村壽宏（九州国際大学）／西山由美（東海大学）／長谷川貞之（駿河台大学）
松尾知子（京都産業大学）／松山忠造（山陽学園大学）／山田美枝子（大妻女子大学）
渡邊眞男（常磐短期大学）／渡辺森児（平成国際大学）

みぢかな民事訴訟法　慶應義塾大学名誉教授　石川　明 編　■2,800円

小田敬美（松山大学）／小野寺忍（山梨学院大学）／河村好彦（明海大学）
木川裕一郎（東海大学）／草鹿晋一（平成国際大学）／越山和広（近畿大学）
近藤隆司（白鷗大学）／坂本恵三（朝日大学）／椎橋邦雄（山梨学院大学）
中村壽宏（九州国際大学）／二羽和彦（高岡法科大学）／福山達夫（関東学院大学）
山本浩美（東亜大学）／渡辺森児（平成国際大学）

みぢかな倒産法　慶應義塾大学名誉教授　石川　明 編　【近刊】

みぢかな商法入門　酒巻俊雄（早稲田大学）・石山卓磨（早稲田大学）編　■2,800円

秋坂朝則（佐野国際情報短期大学）／受川環大（国士舘大学）／王子田誠（東亜大学）
金子勲（東海大学）／後藤幸康（京都学園大学）／酒巻俊之（奈良産業大学）
長島弘（産能短期大学）／福田弥夫（武蔵野女子大学）／藤村知己（徳島大学）
藤原祥二（明海大学）／増尾均（東亜大学）／松崎良（東日本国際大学）／山城将美（沖縄国際大学）

みぢかな刑事訴訟法　河上和雄（駿河台大学）＝山本輝之（帝京大学）編

近藤和哉（富山大学）／上田信太郎（香川大学）／臼木豊（小樽商科大学）
津田重憲（東亜大学）／新屋達之（立正大学）／辻脇葉子（明治大学）
吉田宣之（桐蔭横浜大学）／内田浩（成蹊大学）／吉弘光男（九州国際大学）
新保佳弘（京都学園大学）　　　　　■予価 2,500円

◇みぢかな刑法（総論）　内田文昭（神奈川大学）＝山本輝之（帝京大学）編

清水一成（琉球大学）／只木誠（獨協大学）／本間一也（新潟大学）
松原久利（桐蔭横浜大学）／内田浩（成蹊大学）／島岡まな（亜細亜大学）
小田直樹（広島大学）／小名木明宏（熊本大学）／北川佳世子（海上保安大学校）
丹羽正夫（新潟大学）／臼木豊（小樽商科大学）／近藤和哉（富山大学）
吉田宣之（桐蔭横浜大学）　　　　　【近刊】

発行：不磨書房／発売：信山社

ワークスタディ シリーズ

◇◇◇◇◇◇ ワークスタディ シリーズ ◇◇◇◇◇◇

法学検定試験を視野に入れた これからの新しいテキスト　　教科書 ＋ 検定試験のための演習問題

1　ワークスタディ　刑法総論　　定価：本体 1,800円（税別）

島岡まな（亜細亜大学）編／北川佳世子（海上保安大学校）／末道康之（清和大学）
松原芳博（早稲田大学）／川添誠（宮崎産業経営大学）／萩原滋（愛知大学）／津田重憲（東亜大学）
大野正博（宮崎産業経営大学）／勝亦藤彦（海上保安大学校）／小名木明宏（熊本大学）
平澤修（中央学院大学）／石井徹哉（拓殖大学）／對馬直紀（宮崎産業経営大学）
内山良雄（九州国際大学）

2　ワークスタディ　刑法各論　　定価：本体 2,000円（税別）

島岡まな（亜細亜大学）編／北川佳世子（海上保安大学校）／末道康之（清和大学）
松原芳博（早稲田大学）／川添誠（宮崎産業経営大学）／萩原滋（愛知大学）／津田重憲（東亜大学）
大野正博（宮崎産業経営大学）／勝亦藤彦（海上保安大学校）／小名木明宏（熊本大学）
平澤修（中央学院大学）／石井徹哉（拓殖大学）／對馬直紀（宮崎産業経営大学）
内山良雄（九州国際大学）／関哲夫（国士舘大学）／清水真（東亜大学）／近藤佐保子（明治大学）

3　ワークスタディ　商法（会社法）　石山卓磨（早稲田大学）編　★近刊

ファンダメンタル　法学講座
法律を志す人たちにおくる21世紀の あたらしい基本書

民法　1　総則　定価：本体 2,800円（税別）　（民法 全5巻 刊行予定）

草野元己（三重大学）／岸上晴志（中京大学）／中山知己（桐蔭横浜大学）
清原泰司（和歌山大学）／鹿野菜穂子（立命館大学）

　　　2　物権　清原泰司／岸上晴志／中山知己／鹿野菜穂子　★近刊
　　　　　　草野元己／鶴井俊吉（駒沢大学）

商法　1　総則・商行為法　定価：本体 2,800円（税別）

今泉邦子（南山大学）／受川環大（国士舘大学）／酒巻俊之（奈良産業大学）／永田均（青森中央学院大学）
中村信男（早稲田大学）／増尾均（松商学園短期大学）／松岡啓祐（専修大学）

民事訴訟法　★近刊　予価：本体 2,800円（税別）

中山幸二（神奈川大学）／小松良正（国士舘大学）／近藤隆司（白鷗大学）／山本研（沖縄国際大学）

発行：不磨書房／発売：信山社